FREIZEITFÜHRER

... MIT KINDERN

Vor die Haustür, fertig – los!

pmv

2. Auflage 2015 Frankfurt am Main

PETER MEYER VERLAG

OSTSEEKÜSTE LÜBECK MIT KINDERN

Über 300 Aktivitäten & Adressen im Dreieck Lübeck – Fehmarn – Großer Plöner See

W0278385

TRAVEMÜNDE – TIMMENDORFER STRAND

SCHARBEUTZ – NEUSTADT

GRÖMITZ – HEILIGENHAFEN

FEHMARN & LOLLAND (DK)

HOHWACHTER BUCHT

EUTIN & PLÖN

INFO & VERKEHR

FERIENADRESSEN & KARTEN

INHALT

OSTSEE-KÜSTE HALLO!

Alle Kinder fahren gern ans Meer. Kein Wunder, schließlich gibt es nirgendwo sonst so einen großen Sandkasten zum Spielen. Hier dürft ihr nach Herzenslust baden, Löcher buddeln, Kleckerburgen bauen und jede Muschelschale, jedes Steinchen umdrehen und begutachten. Was gefällt, wandert erst in die Jackentasche und später in die Schatzkiste.

Hier ist es zu jeder Jahreszeit schön: Wenn die großen Osterfeuer den Strand erhellen, der Wind den Drachen in die Höhe zieht, Stürme Bernstein an den Strand werfen oder die Ostsee zu bizarren Gebilden gefriert. Ostsee – kein anderes Meer ist so wie sie: schwach salzig, unaufgeregt und immer da. Ebbe und Flut sind hier so wenig ausgeprägt, dass ihr den Unterschied kaum bemerken werdet. Es wird euch also nicht passieren, dass ihr morgens aufsteht und das Wasser ist auf einmal weg. Gut so!

Die Seebäder sind überall auf Familien eingestellt und besonders im Sommer wird von Travemünde über Fehmarn bis nach Hohwacht ein umfangreiches Sport- und Animationsprogramm angeboten. Neben Wassersport könnt ihr Radtouren und Spaziergänge in die Holsteinische Schweiz unternehmen und dort Türme, Hügel, Burganlagen, Herrenhäuser und alte Katen besichtigen. In der Hansestadt Lübeck erwarten euch geheimnisvolle Gänge, spannende Museen, Kirchenmäuse und natürlich Kostproben des berühmten Marzipans. So vielfältig wie die Gegend sind die Übernachtungsmöglichkeiten. Wählt zwischen dem Urlaub auf dem Bauern- oder Reiterhof, mietet eine Ferienwohnung, bucht ein Hotel, zeltet oder kuschelt euch ins Heu.

Habt ihr Lust auf eine Entdeckungsreise bekommen? Dann nichts wie los. Packt eure Koffer und nehmt mit: eine Badehose, ein Fernglas und dieses Buch ...

Viel Spaß an der Lübecker Bucht und in der Holsteinischen Schweiz wünscht euch

Karolin Küntzel

Über die Autorin

Karolin Küntzel arbeitet als freie Autorin und schreibt Sachbücher für Kinder und Erwachsene. Von Berlin ist sie in ihre Wahlheimat an der Lübecker Bucht gezogen. Hier lebt sie seit einigen Jahren und erkundet zusammen mit Tochter, Mann und Freunden die Region. Seitdem finden sich in ihren Taschen regelmäßig Hühnergötter, Muscheln oder glatt geschliffene Holzstückchen.

Danksagung

Bedanken möchte ich mich vor allem bei meiner Tochter Finja und meinem Lebensgefährten Hendrik. Sie haben mich oft auf meine Ausflüge begleitet, meine Neugierde geteilt und Hitze, Regen und Mückenschwärmen getrotzt. Danke auch an Nele, Alexa und die vielen Menschen, die mich unterstützt und mit Tipps und Informationen versorgt haben.

Zur Gliederung dieses Buches

▶ *Ostseeküste und Lübeck mit Kindern* ist in **acht geografische Griffmarken** gegliedert: *Lübeck* nimmt mit *Natur & Sport* und *Wissen & Kultur* zwei Griffmarken ein. Es folgen die Küste entlang nach Norden *Travemünde – Timmendorfer Strand, Scharbeutz – Neustadt, Grömitz – Heiligenhafen, Fehmarn & Lolland, Hohwachter Bucht* sowie im Hinterland *Eutin & Plön*. Diese Griffmarken sind immer nach demselben Schema aufgebaut:

Tipps für Wasserratten sind Infos zum Baden in Seen, Frei- und Hallenbädern sowie zu Kanu- und Bootstouren oder Schiffsfahrten.

Frische Luft & Sport nennt Radtouren, Wanderungen, Reiterhöfe, Abenteuerspielplätze und Kletterparks. Hier findet ihr auch Minigolfplätze und sogar Wintersport aufgeführt.

Natur & Umwelt stimmt euch auf umweltfreundliches Naturerleben ein. Hier findet ihr spannende Wild- und Tierparks, Lehrpfade, Naturerlebniszentren sowie Sternwarten.

Handwerk & Geschichte führt euch in die Welt der Technik, nimmt euch mit zu Leuchttürmen, historischen Mühlen und interessanten Museen. Die Schlösser und Grabanlagen der Region nicht zu vergessen. Ihr werdet staunen, was man auch bei schlechtem Wetter alles unternehmen kann!

Bühne, Leinwand & Aktionen informiert euch über Kindertheater, Ferien- und Kreativangebote. Der **Fest-**

Gestatten?

Ich bin Sam, die Wasserratte. Meine Clique und ich begleiten euch mit auf euren Entdeckertouren durch dieses Buch, Lübeck und rund um die holsteinische Ostseeküste. Darf ich vorstellen:

Karlinchen, unsere Naturfreundin,

Herr Mau, Experte für Handwerk und Geschichte,

und Mockes, der Kunst- und Musik-Liebhaber.

Die Aufnahme und Beschreibung in »Ostseeküste und Lübeck mit Kindern« unterliegt der Auswahl durch die Autorin und kann nicht erkauft werden. Die Veröffentlichung der Tipps und Adressen erfolgt kostenlos. Anzeigenschaltung ist unabhängig davon möglich.

All diese Informationen zusammenzutragen, hat viel Zeit und Mühe erfordert. Trotzdem können sich die Angaben noch während des Niederschreibens ändern. Wir – der Verlag und ich – freuen uns, wenn ihr uns auf Fehler aufmerksam macht.

Schreibt an:

Peter Meyer Verlag
Schopenhauerstraße 11
60316 Frankfurt a.M.
Info@PeterMeyer Verlag.de
www.pmv-Verlag.de
facebook.com/PeterMeyerVerlag

kalender am Schluss jeder Griffmarke listet die schönsten Feste, Märkte und Veranstaltungen der jeweiligen Region auf.

Die Griffmarke **Info & Verkehr** versorgt euch mit Anschriften von Informationsstellen, einer Kurzcharakteristik aller Orte und gibt euch Tipps zu Anreise und öffentlichen Verkehrsmitteln. Auch die **Ostseecard** wird hier näher erklärt, mit der ihr an vielen Orten Ermäßigungen bekommt. Damit ihr diese Orte schneller ausmachen könnt, haben wir sie mit dem orangen pmv-Stern* markiert, eine Wertung ist damit nicht verbunden.

Ferienadressen sind ausgewählte kinderfreundliche Übernachtungsstellen wie Ferienbauernhöfe, Jugendherbergen und Campingplätze.

Und schließlich gibt euch der farbige **Kartenatlas** die nötige Orientierung. Ihr seht: Es ist an alles gedacht – nur losziehen müsst ihr selbst!

Wenn euch dieses Buch gefallen hat, dann empfehlt uns doch bitte weiter. Zum Beispiel bei Amazon, Facebook oder einfach im Freundeskreis. Vielen Dank!

LÜBECK: NATUR & SPORT

STADT, LAND, FLUSS

Dichte Bebauung auf der Altstadtinsel, ländliche Idylle am südlichen Stadtrand. Wald, zwei Flüsse und ein Zugang zur Ostsee. Lübeck bietet viele Möglichkeiten, euch draußen zu bewegen, Natur zu erleben und Sport zu treiben. So viele, dass die Entscheidung manchmal schwer fällt. Soll es ein Spaziergang entlang der Wakenitz sein, ein Segeltörn auf der Ostsee oder doch lieber eine Radtour durch die Felder und Wiesen?

Schwimmbäder

Altstadtbad Krähenteich

Förderverein Altstadtbad Krähenteich, An der Mauer 51, 23552 Lübeck. ✆ 0451/3970650, www.altstadtbad-kraehenteich.de. **Bahn/Bus:** Bus bis Fegefeuer, 5 Min Fußweg. **Auto:** Parken am Mühlendamm, von dort über Musterbahn in An der Mauer (5 Min Fußweg). **Zeiten:** 15. Mai – 15. Sep 10 – 19 Uhr (Badebetrieb bis 18.30 Uhr). **Preise:** 2 €; Kinder 6 – 18 Jahre 1 €.

▶ Mitten in der historischen Altstadt liegt das Freibad Krähenteich und lädt direkt nach dem Bummeln zum Bad ein. Familien sind hier genau richtig. Es gibt eine Liegewiese und Spielgeräte. Die Kleinen können am Sandstrand buddeln oder im flachen Wasser planschen, die Größeren den See erobern. Die Badeanstalt hat zwei Nichtschwimmerbecken und eine Aufsicht sorgt für zusätzliche Sicherheit. Am Kiosk bekommt ihr Getränke und kleine Speisen.

Freibad Moisling

Lübecker Schwimmbäder, Pennmoor, 23560 Lübeck. ✆ 0451/31772240, www.luebecker-schwimmbaeder.de. **Bahn/Bus:** Bus 7 bis Pennmoor. **Auto:** B75 Moislinger Allee in Moislinger Berg, dort rechts in Niendorfer Straße, rechts in Pennmoor. **Zeiten:** Mai, Juni täglich 12 – 18 Uhr, Juli – Aug Mo – Fr 10 – 20, Sa, So 10 – 18 Uhr, 1. – 15. Sep 12 – 18 Uhr. **Preise:** 3,50 €,

TIPPS FÜR WASSERRATTEN

Hunger & Durst

Alte Mühle, Mühlendamm 24, Lübeck. ✆ 0451/7072592. www.altemühle-lübeck.de. Mo – Do 17 – 23, Fr – Sa 15 – 23, So 15 – 22 Uhr. Ehemalige Roggenmühle, große Auswahl an Flammkuchen. Im Sommer schöne Plätze auf der Terrasse und am Wasserrad.

So wird Bio-Unterricht anschaulich: Im Schulgarten

Hier könnt ihr schwimmen lernen. Kinderschwimmkurse gibt es für 22 € (5 x 45 Min) oder für 44 € (10 x 45 Min).

12er-Karte 36,80 €, Saisonkarte 78 €; Kinder 3 – 16 Jahre 1,80 €, 12er-Karte 18,90 €, Saisonkarte 39 €; Schüler, Azubis, Studenten und Arbeitslose zahlen Kinderpreis, Schwerbehinderte (80 %) 2,50 €.

▶ Hier gibt es Wasserspaß in einem 25-m-Schwimmerbecken, einem Nichtschwimmerbecken mit einer Wassertiefe von 0,60 – 1,35 m sowie im Kinderplanschbecken mit Wasserrutsche. An Land könnt ihr euch auf dem Hüpfkissen und an der Kletterwand austoben. Die Liegewiese lädt zum Ausruhen und der Kiosk zum Imbiss zwischendurch ein. Die Badetemperatur beträgt 24 Grad.

Naturbad Falkenwiese

Förderverein Naturbad Falkenwiese e.V., Andreas Pawlowski, Wakenitzufer 1b, 23564 Lübeck. ✆ 0451/794315, www.naturbad-falkenwiese.info. **Bahn/Bus:** Bus 15 bis An der Falkenwiese. **Auto:** Falkenstraße, dort Parkhaus. **Zeiten:** 15. Mai – 15. Sep Mo – Fr 9 – 19, Sa, So, 10 – 19 Uhr. **Preise:** 2 €; Kinder bis 16 Jahre 1 €; Schüler, Studenten, Arbeitslose 1 €.

▶ Seit mehr als 100 Jahren gibt es das Naturbad im Herzen Lübecks, das 1997 unter Denkmalschutz gestellt wurde. Die hübschen hölzernen Umkleiden und die Badestege sehen noch fast aus wie damals, als die Flussbadeanstalt an der Wakenitz ihren Betrieb aufnahm. Im Sommer kommen Lübecker und Touristen zum Baden oder zu einer der vielen Veranstaltungen, die abends dort stattfinden. Theateraufführungen, Lesungen, Sommerfeste und natürlich Schwimmwettbewerbe sorgen für ein abwechslungsreiches Programm. Es gibt ein

Wassermeditation: Entspannung pur

© pmv, Kirsten Wagner

Nichtschwimmerbecken mit Wasserrutsche sowie ein 1- und 3-m-Sprungbrett.

Freibad Schlutup

Lübecker Schwimmbäder, Palinger Weg, 23568 Lübeck. ✆ 0451/31772250, www.luebecker-schwimmbaeder.de. **Bahn/Bus:** Bus 11 bis Zarnewenzweg. **Auto:** B104 Wesloer Landstraße, rechts in Speckmoor abbiegen, dann links in Palinger Weg. **Zeiten:** Mai 12 – 18 Uhr, Juni – Aug Mo – Fr 10 – 20, Sa, So 10 – 18 Uhr. **Preise:** 3,50 €, 12er-Karte 36,80 €, Saisonkarte 78 €; Kinder 3 – 16 Jahre 1,80 €, 12er-Karte 18,90 €, Saisonkarte 39 €; Schüler, Azubis, Studenten und Arbeitslose zahlen Kinderpreis, Schwerbehinderte (80 %) 2,50 €.

▶ Im Freibad Schlutup badet ihr im 25-m-Schwimmerbecken mit 1-m-Brett, im Nichtschwimmerbecken mit einer Wassertiefe von 0,65 – 1,35 m oder im Kinderplanschbecken mit Wasserrutsche. Die Wassertemperatur beträgt 24 Grad. Auch Liegewiese und Kiosk sind vorhanden.

Happy Birthday!
Geburtstagsspaß mit Spielen gibt es im Freibad ab 35 € (max. 12 Kinder). Das Geburtstagskind ist natürlich eingeladen.

Per Kanu oder Schiff unterwegs

Schmucke Schiffe im Museumshafen

Museumshafen zu Lübeck e.V., Willy-Brandt-Allee 35, 23554 Lübeck. ✆ 0451/4008399, www.museumshafen-luebeck.org. **Lage:** An der Untertrave gegenüber der MUK. **Bahn/Bus:** Hbf Lübeck, 10 Min Fußweg, oder Bus 3, 12, 30, 40 bis Beckergrube. **Auto:** ↗ Lübeck, über Fackenburger Allee, Holstentorplatz links in An der Untertrave. **Zeiten:** frei zugänglich.

▶ Hansine, Johanne, Ellen und Mathilde dümpeln im Hafen rum. Ebenso Sirius und Fridthjof. Zumindest im Winter. Im Sommer sind die Traditionsschiffe regelmäßig auf der Ostsee unterwegs und zu Besuch auf Seglerfesten. Da kann es dann sein, dass es im Museumshafen ein bisschen leer aussieht. So unter-

*Die **Lisa von Lübeck** ist der Nachbau einer Kraweel aus dem 15. Jahrhundert. Kraweel ist die Bezeichnung für einen glatt beplankten Schiffstyp, oft wird er mit einer Kogge verwechselt. Wenn die Lisa in der Stadt ist, liegt sie in der Trave an der Wallhalbinsel. Fahrt mit auf See! Termine für die Fahrten findet ihr unter www.lisavonluebeck.de.*

*Die **Wakenitz** verläuft über knapp 15 km vom Ratzeburger See bis nach Lübeck.*

schiedlich die Schiffe sind, ihr stolzes Alter haben sie gemeinsam. Einige von ihnen haben mehr als 100 Jahre auf den Planken. Sie stachen früher beispielsweise als Haikutter, Lotsenkutter oder Frachtsegler in See. Heute nehmen viele von ihnen Passagiere auf Tagesausflüge oder Wochentörns mit. Spaziert im Hafen vorbei und schaut euch die Schiffe an. Wenn jemand an Bord ist, habt ihr vielleicht Glück und dürft das Schiff besichtigen.

Mit dem Kanu auf Trave und Wakenitz

Kanu-Zentrale Lübeck, Geniner Straße 2, 23560 Lübeck. ✆ 0451/71333, Handy 0172/5440553. www.kanu-zentrale.de. **Lage:** Das Bootslager befindet sich nahe der Lübecker Stadttrave bei der Lachswehrbrücke. **Bahn/Bus:** Hbf Lübeck, von dort Bus zur jeweiligen Einsatzstelle. **Auto:** A1 oder A20 bis Lübeck, genaue Ausfahrt hängt von jeweiliger Einsatzstelle des Bootes ab. **Zeiten:** April – Okt Büro Mo – Fr 10 – 18, Sa 9 – 14 Uhr, außerhalb dieser Zeiten täglich bis 20 Uhr unter der Mobilnummer. **Preise:** 1er-Kajak 26 €, 2er-Kajak 18 €, Kanadier 16 €, jeweils pro Person und Tag; Kinder bis 6 Jahre im Kanu in Begleitung von 2 zahlenden Erw auf mittleren Sitzbänken kostenlos, Kinder 7 – 14 Jahre in Begleitung von 2 Erw auf mittleren Sitzbänken 6 €.

▶ Lübeck bietet beste Bedingungen zum Paddeln und Kanufahren. Sowohl auf der Trave als auch auf der Wakenitz sind ausgedehnte Touren möglich. Die **Wakenitz,** die sich mit dem Beinamen *Amazonas des Nordens* schmückt, windet sich malerisch durch unberührte Natur, wird mal schmal und verwunschen, dann wieder breiter und behäbiger. Mit etwas Glück seht ihr seltene Vögel. Auf der **Trave** geht es nach Süden Richtung Bad Oldesloe oder noch weiter bis nach Bad Segeberg. Wie bei den Wakenitztouren auch, wählt ihr die Einsatzstelle des Bootes und damit den Startpunkt für eure Wasserwanderung. Je nach Können und Kondition paddelt ihr einen längeren oder kürzeren Flussabschnitt. Es besteht auch die Möglichkeit, Besichtigungen auf eigene Faust vom Boot aus zu unternehmen und die Altstadt mit dem Kanu zu umrunden. Egal, wofür ihr euch entscheidet, ihr erhaltet eine Einweisung in das Boot, das euch an eine vorher gewählte Einsetzstelle gebracht wird und Informationen über den Fluss. Mitgeliefert werden Schwimmwesten, Paddel und eine wasserdichte Tonne für eure Wertsachen. Am vorher vereinbarten Ziel werden die Boote dann abgeholt.

Lübecker Segelschule

Wakenitzufer 11, 23564 Lübeck. ✆ 0451/61129580, www.luebecker-segelschule.de. **Lage:** Auf dem Gelände des Segler-Club Hansa von 1898 e.V. **Bahn/Bus:** Bus 15 bis Percevalstraße. **Auto:** Von Falkenstraße in Percevalstraße, dann rechts in Wakenitzufer. **Zeiten:** April – Okt Mo – Fr 10 – 20, Sa, So 12 – 18 Uhr, Nov – März Mo – Fr 14 – 18 Uhr. **Preise:** Verleih Jolle 12 € pro Std, Optimist 8 € pro Std; Kindersegelkurs 180 €; 12er-Karte Jolle 120 €, Optimist 80 €.

▶ Die Segelschule bietet Segelkurse für Kinder 7 – 11 Jahre an. In kleinen Gruppen lernt ihr den Umgang mit dem Boot und erwerbt die notwendigen theoretischen Kenntnisse. Wer möchte, kann zum Ende der Segelwoche die Prüfung zum Juniorgrundschein des Verbandes deutscher Sportbootschulen (VDS) ablegen. Wochenkurse laufen Montag – Freitag. Unterricht ist Montag 14 – 17, Dienstag, Mittwoch und Donnerstag 10 – 17 sowie Freitag 10 – 14 Uhr.

Schifffahrt auf der Wakenitz

Wakenitz Schifffahrt Quandt oHG, Wakenitzufer 1c, 23564 Lübeck. ✆ 0451/793885, www.wakenitz-schifffahrt-quandt.de. **Lage:** Anleger an der Moltkebrücke, Ecke Augustenstaße 30, **Dauer:** Eine Gesamtstrecke 100 Min. **Bahn/Bus:** Bus 5 bis Moltkestraße, 5 Min Fußweg. **Auto:** K16 Hüxtertorallee, in Moltkestraße ab-

Hunger & Durst

Landhaus Absalonshorst, Absalonshorster Weg 100, Lübeck. ✆ 04509/790900. www.absalonshorst.de. April – Okt Di – So 11.30 – 22 Uhr, Nov – März Fr, Sa 11.30 – 22, So 11.30 – 18 Uhr. Regionale Holsteiner und Mecklenburger Küche, rustikale Terrasse direkt am Ufer der Wakenitz.

Bringt zum Segelkurs Wechselklamotten, Badesachen und bequeme Turnschuhe mit.

Hunger & Durst
Café Bohne, Percevalstraße 22, Lübeck. ✆ 0451/20952707. www.cafebohne-luebeck.de. Di – Sa 12 – 20, So 9 – 20 Uhr, Juni – Aug bis 22 Uhr. Frühstück, Mittagstisch, Kaffee und Tee aus fairem Handel, Flammkuchen.

biegen, rechts in Augustenstraße. **Zeiten:** Ende April – Mitte Sep Di – So 9.30, 11.30, 13.30 und 15.30 Uhr. **Preise:** Lübeck – Rothenhusen 12 €, Hin- und Rückfahrt 16,50 €; Kinder bis 15 Jahre 6 bzw. 11 €.

▶ Die Wakenitz verbindet Lübeck mit dem Ratzeburger See. Die urwüchsige Flusslandschaft ist abwechslungsreich und verwunschen. Hinter jeder Biegung sieht der Fluss wieder etwas anders aus. Stellenweise ist er so schmal, dass das Schiff manchmal fast zu groß für den Fluss scheint. Die Fahrt geht von der Moltkebrücke über Müggenbusch und Absalonshorst bis nach Rothenhusen. Je nach Lust und Laune fahrt ihr nur eine Station, nur die Hinfahrt oder bucht die Rundfahrt. Kaffee, Kuchen und kleine Snacks gibt es an Bord.

Im Linienverkehr von Lübeck nach Travemünde

Könemann Schifffahrt GmbH, Paul-Dirk Könemann, Werner-Lüdtke-Straße 1, 23617 Stockelsdorf. ✆ 0451/2801635, www.koenemannschiffahrt.de. **Lage:** Anleger in Lübeck An der Untertrave, an der Drehbrücke, Anleger in Travemünde an der Vorderreihe. **Länge:** Eine Strecke etwa 105 Min. **Bahn/Bus:** Lübeck: Bus 3, 12, 30, 40 bis Beckergrube, Travemünde: Bus 30, 31, 35, 40 bis Travemünde Priwallfähre. **Auto:** Lübeck: B206 Fackenburger Allee, über Holstentorplatz links in An der Untertrave, Travemünde: B75 bis Travemünde Gneversdorfer Weg, rechts auf Torstraße, 2. links bis Parkplatz Auf dem Baggersand, von dort am Hafen entlang bis Vorderreihe. **Zeiten:** April – Mitte Okt ab Lübeck Drehbrücke 9.30 und 14 Uhr, ab Travemünde Vorderreihe 11.45 und 16.15 Uhr. **Preise:** Einzelfahrt 12,50 €, Hin- und Rückfahrt 19 €, Traveticket 13,50 €; Kinder bis 14 Jahre Einzelfahrt 6,50 €, Hin- und Rückfahrt 11 €, Traveticket 7,50 €; Familie (2 Erw, max. 3 Kinder) Einzelfahrt 28,50 €, Hin- und Rückfahrt 40 €.

▶ Ihr schippert von Lübeck aus die Trave in Richtung Mündung (oder umgekehrt). Dabei passiert ihr alle

Happy Birthday!
Geburtstagskinder fahren gratis mit. Ausweis vorzeigen!

Hunger & Durst
Restaurant Müggenbusch, Müggenbuschweg 10, Lübeck. ✆ 0451/501999. www.restaurant-mueggenbusch.de. Di – So ab 11.30 Uhr, Küche 11.30 – 14.30, 17.30 – 21.30 Uhr, nachmittags Kuchen. Waldgasthaus direkt an der Wakenitz mit großer Außenterrasse und Anleger.

Häfen Lübecks. Den Vorwerker Hafen mit Nordlandkai, Umschlagplatz für riesige Baumstamm-Mengen für die Papierproduktion, Seelandkai und Lehmannkai, den Schlutuper Hafen und schließlich den Skandinavienkai, wo jährlich mehrere Mio Tonnen rollende Güter umgeschlagen werden. Ihr fahrt aber nicht nur an Hafenanlagen vorbei, sondern seht auch wunderschöne Naturschutzgebiete wie den Schellbruch, das Dummersdorfer Ufer und das malerische alte Fischerdorf Gothmund. An Bord erhaltet ihr Getränke, Snacks und Kuchen.

Mit dem **Traveticket** kombiniert ihr die Schifffahrt mit dem Bus. Eine Strecke legt ihr mit dem Schiff zurück, die andere mit dem Schnellbus 30 oder 40. Tickets bekommt ihr an Bord oder im Bus.

Radeln & skaten

FRISCHE LUFT & SPORT

Radtour von der Lübecker Altstadt nach Travemünde

Große Burgstraße, 23552 Lübeck. **Länge:** Eine Strecke 17,5 km, Halbtagestour. **Bahn/Bus:** Bus bis Große Burgstraße. **Auto:** K16 Hafenstraße links in Kanalstraße, dort kostenpflichtige Parkplätze. **Rad:** Ostseeküsten-Radweg.

▶ Auf dieser Radtour bekommt ihr einen Eindruck davon, wie sich die Hansestadt an der Trave und bis an die Ostsee entlangstreckt. Ihr radelt auf eurer Route von der Altstadt durch Waldgebiete, entdeckt Lagunen, fahrt mit dem Shuttlebus unter der Trave hindurch und dann am Fluss entlang bis Travemünde. Ihr startet am **Burgtor** in der Lübecker Altstadt. Von dort radelt ihr ein Stück über die Travemünder Allee und biegt dann links in den Glashüttenweg ein. Er geht in den Torneiweg über. An der Hülshorst biegt ihr rechts ab. Nach kurzer Zeit mündet links ein breiter Wanderweg ein, dem ihr in den Wald bis zu den Lagunen des **Naturschutzgebietes Schellbruch** folgt. Dort haltet ihr euch rechts und fahrt über den alten Treidelpfad entlang der *Trave* bis zum Fischerweg in das malerische Fischerdörfchen **Gothmund.** Weiter haltet ihr euch links und radelt durch den Wald

Lübeck, Priwall Wanderkarte mit Kurzführer und Rad- und Reitwegen. 1:50.000, Kompass-Karten, ISBN 978-3-85026-200-2, 7,95 €.

Die Strecke ist in beide Richtungen gleichermaßen gut zu befahren. In den RB ist die Mitnahme von Fahrrädern problemlos möglich.

Bike & Tour GbR, Geniner Straße 2, Lübeck. ✆ 0451/ 5041440. www.fahrradladen.info. Mo – Fr 9 – 18.30, Sa 9 – 14 Uhr. Fahrrad 8 €, Kinderrad 6 €, Anhänger 6 €, Kindersitz 4 €. Die Räder werden auf Wunsch auch angeliefert.

und dann einen Schotterwanderweg an der Trave entlang. Wenn ihr wieder links abbiegt, kommt ihr zum **Herrentunnel.** Fahrt dort mit dem Shuttlebus (täglich, rund um die Uhr, alle 10 – 15 Min) kostenlos zur anderen Flussseite hinüber. Dort angekommen, geht es durch den Kieselgrund. Haltet euch links und radelt unter der B75 durch in die Straße Olendiek, die in den Moorweg übergeht. Haltet euch rechts, biegt bei nächster Gelegenheit links ab und quert die Bahngleise. Wenn sich die Straße gabelt, fahrt ihr rechts ab. Quert den Waldhusener Weg und haltet euch an den Weggabelungen immer rechts. Ihr fahrt durch den **Waldhusener Forst** und kommt in die Straße am Ringwall. Fahrt an der Kreuzung links in die Pöppendorfer Hauptstraße und dann an der Kreuzung rechts ab. Über die Ovendorfer Straße geht es links in den Frankenkrogweg und anschließend wieder links auf die Ivendorfer Landstraße. Auf ihr radelt ihr etwa 2 km, biegt dann rechts ab und überquert die Bahnschienen, bevor es nach links in die Torstraße geht. Fahrt dann links in den Hirtengang, rechts in die Vogteistraße und weiter bis zum Ziel, der Bahnstation **Travemünder Hafen.**

Auf schnellen Rollen in die Kurve: Skatepark Lübeck

Hansestadt Lübeck, Kanalstraße, 23552 Lübeck. www.luebeck.de. **Lage:** Höhe Fleischhauerstraße. **Bahn/Bus:** Bus 10 bis An der Falkenwiese, über Fußgängerbrücke, dann links. **Auto:** Hüxtertorallee in Hüxterdamm abbiegen, dann rechts in Kanalstraße. Kostenpflichtige Parkplätze neben der Anlage. **Zeiten:** frei zugänglich.

▶ 1350 qm großer Skatepark mit Quarters, Spine, Funbox und Rails direkt an der Altstadt. Bei gutem Wetter treffen sich hier Kinder und Jugendliche zum Trainieren oder nur zum Zuschauen. Alles, was Räder oder Rollen hat, ist auf dem Platz unterwegs, vom Skooter über Inliner, Skater bis hin zum BMX-Fahrer.

Wandern & spazieren

Wanderung entlang der Stadtwakenitz

Gustav-Radbruch-Platz, 23554 Lübeck. **Länge:** 3,5 km, 1 Std ohne Spielzeit. **Bahn/Bus:** diverse Busse bis Gustav-Radbruch-Platz, Rückfahrt vom Ziel mit Bus 4 ab Wasserkunst. **Auto:** B75 Travemünder Allee bis Gustav-Radbruch-Platz.

▶ Los geht es am **Gustav-Radbruch-Platz.** Verlasst den Platz in Richtung Falkenstraße. Auf der linken Seite der Straße beginnt nach etwa 200 m der Wanderweg entlang der Wakenitz. Ihr kommt am ↗ *Schulgarten* und am ↗ *Naturbad Falkenwiese* vorbei. Dort ist auch ein **Spielplatz,** wo ein erster kleiner Stopp eingelegt werden kann. Lauft anschließend das Wakenitzufer entlang bis ihr zur **Moltkebrücke** kommt. Weiter geradeaus befindet sich ein kleiner Spielplatz, den ihr ansteuern könnt, falls eine weitere Spielpause nötig ist. Ist das nicht der Fall, geht ihr links über die Brücke, haltet euch danach gleich wieder rechts und biegt in die Elsässer Straße ein. Hier stehen schöne Stadtvillen. Die Grundstücke zu eurer Rechten reichen bis an den Fluss. Auf Höhe der Danziger Straße biegt ein Weg rechts ab. Auf ihm gelangt ihr wieder an die Wakenitz. Geht am Ufer weiter bis zur nächsten großen Brücke, der **Wakenitzbrücke.** Hier quert die Wallbrechtstraße die Wakenitz und das macht ihr auch. Wechselt über die Brücke auf die andere Flussseite. Dort erreicht ihr die Ratzeburger Allee, auf der ihr rechts bis zur Bushaltestelle **An der Wasserkunst** lauft.

Spaziergang durch die Wallanlagen

23560 Lübeck. **Strecke:** Holstentor – Schneckenberg – Minigolfanlage – Wipperbrücke – Wasserspielplatz – Kaisertor – Mühlen-/Krähenteich – Holstentor. **Länge:** Rundweg 4 km, kann auf 2,5 km abgekürzt werden, kinderwagentauglich. **Bahn/Bus:** ↗ Lübeck. **Auto:** ↗ Lübeck.

Landwege Bio-Markt, Am Brink 9, Lübeck. ✆ 0451/3846688. www.landwege.de. Mo – Fr 8 – 19, Sa 8 – 14 Uhr. Im Bistrobereich bekommt ihr Kaffee und Kuchen. Mo – Fr ab 12 Uhr Mittagstisch mit wechselnden Gerichten, auch zum Mitnehmen.

*Mit dem Begriff **Wasserkunst** wird ein System bezeichnet, mit dem man Wasser fördern kann. Pumpen, Rohre und Wasserbehälter gehören zum Beispiel dazu. Die Wasserkunst diente im Mittelalter zur Versorgung der Städte, wurde aber auch im Bergbau eingesetzt.*

In den Wallanlagen lässt sich prima picknicken. Falls ihr nicht so viel tragen wollt, findet ihr an der ganzen Strecke Cafés, in denen ihr euch stärken könnt.

▶ Diese Wanderung führt euch auf dem alten Befestigungswall der Stadt ein Stück um die Altstadtinsel herum. Immer wieder gibt es schöne Aussichten auf die Altstadt, den Stadtgraben und die Kanaltrave. Start- und Zielpunkt ist das *Welcome Center* am **Holstentorplatz.** Von hier aus geht ihr Richtung Puppenbrücke. Vor der Brücke führen Stufen hinunter. Folgt dem Weg entlang dem Stadtgraben. Dabei könnt ihr zwischen Ufer- und Höhenweg nach Lust und Laune hin und her wechseln. Schöne Aussichten bieten beide Strecken. Vom **Schneckenberg,** so heißt ein Hügel mit schneckenförmig angelegtem Weg, habt ihr einen schönen Blick auf *St. Petri.* Der Hügel ist übrigens der gut erhaltene Rest der ehemaligen Bastion Katze. Nach Überquerung der Possehlstraße geht es auch schon auf die nächste Bastion, an deren Fuß sich die ↗ *Minigolfanlage* befindet. Rechter Hand liegt das Stadion Buniamshof, nach links habt ihr einen super Blick auf den Dom. Weiter geht es an der ↗ *Freilichtbühne* vorbei über die **Wipperbrücke** Ihre Geschichte ist ein wenig schaurig, denn hier wurden im Mittelalter Kaufleute ertränkt (gewippt), die sich des Betrugs schuldig gemacht hatten. An der Wipperbrücke könnt ihr die Wanderung verkürzen und über Mühlendamm, Bauhof und Obertrave zurück zum Ausgangspunkt laufen. Doch vielleicht motiviert euch die Aussicht auf einen schönen Spielplatz, noch ein Stück weiter zu gehen: Der **Wasserspielplatz** mit Planschbecken ist nämlich schon in Sicht. Zeit für eine kleine Pause! Oberhalb des Spielplatzes befindet sich das **Kaisertor** mit der ehemaligen Seefahrtsschule. Der Weg führt anschließend weiter am Wasser entlang. Nach dem **Mühlenteich** habt ihr nun den **Krähenteich** im Blick. Ihr wandert zwischen Teich und Kanaltrave bis ans Ende des Walls. Dort macht ihr einen kleinen Schlenker zurück vorbei am **Café Sachers,** bevor ihr über die Krähenstraße wieder in die Altstadt kommt. Lauft die Wahmstraße bergauf, dann erreicht ihr nach wenigen Minuten das ↗ *Café Nieder-*

Hunger & Durst

Café und Restaurant Sachers, Hüxterdamm 14, Lübeck. ✆ 0451/7020700. www.sachers-hl.de. Mo – Fr ab 9.30 Uhr, Sa, So ab 9 Uhr, jeweils bis spät in den Abend. Gutes Frühstück, Pizza, Pasta, Fleisch, Fisch, Kindergerichte ab 3,80 €.

egger und den Rathausmarkt. Die Holstenstraße hinunter marschiert, kommt ihr zum **Holstentor,** hinter dem sich das Welcome Center befindet.

Wanderung am Dummersdorfer Ufer

Hirtenbergweg, 23569 Lübeck. **Länge:** Rundweg 5 km. **Bahn/Bus:** Bus 32 bis Hirtenbergweg. **Auto:** B75 bis Ausfahrt Kücknitz, über Solmitzstraße rechts in Kirchplatz, von dort links in Dummersdorfer Straße, links in Hirtenbergweg bis Parkplatz.

▶ Das Dummersdorfer Ufer gehört zu den schönsten Ausflugsgebieten in Lübeck. Die Natur ist ursprünglich und zahlreiche seltene Pflanzen- und Tierarten sind hier zu finden. Die Landschaft ist fjordähnlich. Mal blickt ihr vom Steilufer auf die Trave, mal seht ihr vom Fuß des Flusses die großen Frachter Richtung Travemünde ziehen. Eure Wanderung startet ihr am Parkplatz am **Hirtenbergweg.** Von dort führt ein Weg Richtung Süden in die Felder. Der Eingang zum Gebiet ist mit einer Hinweistafel markiert. Wenn der Weg sich das erste Mal gabelt, wendet ihr euch nach rechts und nach etwa 400 m wieder nach links. Folgt dem Pfad entlang der **Voßbek-Schlucht.** Ein kleiner Weg führt auf eine Anhöhe mit Aussichtsturm. Geht anschließend auf dem Hauptweg weiter bis zum **Ballastberg.** Hier führt der Weg bergab an das Traveufer. Am Strand wandert ihr am Hirtenberg und am Silkteich vorbei bis zum **Stülper Huk,** einer Landnase, die in die Trave ragt. Auf Hinweistafeln findet ihr interessante Informationen zum Gebiet und seiner Flora und Fauna. Auf der Landnase führt ein Weg bergauf. Oben angekommen haltet ihr euch links und marschiert am kleinen Parkplatz für Behinderte

Hunger & Durst

Café Credo, Kirchen Forum Alte Post, Straßenfeld 2, Lübeck. ✆ 0451/70769385. www.vorwerker-diakonie.de. Di – Sa 10 – 17, So 11 – 17 Uhr. Kaffee, Säfte, hausgemachte Suppen. Im Café befindet sich ein Weltladen mit fair gehandelten Produkten.

Zünftig: Finja trägt beim Wandern ihren eigenen, leichten Rucksack mit ihrer Trinkflasche

Im Winter ist das Dummersdorfer Ufer, mit den zur Trave hin abfallenden Hängen, ein prima Rodelrevier.

Hunger & Durst

Café Affenbrot, Kanalstraße 70, Lübeck. ✆ 0451/72193. www.cafeaffenbrot.de. Mo – Sa 9 – 23.30, So 9 – 22 Uhr. Vegetarisches Café, täglicher Mittagstisch, große Frühstücksauswahl.

Das Gelände kann von Familien auch für private Feiern genutzt werden.

vorbei. Kurz dahinter biegt ihr links in den Wald ein. Haltet euch an der Gabelung links und folgt dem Weg am Hang entlang in den Wald. Dort wählt ihr den Weg, der halblinks weiter führt. Nach einer kleinen Weile seid ihr dann wieder an dem Weg angekommen, der euch rechts zurück zum Parkplatz bringt.

Spielplätze & Erlebnisparks

Spielplatz in den Höfen

Glockengießerstraße, 23552 Lübeck. ✆ 0451/1226733, www.stadtentwicklung.luebeck.de. **Bahn/Bus:** Diverse Busse bis Katharineum. **Auto:** Kanalstraße, dort kostenpflichtige Parkplätze. **Zeiten:** frei zugänglich.

▶ Mitten in der Altstadt befindet sich in einem großen Innenhof ein schöner, geschützter Spielplatz. Aufgrund seiner Lage ist er besonders für kleinere Kinder geeignet. Ihr erreicht ihn sowohl von der Glockengießerstraße als auch über Hundestraße und Wakenitzmauer. Mit Sandkasten, Matschareal, Klettergerüst, Rutsche, Wippe und Tischtennisplatten ist für reichlich Abwechslung gesorgt.

Bauspielplatz Buntekuh

Hansestadt Lübeck, Marlene Kuhrt, Seitenstraße 12, 23558 Lübeck. ✆ 0451/892009, www.familien.luebeck.de. **Bahn/Bus:** Bus 6, 16 bis Korvettenstraße oder Talweg. **Auto:** B75 Moislinger Allee, in Fregattenstraße abbiegen, von dort rechts in Seitenstraße. **Zeiten:** Mo – Do 13 – 18 Uhr, Fr ist Ausflugstag, weitere Öffnungszeiten nach Absprache. **Preise:** kostenfrei.

▶ Im Alter 6 – 16 Jahre dürft ihr hier toben, werkeln, Hütten bauen und Dinge ausprobieren, die in der Wohnung nicht möglich sind. Lagerfeuer machen zum Beispiel oder Fahrzeuge zusammennageln. Es kann aber auch ruhiger zugehen, wenn ihr zusammen kocht, bastelt oder malt. Es gibt genügend Spielgeräte, eine Sandkiste, viel Platz zum Fußballspielen, Tischtennis und Kicker. Falls das Wetter mal nicht dazu verleitet, draußen zu sein, startet ihr drinnen eine Spielerunde, lernt am Computer oder macht Musik. Wer mal nicht weiter weiß oder Hilfe bei einer Unternehmung benötigt, wendet sich an die Betreuer. Sie unternehmen mit euch auch Ausflüge. Mal geht es zum Schwimmen, ein anderes Mal vielleicht zu einer tollen Ausstellung ins Museum. In den Schulferien könnt ihr sogar mit auf Paddelreise.

Spannend ist auch der **Geschichtserlebnisraum Lübeck,** ein archäologischer Bauspielplatz, ↗ Handwerk & Geschichte.

Spielplatz im Drägerpark

Rudolf-Groth-Straße, 23566 Lübeck. **Bahn/Bus:** Bus 4, 11 bis Gneisenaustraße. **Auto:** B75 Roonstraße bzw. Marlistraße, in Hövelnstraße abbiegen, dann rechts in Rudolf-Groth-Straße. **Zeiten:** frei zugänglich.

▶ Im schönen Drägerpark befindet sich ein großer Spielplatz, der über die Grenzen Lübecks hinaus beliebt ist. Kinder aller Altersstufen tummeln sich hier. Reichlich Wipp- und Schaukelgeräte lassen die Erwachsenen schwindelig werden und die Kinder juchzen. Klettert in der Pyramide um die Wette, saust die Rutschen und die Seilbahn hinab oder kickt eine Runde Bälle auf dem Bolzplatz. An heißen Tagen ist das Wasserareal das absolute Highlight. Dort wird nach Herzenslust gematscht und gemoddert. Abends lassen sich dann viele Kinder nur zum Gehen bewegen, nachdem sie ihren Eltern das Versprechen abgerungen haben, morgen wiederzukommen.

Der Drägerpark wird im Winter zum Rodelrevier. Hier befindet sich eine der wenigen guten Schlittenabfahrten in Lübeck.

Rodelspaß: Auch ein bisschen Berg bringt Vergnügen

Erlebniswelt Hülshorst

Sportpark Hülshorst GmbH, An der Hülshorst 11, 23568 Lübeck. ✆ 0451/32111, www.erlebniswelt-huelshorst.de. **Bahn/Bus:** Bus 12 bis Fahrenheitweg. **Auto:** Von B75 Travemünder Allee auf Sandberg abbiegen, dann rechts in Luisenstraße, links in

Happy Birthday!
Zum Geburtstag rollen hier die Kugeln für 10,90 € pro Kind. Dafür gibt es 2 Std Bowling, Leihschuhe, Getränk und Kindermenü.

Hunger & Durst
Restaurant Inkas, An der Hülshorst 11, Lübeck. ✆ 0451/32111. www.erlebniswelt-huelshorst.de. Mai – Sep ab 15.30 Uhr, Okt – April ab 9.45 Uhr. Themenrestaurant in der Erlebniswelt, Buffets und Brunch, Fingerfood, Burger, Pizza, Pasta.

Glashüttenweg, dann rechts. Kostenlose Parkplätze. **Zeiten:** Mai – Sep ab 15.30 Uhr, Okt – April ab 9.45 Uhr. **Preise:** Piraten-Abenteuerland 6,90 – 7,90 €, Bowling 2,10 – 3,50 € pro Spiel; Kinder 5 – 12 Jahre Piraten-Abenteuerland 5,90 – 6,90 €; diverse Spar- und Kombi-Angebote, z.B. Happy-Hour.

▶ Hier rollen nicht die Köpfe, sondern Kugeln. Ihr spielt Bowling mit Cowboys oder Rittern und begebt euch bewaffnet mit einem Minigolfschläger auf eine spannende Reise durch das Piraten-Abenteuerland. Wie wird es euch in der Unterwasserwelt und der Kristallhöhle ergehen? 18 Minigolfbahnen bestreitet ihr im Schwarzlicht. Zieht euch am besten etwas Weißes an, dann leuchtet ihr im Dunkeln ganz besonders gut.

Indoorspielparadies Abacolino

Susi & die kleinen Strolche – Indoor Spielparadiese GmbH, Daimlerstraße 2, 23617 Stockelsdorf. ✆ 0451/58249470, www.abacolino.de. **Bahn/Bus:** Bus 2 bis Segeberger Straße. **Auto:** B206 Segeberger Straße, auf L184 abbiegen, dann rechts in Daimlerstraße. **Zeiten:** täglich 11 – 19 Uhr, an Schultagen 14 – 19 Uhr. **Preise:** 4,50 €; Kinder bis 3 Jahre 4 €, ab 3 Jahre 7,50 €; 10er-Karte 67,50 €.

▶ Auf zwei Ebenen ist viel Platz zum Toben und Spielen. Trampolin, Hüpfburg, riesige Kletternetze und Rutschen stehen euch zur Verfügung. Wer es etwas ruhiger mag, vergnügt sich am Kicker, beim Speedhockey oder tüftelt in der Lego-Ecke neue Fahrzeuge und Gebäude aus. Die Kleinen fühlen sich in der Softspiel-Ecke wohl, wo bunte Schaumstofffiguren und -formen zum Spiel animieren. Computerspiele und ein Außenbereich mit Sandkiste, Minigolf und Torwandschießen sind ebenfalls vorhanden. Eigenes Essen und Getränke dürfen nicht mitgebracht werden. Verhungern müsst ihr aber nicht, denn im Bistro auf der Galerie bekommt ihr kleine Gerichte und Getränke.

Natur erleben am Fackenburger Landgraben

Naturerlebnisraum Fackenburger Landgraben, Krempelsdorfer Allee, 23554 Lübeck. ✆ 0451/1223918, www.luebeck.de. **Lage:** Zwischen Krempelsdorfer Allee und Tremser Teich. **Länge:** 4 km. **Bahn/Bus:** Anfahrt Bus 3, 7 bis Seeretzer Weg, Rückweg mit Bus 1 oder 10 ab Tremser Teich. **Auto:** ↗ Lübeck, Richtung Stockelsdorf, auf Krempelsdorfer Allee abbiegen. **Zeiten:** frei zugänglich.

▶ Im **Natureerlebnisraum** dürft ihr nach Herzenslust toben, spielen, Forscher und Entdecker sein. Auf dem Weg entlang dem Fackenburger Landgraben gibt es ausreichend Spiel- und Erlebnisflächen. Balanciert auf der Findlingsraupe, kriecht durch Tunnel und Höhlen, matscht und keschert am Bach, versteckt euch, baut Unterstände, klettert auf Bäume. Probiert euch aus und testet das Gelände.

Im Winter lässt sich auf den Abhängen super rodeln.

Landleben für Stadtkinder

Jugend-Naturschutz-Hof Ringstedtenhof, Landwege e.V., Vorrader Straße 81, 23560 Lübeck. ✆ 0451/52212, www.landwege.de. **Bahn/Bus:** Bus 15, 16, 32 bis Vorrader Straße, 10 Min Fußweg. **Auto:** B207 Berliner Allee in Kronsforder Allee abbiegen, von dort links in Vorrader Straße. **Zeiten:** Nach Vereinbarung bzw. zu Öffnungszeiten des Hofladens. **Preise:** Kochkurse z.B. ab 32 € pro Person; Kindergeburtstag feiern ab 50 € für 3 Std. **Infos:** Hofbesichtigungen für Gruppen nur nach Voranmeldung.

Schon platt gestreichelt? Ach wo, die Landleben-Katze hält was aus

Vorwerker Passage, Vorwerker Straße 33, Lübeck. ✆ 0451/400250246. www.vorwerker-diakonie.de. Mo – Fr 6 – 16, Sa 6 – 12 Uhr. Bio-Lebensmittel, Naturkosmetik, Kaffee und Kuchen, warmer Mittagstisch.

Hofladen Ringstedtenhof, Vorrader Straße 81, Lübeck. ✆ 0451/51336. www.ringstedtenhof.de. Mo – Fr 9 – 18, Sa 8 – 13 Uhr. Eigene Erzeugnisse aus ökologischer Landwirtschaft, Produkte des täglichen Bedarfs, Kaffee, Kuchen, Lieferservice.

▶ Habt ihr schon mal ein Rauwolliges Pommersches Landschaf gestreichelt? Vermutlich nicht. Hier kommt eure Gelegenheit. Auf dem Ringstedtenhof erleben Kinder, wie das Landleben funktioniert. Wie müssen die Schafe, Pferde, Rinder, Hühner, Schweine, Esel und Katzen versorgt werden, was wächst in einem Bauerngarten und wie schmeckt es? Wie wird Brot gemacht, wie ein Feld umgegraben? Der Hof veranstaltet vormittags Kurse für Kindergärten und Schulen und bietet für Privatpersonen Nachmittagskurse zu verschiedenen Themen wie Ernährung oder Handwerkstechniken an. Ernten und Kochen stehen dann ebenso auf dem Programm wie Filzen oder einen Indianertag feiern.

Ein Garten für Kinder

BUND-Kreisgruppe Lübeck, Kronsforder Allee, 23560 Lübeck. ✆ 0451/76666, www.bund-luebeck.de. **Lage:** An der Ecke zur B207. **Bahn/Bus:** Bus 2, 16, 32 bis Krankenhaus Süd. **Auto:** B207 über Possehlstraße und Berliner Straße bis Kronsforder Allee. **Zeiten:** Mi 14 – 16.30 Uhr offener Nachmittag, für Teilnahme an den Gruppen ist eine Anmeldung erforderlich. **Preise:** kostenlos.

▶ Seit 2005 gibt es in Lübeck den Garten für Kinder. Der ehemalige Schrebergarten wurde vom BUND gepachtet und seitdem gärtnern dort Kindergruppen. Am offenen Nachmittag kann jeder vorbeikommen und mitmachen. Auf der wilden Wiese wachsen viele alte Obstbäume, in denen ihr klettern dürft. Kirschen, Äpfel, Birnen und Weintrauben werden geerntet und verarbeitet oder sofort genascht. In den Hochbeeten wachsen Gemüse und Salate heran. Ihr könnt Kartoffeln ausbuddeln, Lagerfeuer machen, Weiden flechten, Regenwürmer beobachten und durch den Geheimtunnel kriechen. Natürlich wird auch gefeiert. Zum Apfelfest im Herbst gibt es zum Beispiel frisch gepressten Saft und jede Menge Spiele für die Kinder und ihre Familien.

Im Schulgarten

Hansestadt Lübeck, Bereich Stadtgrün und Verkehr, An der Falkenwiese, 23564 Lübeck. ✆ 0451/1226713, www.stadtentwicklung.luebeck.de. **Bahn/Bus:** Bus 15 bis An der Falkenwiese. **Auto:** Von Falkenstraße in Attendornstraße einbiegen (Einbahnstraße), links auf Wakenitzufer, links in An der Falkenwiese. **Zeiten:** April – Okt 8 – 20 Uhr. **Preise:** kostenlos.

▶ Seit mehr als 100 Jahren gibt es den Schulgarten an der Wakenitz. Ursprünglich wurde er als Anschauungsmöglichkeit für den Biologieunterricht angelegt, heute dient er aber auch der Erholung. Verschiedene Gartenräume laden zum Verweilen, zum Staunen und natürlich zum Beschnuppern ein. Staudenbeete, Lau-

© pmv, Karolin Küntzel

@ Auf den Seiten von www.stadtentwicklung.luebeck.de findet ihr eine Stadtrallye für Kinder durch den Schulgarten. Runterladen, ausdrucken, loslaufen und den Garten mit viel Spaß entdecken!

Hunger & Durst

Café im Schulgarten, An der Falkenwiese, Lübeck. ✆ 0451/39998743. www.vorwerker-diakonie.de. Di – So 12 – 18 Uhr, außer bei Regen. Kuchen und Eis im Gewächshaus oder im Garten.

Weiß + Rot = Rosa ... Und wie geht's weiter? Die Mendelschen Gesetze als Blumenbeet

DIE MENDELSCHEN GESETZE

▶ Die nach *Gregor Johann Mendel* benannten Gesetze stammen aus dem Jahr 1865. In ihnen beschrieb er, nach welchen Regeln Eigenschaften der Eltern an ihre Kinder weitergegeben werden. Die Gesetzmäßigkeiten der Vererbung entdeckte er bei seinen Forschungen an Erbsen. Im ↗ *Schulgarten* seht ihr, wie die Vererbung der Blütenfarbe funktioniert. ◀

bengänge, ein Seerosenteich, Bauern- und Nutzgarten oder Alpinum – überall gibt es etwas zu entdecken und zu lernen. Besonders eindrucksvoll werden die **Mendelschen Gesetze** in Szene gesetzt. Vererbung wird hier anhand von Zierpflanzen dargestellt. Anschaulicher ist kein Lehrbuch. Lübecks kleiner botanischer Garten hat viele Besucher. Kindergartengruppen, Schulklassen und Gartenfreunde lieben die grüne Oase.

Noctalis: Zu Besuch bei den Fledermäusen im Kalkberg

Noctalis – Welt der Fledermäuse, Fledermaus-Zentrum GmbH, Oberbergstraße 27, 23795 Bad Segeberg. ✆ 04551/80820, www.noctalis.de. **Lage:** Am Kalberg. **Bahn/Bus:** Bhf Bad Segeberg, 10 Min Fußweg. **Auto:** B206 Bahnhofstraße, Parkplätze ausgeschildert. **Rad:** Mönchsweg. **Zeiten:** Noctalis Okt – März Mo – Fr 9 – 17, Sa, So 10 – 18 Uhr, Noctalis und Höhle April – Sep Mo – Fr 9 – 18, Sa, So 10 – 18 Uhr. **Preise:** Noctalis 8 €, Kalkberghöhle 6 €, Kombiticket 11 €; Kinder 4 – 14 Jahre Noctalis 5 €, Kalkberghöhle 4 €, Kombiticket 7 €; Behinderte, Schüler und Studenten Noctalis 7 €, Kalkberghöhle 5 €, Kombiticket 10 €. Fr ist Familientag (pro zahlendem Erw 1 Kind frei).

▶ Fledermäuse sind sehr spannende Tiere. Es gab sie schon vor Millionen von Jahren und sie haben Fähigkeiten, von denen Menschen nur zu träumen wagen. Sie orientieren sich über Echoortung, sie sehen quasi mit den Ohren. Im Noctalis erfahrt ihr alles über die nachtaktiven Tiere. Damit ihr sie und die anderen Lebewesen dort gut beobachten könnt, nehmt ihr am besten eine Taschenlampe mit. Vergessen? Macht nichts! Im **Fledermaus-Zentrum** gibt es welche zu leihen. Beobachtet die flinken Flieger bei ihren wendigen Flugmanövern, begrüßt *Foxi* den indischen Riesen-Flughund und probiert die vielen Ausstellungsstücke selbst aus. Ihr dürft anfassen und entdecken, mit Riesen-Fledermäusen kuscheln, euch über Kühe an der Decke wundern und das Fledermaus-Winterquartier besuchen. Das gibt es gleich nebenan in der **Segeberger Kalkberghöhle.** Steigt hinab in die nördlichste Höhle Deutschlands (Taschenlampe mitnehmen!), in der sich bei konstanten 9 Grad nicht nur die Fledermäuse pudelwohl fühlen, sondern auch ein Höhlenkäfer, den es nur hier gibt. Im Winter hängen hier an die 20.000 Fledermäuse von der Decke. Dann ist die Höhle für Besucher allerdings geschlossen, damit die geschützten Tiere in Ruhe überwintern können.

Duck dich, Finja! Die große Fledermaus fliegt an der Noctalis-Wand

Lehrpfade & Weltraumgeschichten

Auf dem archäologischen Pfad

Waldhusener Weg, 23569 Lübeck. **Lage:** Am Forsthaus Waldhusen. **Länge:** Etwa 6 km, 2 Std, bedingt kinderwagentauglich. **Bahn/Bus:** Bus 30 bis Lübeck Solmitzstraße. **Auto:** B226 bis Kücknitz, von dort auf Waldhusener Weg, hinter Forsthaus rechts auf Parkplatz. **Infos:** Eine Beschreibung und Karte des archäologischen Pfades könnt ihr euch hier herunterladen: www.stadtwaldfreunde.de.

▶ Über 100 **Hügelgräber** aus der Bronzezeit, 3800 – 2600 v.Chr., befinden sich im Waldhusener Forst und seiner Umgebung. Neben den Gräbern erwarten euch Grenzsteine und ein slawischer Ringwall. Beginnt mit eurer Wanderung am Waldparkplatz. Ab hier braucht ihr nur noch der Ausschilderung des archäologischen Pfades zu folgen. Auf der Schautafel am Beginn des Weges seht ihr, welchen Verlauf der Weg hat. Der

Spannend ist auch der **Geschichtserlebnisraum Lübeck,** ein archäologischer Bauspielplatz, ↗ Handwerk & Geschichte.

Aus dem Dunkel der Geschichte: Einst war das Megalithgrab komplett mit Erde bedeckt. Zugang zur Steinkammer hatte man durch den Eingang, auf dem Finja jetzt sitzt

Rundweg führt euch zu 21 Stationen. Erklettert zum Beispiel den slawischen Ringwall. Er ist im Durchmesser ungefähr 100 m groß und war früher eine Befestigungsanlage der Wagrier. Sie lebten innerhalb des Walls und im Falle einer Bedrohung flüchtete sich die Bevölkerung der umliegenden Dörfer ebenfalls dorthin. Viel zu sehen ist von oben nicht, denn die Bäume und Sträucher auf dem Wall behindern die Sicht. Geheimnisvoll ist der Ort trotzdem, denn der Sage nach liegt hier ein mittelalterlicher Kirchenschatz vergraben. Gefunden wurde davon allerdings nichts. Lasst eure Fantasie spielen! Dann seht ihr vielleicht, wie der Schatz in einer nebligen Nacht vergraben wurde und hört noch Schlachtlärm oder das Quieken der Schweine innerhalb des Walls.

Hunger & Durst

Das Forsthaus, Waldhusener Weg 30, Lübeck. ✆ 0451/98987979. www.das-forsthaus.de. 11.30 – 24 Uhr. Großer Biergarten, Kuchen, regionale Küche.

Ins Weltall blicken: Sternwarte Lübeck

Am Ährenfeld 2, 23564 Lübeck. ✆ 0451/602496, www.sternwarte-luebeck.de. **Lage:** In der Johannes-Kepler-Realschule. **Bahn/Bus:** Bus 5 bis Pensebusch. **Auto:** L182 Brandenbaumer Landstraße, über Blütenweg bis Am Ährenfeld. **Zeiten:** Kinderveranstaltungen circa 2 Mal im Monat jeweils Fr 18 Uhr. **Preise:** 4 €; Kinder 2 €.

▶ In der Sternwarte werden regelmäßig Veranstaltungen für Kinder durchgeführt. Die Sternenabende richten sich an Kinder 6 – 12 Jahre und dauern ungefähr 45 Minuten. Ihr erfahrt dort zum Beispiel, wie das Weltall entstanden ist, begleitet *Rudolph, den Weihnachtskometen* auf seiner Reise oder lauscht der Herbststernsage.

Nach den Veranstaltungen besteht bei klarem Himmel die Möglichkeit, die Sterne durch die Fernrohre zu betrachten.

LÜBECK: WISSEN & KULTUR

Was fällt euch zu Lübeck ein? Marzipan, Holstentor und Nobelpreisträger? Stimmt! Wollt ihr Spannendes über Willy Brandt oder Günter Grass erfahren, besucht das Willy-Brandt- und das Günter-Grass-Haus. Neben berühmten Persönlichkeiten, Türmen und Süßigkeiten hat Lübeck an Kultur aber noch viel mehr auf Lager.

Geht auf Entdeckungsreise durch Gänge und Höfe in der Altstadt, besucht das Wasser Marionetten Theater und erfahrt, was es mit der Kirchenmaus Rosemarie auf sich hat. Im Sommer könnt ihr Theater unter freiem Himmel erleben und Winnetou in Bad Segeberg treffen. Eins wird euch ganz sicher nicht: langweilig.

Stadtbesichtigungen

Stadtführung per Schiff

Gabriele Stühff, An der Obertrave, 23552 Lübeck. ✆ 0451/77078222, Handy 0171/5245493. www.luebecker-barkassenfahrt.de. **Lage:** Gegenüber der Musikhochschule. **Bahn/Bus:** Ab Hbf Lübeck 10 Min Fußweg über Holstentorplatz, Holstenstraße, rechts in An der Obertrave. **Auto:** Über Possehlstraße zum Parkhaus an der Wallstraße, Fußgängerbrücke zur An der Obertrave. **Zeiten:** 11, 12, 13, 13,30, 14.30, 15, 16 Uhr, bei Bedarf auch 16.30 und 17.30 Uhr. **Preise:** 11 €; Kinder bis 12 Jahre 6 €; Jugendliche 9 €, Senioren 10 €, Rabatte für Familien und Gruppen.

▶ Ihr fahrt mit der **Barkasse** einmal rund um die Lübecker Altstadt. Alles Sehens- und Wissenswerte – von den Figuren auf der Musik- und Kongresshalle (MUK) über die sieben Türme bis hin zum Malerwinkel – wird euch unterwegs kurzweilig erklärt.

Rund um Lübeck per Schiff

Cityschifffahrt, H. Gabriel, Wallstraße 17, 23560 Lübeck. ✆ 0451/2963424, Handy 0177/2287888.

TORE, TÜRME UND THEATER

Hansestadt Lübeck, Travemünde, Boltenhagen und Umgebung Radwander- und Wanderkarte, Barthel Verlag, 1:50.000, ISBN 978-3-89591-190-3, 6,50 €.

HANDWERK UND GESCHICHTE

*Eine **Barkasse** ist ein Arbeitsboot in Häfen oder Ausflugsboote.*

Attacke! Auf dem Bauspielplatz Roter Hahn werden die Schwerter gekreuzt

Hunger & Durst

Restaurant Gandhi, Wakenitzufer 13, Lübeck. ✆ 0451/3990812. www.gandhi-luebeck.de. 11.30 – 22 Uhr. Original indische Küche, im Sommer tolle Plätze auf der Terrasse direkt an der Wakenitz.

Die Reederei bietet **Kombi-Tickets** zu Lande und zu Wasser an. In beliebiger Reihenfolge erlebt ihr die Stadt per Bus und per Schiff.

*Die **Fleischhauerstraße** ist eine der ältesten Straßen Lübecks. Früher lebten hier die Knochenhauer, also die Fleischer. Neben ihnen gab es kaum andere Handwerker in der Straße.*

www.cityschifffahrt.de. **Lage:** Abfahrten von der Untertrave. **Bahn/Bus:** Ab Hbf Lübeck 10 Min Fußweg. **Auto:** B206 Fackenburger Allee über Linden- und Holstentorplatz links in An der Untertrave. **Zeiten:** März – April, Okt täglich 10, 12.30, 14 und 15.30 Uhr, Mai – Ende Sep 10, 10.30, 11.30, 12, 13, 13.30, 14.30, 15, 16, 16.30 und 17.30 Uhr. **Preise:** 12 €; Kinder 3 – 14 Jahre 7 €; Rentner 11 €, Schüler, Studenten 10 €.

▶ Auf der 1-stündigen Schifffahrt umschippert ihr auf der Trave und der Kanaltrave die Altstadtinsel. Vorbei an den alten Salzspeichern und dem Museumshafen geht es durch den Klughafen und über den Malerwinkel zurück zum Anleger. Während der Fahrt erfahrt ihr viel über die Geschichte Lübecks und seine 7 Türme. Bei schönem Wetter könnt ihr Cabrio fahren, denn dann kommt auch das offene Panoramaschiff zum Einsatz.

Bummel durch Lübecks beliebteste Einkaufstraßen

Hüxstraße, 23552 Lübeck. **Bahn/Bus:** Bus 15 bis Wahmstraße. **Auto:** Kanalstraße, dort kostenpflichtige Parkplätze.

▶ Fehlt ein Knopf an der Lieblingsjacke, sucht ihr hübsche Becher für den Kindergeburtstag, ein Spielzeug, Schuhe, Babyklamotten oder ein altes Buch? In der **Hüxstraße** und der parallel verlaufenden **Fleischhauerstraße** werdet ihr sicher fündig. Die Hüx, wie sie von den Lübeckern nur genannt wird, ist die schönste Einkaufsstraße der Stadt. Über 100 kleine Geschäfte säumen die Straße. Neben Boutiquen, Lokalen und Cafés, Galerien und Schmuckgeschäften sind hier auch Floristen und alte Handwerksbetriebe zu Hause. Die Schaufenster sind liebe- und geschmackvoll dekoriert, die Atmosphäre freundlich und entspannt. Bummelt die Straße einmal rauf und runter. Wenn der Magen knurrt, legt ihr einen Zwischenstopp bei *Junge* ein, einer Bäckerei, die nur von Azubis geführt wird. Oder ihr setzt euch ins Schaufenster der *Suppenbar* und esst eine der leckeren Tagessuppen. Am oberen Ende der Hüxstraße biegt ihr rechts ab und geht die nächste Querstraße, die Fleischhauerstraße wieder

Malerblickwinkel: Lübeck von der Obertrave aus

bergab. Auch hier locken hübsche Läden. Bei **Schöner schwanger** gibt es neben schicker Umstandsmode auch Kinderbekleidung, bei *Linea* schöne Beutel, Stoffe und Tischdecken und bei *Wolle und Hobby* am unteren Ende der Straße könnt ihr in Bastelartikeln schwelgen. In anderen Läden bekommt ihr Tee, Perlen, Secondhand-Mode, Wein oder einen Haarschnitt. Und natürlich fehlen auch hier die Lokale nicht.

Schöner schwanger, Fleischhauerstraße 26, Lübeck. ✆ 0451/3179575. www.schoenerschwanger.de. Mo – Fr 10 – 18, Sa 10 – 16 Uhr. Umstandsmode, Kinderbekleidung, Kindertragen, Taschen.

Hinter die Fassade schauen: Ein Spaziergang durch Gänge und Höfe

Breite Straße, 23552 Lübeck. **Länge:** Rundweg etwa 4 km, 90 Min. **Bahn/Bus:** Diverse Busse bis Kohlmarkt. **Auto:** Über Lindenplatz rechts in Possehlstraße bis Parkhaus Wallstraße. Von dort 5 Min Fußweg.

▶ Ihr startet euren Rundgang durch das verborgene Lübeck am **Rathaus.** Von dort lauft ihr die Breite Straße in nördlicher Richtung bis ihr zur **Engelsgrube** kommt. Biegt dort links ab und geht die Straße hinunter bis zum **Engelswisch.** Hier müsst ihr rechts ab bis zur Nummer 28. Dort führt ein niedriger Rundbogen in den *Hellgrünen Gang*. Heraus kommt ihr An der Untertrave. Ein Stückchen weiter rechts führt der *Dunkelgrüne Gang* wieder zurück in die Engelswisch. Einmal links und dann gleich wieder rechts gelangt ihr in die **Große Altefähre.** Lauft bergauf und biegt

*Die Namen **Engelsgrube** oder Engelswische haben nichts mit Engeln zu tun. Mit Engels sind die Englandfahrer, die Engländer, gemeint, zu denen Lübeck gute Handelsbeziehungen unterhielt.*

GÄNGE UND HÖFE IN DER ALTSTADT

▶ Eine Besonderheit Lübecks sind die vielen **Gänge** und **Höfe.** Rund 90 dieser Durchgänge und Hinterhof-Bebauungen gibt es überall in der Altstadt. Sie entstanden im Mittelalter, als die Stadt in der Blütezeit der Hanse so rasch wuchs, dass der Wohnraum knapp wurde. Innerhalb der Stadtmauern war kein Platz mehr. So brach man schmale Gänge in die Vorderhäuser und bebaute die Höfe dahinter mit Buden. Das waren einfache Verschläge, in denen Tagelöhner oder die Arbeiter der Gewerbe und Geschäfte aus den Vorderhäusern unterkamen. Die Buden waren klein und schmal. Stellenweise bestanden sie nur aus einem Zimmer. Die Zahl der **Gänge** wuchs und es entstand eine Art verstecktes Viertel, das Gängeviertel. Aus den Buden wurden im Laufe der Zeit kleine, steinerne Häuser, die heute als Wohnraum beliebt sind. Um die Gänge zu entdecken, müsst ihr manchmal den Kopf einziehen und euch schmal machen. Einige enden als Sackgassen, andere verbinden Straßen miteinander, sodass ihr plötzlich an ganz anderer Stelle wieder herauskommt. Die Gänge sind in der Regel beschriftet, manchmal aber mit einer Tür oder einem Tor verschlossen. Einige werden über Nacht abgeschlossen, andere sind für Touristen überhaupt nicht zugänglich. Erkundet die *verborgene Stadt,* öffnet Türen und lasst euch überraschen, welche Puppenhäuschen und hübschen Gärtchen euch dort erwarten! Einige schöne Gänge und Höfe sind:

- **Bäckergang:** Er verbindet die Engelsgrube (Nr. 43) mit der Fischergrube,
- **Lüngreens Gang:** Er führt von der Fischergrube 38 in den Bäckergang und damit in die Engelsgrube,
- **Füchtingshof,** Glockengießerstraße 23 – 27,
- **Haasenhof,** Dr.-Julius-Leber-Straße 37 – 39,
- **Schwans Hof,** Hartengrube 18.

Übrigens: Für den Bau der Gänge gab es eine Bedingung. Sie mussten wenigstens so breit sein, dass ein Sarg hindurch passte. ◀

rechts in die Kleine Burgstraße ein. Überquert den Koberg und biegt anschließend rechts in die **Königstraße** ab. Nun geht es wieder bergab. Biegt links in die Glockengießerstraße ein. Auf eurem Weg bis zum nächsten Abzweig kommt ihr an zwei der schönsten **Stiftshöfe** Lübecks vorbei. Werft einen Blick in den *Füchtingshof* und in den *Glandorpsgang*. Folgt der Glockengießerstraße weiter, bis ihr nach rechts in den Tünkenhagen abbiegt. Nun geht ein Stück geradeaus Richtung Aegidienkirche, weiter in die St.-Annen-Straße, über Fegefeuer bis zum **Dom.** Erkundet auf eurem Weg weitere Gänge, wie die *Hölle* im Fegefeuer, die eine Sackgasse ist. Am Dom biegt ihr rechts in die Hartengrube und gleich wieder links in den Großen Bauhof ab. Noch einmal links und ihr erreicht die **Effengrube.** Bei der Nummer 16 gibt es einen schmalen Durchlass zum *Grützmacherhof.* Die Nummer 18 führt euch durch *Blohms Gang* bis zur Straße An der Obertrave. Biegt rechts ab und wandert am Wasser entlang bis zur Holstenstraße. Noch einmal rechts und den Berg hinauf und ihr seid wieder an eurem Ausgangspunkt angelangt. Das **Rathaus** liegt auf der linken Seite.

Stadtrundgang in historischem Gewand

Gästeservice Lübeck, Fleischhauerstraße 18, 23552 Lübeck. ✆ 0451/596220, www.gaesteservice-luebeck.de. **Lage:** Verschiedene Treffpunkte in der Innenstadt. **Bahn/Bus:** ➚ Lübeck. **Auto:** ➚ Lübeck, Fackenburger Allee, Parkleitsystem folgen. **Zeiten:** Mai – Okt Fr 20 Uhr. **Preise:** 9 € pro Person.

▶ Die Stadtführer in ihren historischen Kostümen nehmen euch mit auf eine Zeitreise durch das alte Lübeck. Begleitet zum Beispiel *Nele,* die Frau eines **Stecknitzfahrers,** oder *Bruder Bartholomäus,* einen Bettelbruder des Franziskanerordens, durch die Stadt. Sie erzählen euch von ihrem Leben, von ihren Wünschen und Träumen. Auch *Ellen Westphal,* die Hebamme, weiß viel zu berichten. Schließlich kommt

Amaro, Glockengießerstraße 67, Lübeck. ✆ 0451/29630801. www.amaro-luebeck.de. Jan – Okt Mo – Fr 10 – 18, Sa 10 – 14 Uhr, Nov Mo – Fr 10 – 18, Sa 10 – 16 Uhr, Dez Mo – Fr 10 – 18, Sa 10 – 18 Uhr. Feinste Schokoladen, entweder vor Ort in Form einer heißen Schokolade genießen oder mitnehmen. Außerdem Pralinen, frisch geröstete Kaffee.

*Der Stecknitzkanal wurde im 14. Jahrhundert gebaut. Er verband Lübeck mit Lauenburg. Die Gilde der **Stecknitzfahrer** gibt es noch. Sie trifft sich jedes Jahr in Lübeck zur Kringelhöge, so der Name ihrer Jahresversammlung.*

Hunger & Durst

Historische Gaststätte Schiffergesellschaft, Breite Straße 2, Lübeck. ✆ 0451/76776. www.schiffergesellschaft.com. 10 – 1 Uhr. Ehemalige Versammlungshalle der Lübecker Schiffer, die Decke hängt voll mit alten Segelschiffmodellen. Regionale holsteinische Küche, Fisch, ein Teil der Gerichte als Kinderteller zum halben Preis.

Kinderkram, Mühlenstraße 21, Ecke Königstraße, Lübeck. ✆ 0451/7070511. www.kinderkram-luebeck.de. Mo – Fr 9 – 18, Sa 9 – 16 Uhr. Wunderbares Spielzeug aus Holz, Kinderbücher, Spiele.

sie in alle Häuser und erfährt dort so manchen Klatsch und Tratsch. *Jan Janszoon van Wijck,* ein niederländischer Kaufmann, kennt den Hafen wie seine Westentasche und *Dürken,* die Frau des Maurergesellen Till, weiß alles über Backsteine und was daraus gebaut wurde.

Neben den Führungen in historischem Gewand bietet der Gästeservice auch thematische Führungen und spezielle Touren für Kinder an.

Stadtführung in Lübeck

Hanse Guides, Reinhild Behrje, Amandus-Voigt-Straße 3, 23617 Stockelsdorf. ✆ 0451/4994149, 3177900. Handy 0179/9264400. www.stadtfuehrung-in-luebeck.de. **Bahn/Bus:** ↗ Lübeck. **Auto:** ↗ Lübeck. **Zeiten:** nach Vereinbarung. **Preise:** Gruppen bis 10 Pers 55 €.

▶ Bei den Stadtführerinnen bucht ihr eine individuelle Stadtführung. Zeit und Ort bestimmt ihr. Auch der inhaltliche Schwerpunkt darf von euch gesetzt werden. Wie wäre es mit einer Tour zum Thema Marzipan? Ihr erfahrt, wo die süße Leckerei herkam, wie sie früher verwendet wurde und wo sie heute in Lübeck hergestellt wird. Gekostet wird dabei natürlich auch. Zu süß für euren Geschmack? Dann ist viel-

Das Stadtmodell am Markt: Zeigt, wo ihr lang gelaufen seid!

leicht die Führung zu Krankheit, Tod und Teufel das Richtige für euch. Durch Lübecks Gänge und Höfe wandert ihr und bekommt dabei einen Einblick in die Gefahren des mittelalterlichen Alltags. Krankheiten und **Seuchen** breiteten sich viel schneller aus als heute und auch bestimmte Berufe, wie die Seefahrt, bargen Risiken. Führungen durch Museen und Kinderführungen werden ebenso angeboten wie Kinderrallyes durch die Stadt.

Der Schwarze Tod, wie die Pest auch genannt wurde, kam mit den Schiffen in die Stadt. 1350 – 1537 wütete die ***Seuche*** *insgesamt 12 Mal in Lübeck und raffte ein Viertel der Bevölkerung dahin.*

Bahnen & Betriebe

Mit der Kleinbahn durch den Bürgerpark

Vorwerker Diakonie, Triftstraße 139 – 143, 23554 Lübeck. ✆ 0451/400250148, www.vorwerker-diakonie.de. **Bahn/Bus:** Bus 3, 10 bis Vorwerker Diakonie. **Auto:** A1 Ausfahrt 21 Bad Schwartau, auf Schwartauer Landstraße 3 km Richtung Lübeck, dann hinter Tankstelle rechts in Triftstraße. **Zeiten:** April – Okt Sa 10 und 10.30 Uhr, 1. Sa im Monat auch 15 und 15.30 Uhr. **Preise:** 2 €; Kinder 1 €; Familien (Eltern und ihre Kinder) 5 €.

▶ *Hase* oder *Igel?* So heißen die Dieselloks der Vorwerker Diakonie und eine von beiden wird euch über deren Gelände und den angrenzenden Bürgerpark chauffieren. Mit einer Spurbreite von 600 mm wirkt die Bahn wie eine zu groß geratene Spiellok. In beschaulichem Tempo zuckelt ihr mit Quietschen, Tuffen und Tuten über die 2 km lange Strecke. Bahnfahren kann so schön sein! Zum jährlich stattfindenden **Sommerfest,** zu dem immer enormer Andrang herrscht, bekommen die Dieselloks Verstärkung durch einen solarbetriebenen Triebwagen.

Für Feste oder Veranstaltungen könnt ihr die Kleinbahn sogar mieten. Auf Wunsch wird euch noch ein Speisewagen mit 17 Plätzen angehängt.

Der Marzipan-Salon des Café Niederegger

Breite Straße 89, 23552 Lübeck. ✆ 0451/5301126, www.niederegger.de. **Bahn/Bus:** Diverse Busse bis Kohlmarkt. **Auto:** Lindenplatz, Holstenstraße, Parken an

der MUK. **Zeiten:** Mo – Fr 9 – 19, Sa 9 – 18, So 10 – 18 Uhr. Das Arkadencafé von Niederegger, direkt gegenüber am Markt hat bis min. 20 Uhr geöffnet. **Preise:** Marzipan-Salon zu Zeiten des Cafés frei zugänglich.

▶ Lübecks berühmtestes Café ist das Niederegger. Hier bekommt ihr die bekannte Marzipan-Nusstorte. Daneben gibt es ein breites Kuchen- und Tortensortiment und natürlich (fast) alles, was sich aus **Marzipan** herstellen lässt, wie zum Beispiel Eis. Neben all den Leckereien finden Kinder den **Marzipan-Salon** besonders interessant. Er befindet sich im 2. Stock des Cafés und beeindruckt durch zwölf lebensgroße Figuren aus Marzipan. Ihr könnt euch einen Film über die Herstellung von Marzipan anschauen und manchmal auch einem Mitarbeiter über die Schulter schauen, der Marzipanfiguren bemalt.

***Lübecker Marzipan** besteht zu 70 Prozent aus Marzipan-Rohmasse und zu 30 Prozent aus Zucker.*

Zu Besuch beim Bürgermeister: Rathaus Lübeck

Breite Straße 62, 23552 Lübeck. ✆ 0451/1221005, www.luebeck.de. **Lage:** Am Markt. **Bahn/Bus:** Diverse Busse bis Kohlmarkt. **Auto:** Über Lindenplatz rechts in Possehlstraße bis Parkhaus Wallstraße. Von dort 5 Min Fußweg. **Zeiten:** Mo – Fr 11, 12 und 15, Sa, So 13.30 Uhr. **Preise:** 4 €; Kinder ab 6 Jahre 2 €; Studenten, Azubis 2 €.

▶ Lübecks Rathaus zählt zu den schönsten Rathäusern in Deutschland. Begonnen wurde mit dem Bau 1230, fertiggestellt war er 1308. Mit seiner prächtigen Ausstattung wirkt es wie ein Museum, doch das täuscht. Hier arbeitet der Bürgermeister und die Bürgerschaft und der Senat halten ihre Sitzungen ab. Es ist immer was los und deshalb kann es euch passieren, dass ihr auf dem Flur dem Bürgermeister begegnet. Bei der **Führung** kommt ihr an riesigen Gemälden und holzgetäfelten Wänden vorbei, das Schmuckstück des Rathauses ist aber der **Audienzsaal.**

*Sind euch die zwei verschieden hohen Türen im **Audienzsaal** aufgefallen? Sie stammen noch aus der Zeit, als der Raum als Gerichtssaal genutzt wurde. Wer freigesprochen wurde, durfte durch die hohe Tür hinausgehen, wer verurteilt wurde, ging gebeugt durch die kleine Tür.*

Geschichtserlebnisraum Lübeck: Bauspielplatz Roter Hahn

Jörn Puhle, Pommernring 58, 23569 Lübeck. ✆ 0451/ 2037497, Handy 0179/3931900. www.bauspielplatz-roterhahn.de. **Bahn/Bus:** Bhf Lübeck-Kücknitz, 15 Min Fußweg über Elbingstraße. Links in Westpreußenring, von dort links in Pommernring. **Auto:** B75 Ausfahrt Lübeck-Kücknitz. Im Brunskroog rechts auf Solmitzstraße. Über Ostpreußenring nach rechts auf Westpreußenring und rechts in Pommernring. **Zeiten:** Di – Fr 13 – 18 Uhr. **Preise:** kostenlos.

▶ Auf dem Bauspielplatz Roter Hahn könnt ihr Geschichte hautnah erleben und was noch viel besser ist – sie selbst mit erschaffen. Seit der Eröffnung 1999 werden auf dem weitläufigen Gelände frühmittelalterliche Gebäude mit dazugehörender Umwelt errichtet und eingerichtet. Archäologen, Pädagogen und Besucherkinder haben so bereits ein wikingerzeitliches Gruben- und ein Langhaus, ein slawisches Blockhaus, eine Holzstabkirche, eine Scheune und Tierställe gebaut sowie Gärten angelegt. Neuestes Projekt ist der Bau einer Klosteranlage. Während der Öffnungszeiten könnt ihr Hütten bauen, Feuer machen, die Tiere pflegen, basteln, malen oder im Garten helfen. Jeden Samstag (April – Okt) 13 – 18 Uhr ist **Kultursamstag.** Dann könnt ihr den Handwerkern

Happy Birthday!
Hier könnt ihr einen zünftigen Wikingergeburtstag feiern. Mit Bogenschießen, Feuer machen, Tonperlen brennen und Stockbrot backen.

Bären-Treff, Breite Straße 62, Lübeck. ✆ 0451/77425. www.baeren-treff.de. Mo – Fr 9.30 – 18.30, Sa 9.30 – 16, So 12 – 18 Uhr. Ein Paradies für Gummibärchenliebhaber. Ihr könnt aus über 100 Sorten wählen und vorher probieren.

Bogenschießen üben: Auf dem Bauspielplatz Roter Hahn könnt ihr's probieren
© pmv, Karolin Küntzel

über die Schulter schauen, mittelalterliche Tänze üben, Löffel schnitzen oder Wildkräuter sammeln.

Burgen & Kirchen

Alte Verteidigungsanlage – Burgtor

Große Burgstraße, 23552 Lübeck. **Bahn/Bus:** Busse bis Große Burgstraße. **Auto:** K16 Hafenstraße links in Kanalstraße, dort kostenpflichtige Parkplätze.

Achtung! Bus- und Lkw-Fahrer sollten hier besonders aufpassen. Hier sind schon einige von ihnen in der engen und niedrigen Durchfahrt stecken geblieben. Schaut euch das Tor mal genauer an. Entdeckt ihr die Schäden?

▶ Sie waren mal zu dritt, doch von den drei hintereinander gebauten nördlichen Stadtzugängen ist nur noch das Burgtor übrig. Die fünfstöckige Verteidigungsanlage beeindruckt trotzdem. Auch wenn man weiß, dass es als einziges Lübecker Tor heftig umkämpft und schließlich von den Franzosen eingenommen wurde. Schaut ihr vom Gustav-Radbruch-Platz auf die mächtige Anlage, ist links das alte Zollhaus zu sehen. Heute dient es Lübecker Persönlichkeiten als Wohnhaus. Rechts vom Tor befindet sich der Marstall. Hier wurden früher Pferde untergebracht, später dann auch Gefangene. Das Gefängnis bestand rund 50 Jahre. Genauso lange ist inzwischen das ↗ *Stadtteil- und Jugendzentrum* dort zu Hause.

In der Kirche der Seefahrer

St.-Jakobi-Kirche, Jakobikirchhof 3, 23552 Lübeck
✆ 0451/308010, www.st-jakobi-luebeck.de. **Lage**: Am Koberg. **Bahn/Bus**: Diverse Busse bis Koberg. **Auto**: Von Travemünder Allee über Gustav-Radbruch-Platz durch das Burgtor bis Koberg. **Zeiten**: April – Okt Di – So 10 – 18 Uhr, Nov – März Di – So 10 – 16 Uhr, Gottesdienst So 10.40 Uhr, Orgelvesper Sa 17 Uhr.

*Habt ihr euch die **Turmuhr** genau angesehen? Sie hat nur einen Zeiger. Als Einzeigeruhr gibt sie nur die Stunden an.*

▶ Die Kirche St. Jakobi ist eine der fünf Hauptkirchen in der Lübecker Innenstadt. Sie ist die Kirche der Seefahrer, Schiffer, Bootsleute und Fischer. Den Zweiten Weltkrieg überstand sie, ohne Schaden zu nehmen. So kommt es, dass sie über zwei original erhaltene Orgeln aus dem Mittelalter und wunderschöne Altäre verfügt. Was Jakobi aber so besonders macht, ist das Rettungsboot, das seit den 1950er-Jahren in der nördlichen Turmkapelle steht. Es ist das beschädigte Rettungsboot der *Pamir,* die 1957 in einem Sturm sank (↗ Viermastbark Passat). Das Boot und die eingemeißelten Namen der 80 Seeleute, die bei dem Untergang starben, sind Gedenkstätte und Anlaufstelle für Seeleute aus aller Welt. Sie legen dort Kränze nieder und gedenken der Menschen, die ihr Leben auf See verloren haben. St. Jakobi wurde 2007 offiziell zu einer Nationalen Gedenkstätte der zivilen Seefahrt erklärt.

Die Lübecker tauften die kleine Maus ***Rosemarie.*** *Sie ist so beliebt, dass sie bei den Familiengottesdiensten neben dem Pastor auf der Kanzel steht. Für das Kind, das dabei in dem Mäusekostüm steckt, ist das eine große Ehre.*

Kirchenmaus und armer Teufel

St.-Marien-Kirche, Schüsselbuden 13, 23552 Lübeck. ✆ 0451/397700, www.st-marien-luebeck.de. **Lage:** Am Markt. **Bahn/Bus:** Diverse Busse bis Kohlmarkt. **Auto:** Über Lindenplatz rechts in Possehlstraße bis Parkhaus Wallstraße. Von dort 5 Min Fußweg. **Zeiten:** April – 3. Okt 10 – 18 Uhr, 4. Okt – 31. Okt 10 – 17 Uhr, Nov – März 10 – 16 Uhr. **Preise:** Besichtigung 2 €, Besuch der Gottesdienste und Gebet frei; Kinder frei; Studenten, Arbeitslose, Behinderte 1,50 €.

▶ Vor der Kirche sitzt ein Teufelchen, seine Hörner glänzen von den vielen Berührungen der Passanten. In der Kirche begegnet ihr dann der **Kirchenmaus Rosemarie.** Sie ist in Stein gehauen und verspricht demjenigen, der sie berührt, Glück. Spürt sie auf und probiert es aus. Teufel und Maus haben etwas gemeinsam. Ihre Figuren gehen auf zwei Sagen zurück, die man sich von St. Marien erzählt.

Als die Kirche gebaut wurde, belogen die Lübecker den Teufel. Weil sie ihm erzählten, sie bauten an ei-

St. Marien: Die Kirche steckt voller Sagen

nem Wirtshaus, half er tatkräftig mit. Als er erkannte, dass er half, eine Kirche zu bauen, wurde er sehr wütend und wollte einen Stein auf das Gebäude schleudern. Schnell versprachen ihm die Bürger ein Wirtshaus direkt daneben. Der Teufel ließ den Stein fallen. Jahrhunderte später schuf ein Bildhauer den Teufel und platzierte ihn auf dem Teufelsstein, der direkt neben der Kirche liegen blieb.

Die Kirchenmaus dagegen soll angeblich die Wurzeln eines Rosenstocks, der an der Kirche wuchs, für ihr Nest benutzt haben. Die Rose ging ein. Die Lübecker hielten das für ein böses Omen, glaubten sie doch daran, dass die Stadt so lange frei sein würde, wie die Rose blüht. Tatsächlich wurde die Stadt bald darauf von den Dänen eingenommen. Nach Beendigung der Fremdherrschaft ließ man die Maus als Mahnung in Stein hauen.

Guckt sehr vergnügt: Wahrscheinlich genießt es das Teufelchen, so oft gestreichelt zu werden …

Aussichtsturm St. Petri

Petrikirchhof 1, 23552 Lübeck. ✆ 0451/3977323, www.st-petri-luebeck.de. **Bahn/Bus:** Bhf Lübeck, 10 Min Fußweg oder alle Busse Richtung Altstadt bis Kohlmarkt. **Auto:** Über Lindenplatz rechts in Possehlstraße bis Parkhaus Wallstraße. Von dort 5 Min Fußweg.

Zeiten: Okt – März 10 – 19 Uhr, April – Sep 9 – 21 Uhr.

Preise: 3 €; Kinder bis 6 Jahre frei, Schüler 2 €; Studenten, Ehrenamtler 2 €, Familienkarte (2 Erw, 2 Kinder) 6 €.

▶ Den besten Ausblick auf Lübeck habt ihr von der Aussichtsplattform, die sich auf der Kirche St. Petri befindet. 50 m über dem Boden überblickt ihr nicht nur die gesamte Altstadt, sondern auch die entfernteren Stadtteile und das Umland der Hansestadt. Anstrengend ist der Aufstieg nicht, denn ein Fahrstuhl befördert euch im Handumdrehen nach oben.

Heiligen-Geist-Hospital

Stiftungsverwaltung Hansestadt Lübeck, Wohnen im Kabäuschen, Koberg 11, 23552 Lübeck. ✆ 0451/

7907841, www.stiftungsverwaltung-luebeck.de. **Bahn/Bus:** Diverse Busse bis Koberg. **Auto:** B75 Travemünder Allee, über Gustav-Radbruch-Platz in Große Burgstraße. **Zeiten:** Di – So 10 – 17 Uhr (Sommerzeit), Di – So 10 – 16 Uhr (Winterzeit). **Preise:** kostenlos.

▶ Stellt euch vor, ihr müsstet in einem winzigen, kargen Zimmer leben. Gerade so groß, dass ein Bett und eine kleine Kommode hineinpassen. Das wäre sicher schwierig, denn wo sollten eure ganzen Sachen Platz finden? Wie so ein Leben aussah, ist leichter vorstellbar, wenn man die winzigen Kabäuschen im Heiligen-Geist-Hospital gesehen hat. In ihnen lebten bis 1970 Bewohner des Altenheims. Freiwillig und sogar gerne, was sich darin zeigt, dass die letzten Bewohner nur widerwillig die Kammer räumten, um in andere Einrichtungen zu ziehen. Das Heiligen-Geist-Hospital wurde im 12. Jahrhundert von den Bürgern der Stadt errichtet, um Kranke und Arme aufzunehmen. Es ist damit die älteste Sozialeinrichtung in ganz Europa. Das Hospital wurde während der Reformation in ein Altenheim umgewandelt und das ist es heute noch.

18 Nirgendwo ist der Weihnachtsmarkt schöner als im Heiligen-Geist-Hospital. Unbedingt hingehen, auch wenn die Schlange am Eingang oft lang ist.

Museen

Museum für Natur und Umwelt

Musterbahn 8, 23552 Lübeck. ✆ 0451/1224122, www.museum-fuer-natur-und-umwelt.de. **Bahn/Bus:** Bus 4, 15 bis Fegefeuer. **Auto:** Von Wallstraße in Mühlendamm, dort rechts in Musterbahn. Kostenpflichtige Parkplätze vor dem Haus. **Zeiten:** Di – Fr 9 – 17, Sa, So 10 – 17 Uhr. **Preise:** 6 €; Kinder 6 – 18 Jahre 2 €; Azubis, Studenten, BFD, Schwerbehinderte 3 €.

▶ Im Museum für Natur und Umwelt bekommt ihr einen interessanten Einblick in die Naturgeschichte Schleswig-Holsteins. Ihr könnt dort die artenreiche Tier- und Pflanzenwelt der Region bestaunen. Neben ganz kleinen Tieren wie den Bienen, denen ihr im glä-

Hunger & Durst

Walbaum-Café, Musterbahn 8, Lübeck. ✆ 0451/88998308. www.vorwerker-diakonie.de. Di – So 11 – 17 Uhr. Gemütliches Café im Innenhof des Museums.

Klappmaul: So ein Pottwal hat eine ganz schön große Klappe

© pmv, Karolin Küntzel

Finja auf Schatzsuche: Im Museum für Natur und Umwelt dürft ihr spielen

© pmv, Karolin Küntzel

sernen Bienenstock bei der Arbeit zuschauen könnt, gibt es auch ganz große. Besonders beeindruckend ist dabei sicherlich das riesige Skelett eines Pottwals, das im Glasanbau im Domhof zu besichtigen ist. *Im Reich des Wassermanns,* einer recht neuen Erlebnisausstellung im Museum, taucht ihr in die nassen Lebensräume von Wakenitz, Trave und Lübecker Bucht ein. Das Museum bietet auch Führungen und spezielle Kinderkurse an.

TheaterFigurenMuseum

Kolk 14, 23552 Lübeck. ✆ 0451/78626, www.theaterfigurenmuseum.de. **Bahn/Bus:** Ab Hbf Lübeck 10 Min Fußweg über Holstentorplatz, Holstenstraße, rechts in Kolk. **Auto:** Possehlstraße, Parkhaus an der Wallstraße, Fußgängerbrücke zu An der Obertrave, die Große Petersgrube bergauf, links in Kolk. **Zeiten:** Nov – März Di – So 11 – 17 Uhr, April – Okt täglich 10 – 18 Uhr. **Preise:** 6 €; Kinder 6 – 18 Jahre 2 €; Azubis, Studenten, BFD, Schwerbehinderte 3 €.

▶ Insgesamt fünf alte Lübecker Kaufmannshäuser, die mit Gängen und Treppen verbunden sind, beherbergen die umfangreiche Sammlung von Theaterfiguren. Auf eurem Weg durch das verwinkelte Museum seht ihr um die 1000 Exponate aus Europa, Afrika und Asien. Stab- und Handpuppen, Marionetten, aber

Figurentheater Lübeck, Kolk 20 – 22, Lübeck. ✆ 0451/70060. www.figurentheater-luebeck.de. Das Figurentheater führt Stücke für die ganze Familie auf – von Dornröschen bis Rigoletto, Karten ab 6 €.

auch mechanische Figuren sind darunter. Filmplakate, Kulissen und zum Stück gehörende Musikinstrumente runden die ständige Ausstellung ab. Regelmäßig finden Sonderausstellungen statt, beispielsweise mit den Figuren der Augsburger Puppenkiste.

Museum Holstentor

Kulturstiftung Hansestadt Lübeck, Holstentorplatz, 23552 Lübeck. ✆ 0451/1224129, www.museum-holstentor.de. **Bahn/Bus:** Hbf Lübeck, ZOB, 5 Min Fußweg über Hansestraße, Lindenplatz. **Auto:** ↗ Lübeck. **Zeiten:** Jan – März Di – So 11 – 17 Uhr, April – Dez täglich 10 – 18 Uhr. **Preise:** 6 €; Kinder 6 – 8 Jahre 2 €; Azubis, Studenten, BFD, Schwerbehinderte 3 €.

▶ Merkwürdig schief sind die zwei Türme des **Holstentors** und vielleicht sogar kleiner als ihr dachtet. Beeindruckend ist es dennoch mit seinen dicken Mauern, hinter denen sich eine Ausstellung zum Thema *Die Macht des Handels* verbirgt. Hört sich trocken an? Ist es aber nicht. In sieben Themenräumen könnt ihr euch über die Geschichte des Tores und den Handel in der Stadt informieren. Es gibt Schiffs- und Gebäudemodelle zu bestaunen, aber auch Waffen, die nicht zum Einsatz kamen, da das Tor in seiner langen Geschichte niemals angegriffen wurde. Gruselig wird es dann im siebten Raum beim Betrachten der spätmittelalterlichen Folterinstrumente, wie der Streckbank. Diese dienten der *schmerzhaften Befragung.* Wer so befragt wurde, legte meistens schneller ein »Geständnis« ab. Heute ist diese Verhörmethode zum Glück nicht mehr zulässig, denn unter Schmerzen gibt man oft zu, was man nie getan hat.

*Das **Holstentor** ist das Wahrzeichen von Lübeck. Es zierte früher die Rückseite des 50-DM-Scheins. Auf deutschen 2-Euro-Münzen von 2006 ist es ebenfalls zu sehen.*

Kennt jedes Kind: Lübecks Wahrzeichen prangt auf Marzipan- und Schokolade-Verpackungen

© pmv, Karolin Küntzel

Ein Besuch im Günter-Grass-Haus

Glockengießerstraße 21, 23552 Lübeck. ✆ 0451/1224230, www.grass-haus.de. **Bahn/Bus:** Diverse Busse bis Katharineum. **Auto:** Kanalstraße, dort viele, gebührenpflichtige Parkplätze. **Zeiten:** Jan – März Di – So 11 – 17 Uhr, April – Dez täglich 10 – 17 Uhr. **Preise:** 6 €; Kinder 6 – 18 Jahre 2,50 €; Azubis, Studenten, BFD, Schwerbehinderte 3 €, Familienkarte 7 – 10 €.

▶ Was ist das für ein Fisch im Hof? Die Antwort darauf findet ihr im Werk von *Günter Grass.* Sein Leben und seine Arbeit sind im Museum dargestellt. Grass, 1927 in Danzig geboren, ist Grafiker, Bildhauer und Schriftsteller, also richtig vielfältig. Ein malender Schriftsteller oder doch eher ein schriftstellernder Maler? Findet es für euch heraus. Ihr begegnet seinen Plastiken, Zeichnungen und immer wieder seinen Büchern. Und damit werdet ihr auch dem Fisch auf die Schliche kommen. Regelmäßige Sonderausstellungen widmen sich anderen Künstlern mit Doppelbegabung. *Janosch* war zum Beispiel auch schon zu Gast. Über den Garten ist das Grass-Haus mit dem ↗ *Willy-Brandt-Haus* verbunden, mit dessen Namensgeber er politisch eng verbunden ist.

Das Günter-Grass-Haus und das Willy-Brandt-Haus richten jedes Jahr zusammen ein großes Kinderfest aus. Da wird gespielt, ausprobiert, musiziert und vieles mehr. Unbedingt hingehen!

Die bekanntesten Werke Grass' sind die Romane *Die Blechtrommel, Katz und Maus* (Novelle), *Hundejahre, Der Butt* und *Die Rättin.* Erschienen bei Luchterhand und Steidl.

Spielzeug im Museum

Museumsquartier St. Annen, St. Annen-Straße 15, 23552 Lübeck. ✆ 0451/1224137, www.museumsquartier-st-annen.de. **Bahn/Bus:** Diverse Busse bis Fegefeuer. **Auto:** Über K23 Wallstraße, Hüxtertor- oder Kronsforder Allee, Mühlenbrücke in Mühlenstraße, dann rechts. **Zeiten:** Jan – März Di – So 11 – 17 Uhr, April – Dez Di – So 10 – 17 Uhr. **Preise:** 6 €, Kombiticket für beide Museen 10 €; Kinder 6 – 18 Jahre 2 €, Kombiticket 4 €; Azubis, Studenten, BFD, Schwerbehinderte 3 €, Kombiticket 8 €, Familienkarte (1 Erw mit eigenen Kindern) 6 – 9 €, Kombiticket 12 – 20 €.

▶ Das **St.-Annen-Museum** und die **Kunsthalle St. Annen** bilden zusammen das Museumsquartier. Zu sehen sind mittelalterliche Kunstwerke aus Lübecker

Hunger & Durst

Kunst-Café, St. Annen-Straße 15, Lübeck. ✆ 0451/8898404. www.kunsthalle-st-annen.de. Zeiten wie Museumsquartier. In der Kunsthalle. Kaffee und Kuchen, mediterrane Küche, vegetarische Gerichte, tolle Atmosphäre im Innenhof.

Klöstern und Kirchen und moderne Kunst. Darüber hinaus gibt es eine umfangreiche Sammlung, die von Lübecker Bürgern zusammengetragen wurde. Sie spiegelt das bürgerliche Leben der Stadt über fünf Jahrhunderte wieder. Für Kinder interessanter ist aber der rund 200 qm große Bereich im St. Annen Museum, der die **Spielzeugsammlung** beherbergt. Neben den vielen Objekten sind hier einzelne Themen und Schwerpunkte der Gesamtausstellung speziell für Kinder zusammengefasst und dargestellt. Ganz besonders schön ist der Innenhof, in dem ihr euch von so vielen Eindrücken erholen könnt. Interessant bleibt es aber auch hier, denn im Puppenhof, wie er auch genannt wird, seid ihr umgeben von lebensgroßen Sandsteinfiguren.

Reden schwingen wie Willy Brandt

Willy-Brandt-Haus Lübeck, Königstraße 21, 23552 Lübeck. ✆ 0451/1224250, www.willy-brandt.de. **Bahn/ Bus:** Diverse Busse bis Katharineum. **Auto:** Kanalstraße, dort ausreichend gebührenpflichtige Parkplätze, 500 m Fußweg über Glockengießerstraße. **Zeiten:** Jan – März Di – So 11 – 17 Uhr, April – Dez Di – So 11 – 18 Uhr, Weihnachten, Silvester und Neujahr geschlossen. **Preise:** Eintritt frei.

▶ Ein Museumsbesuch kann Kindern jede Menge Spaß machen. Das beweist das Willy-Brandt-Haus mit seiner interaktiven und animierenden Ausstellung über das Leben und Wirken des Nobelpreisträgers. Leiht euch die Chipkarte *Billy, the cat* aus und hört euch an, was Billy, der Kater zu berichten weiß. Wie es Willy in der Schule ergangen ist oder was er als Bundeskanzler alles zu tun hatte. Vielleicht möchtet ihr selbst eine Rede halten, dann probiert es am Rednerpult gleich aus. Eine andere Möglichkeit ist, das Museum mit einem Kartensuchspiel zu entdecken. Die Karten leiten euch zu verschiedenen Ausstellungsstücken und falls es mal knifflig wird, helfen euch die Pfotenabdrücke von Billy sicher weiter.

Hunger & Durst

Eiscafé Venezia, in der Königspassage, Lübeck. ✆ 0451/7031828. Mitte Feb – Ende Sep Mo – Sa 9 – 22, So ab 13 Uhr. 24 Sorten, auch Diabetiker-Eis und Eis für Veganer.

Sa und So finden um 15 Uhr kostenlose Führungen im Willy-Brandt-Haus statt.

Willy Brandt *wurde am 18. Dez 1913 in Lübeck geboren, er starb am 8. Okt 1992. Ab 1957 war er Bürgermeister von West-Berlin, ab 1969 dann Kanzler der BRD. 1974 trat er wegen einer Spionage-Affäre zurück. Das war für viele Menschen schade, war er doch der erste Politiker gewesen, der sich den Ost-Deutschen annähern und mit dem Ostblock aussöhnen wollte. Für diese Politik erhielt Brandt 1971 den Friedensnobelpreis.*

Halt! Hier Grenze

Grenzdokumentations-Stätte Lübeck-Schlutup e.V., Mecklenburger Straße 12, 23568 Lübeck. ✆ 0451/933990, www.grenze-luebeck.de. **Bahn/Bus:** Bus 11 bis Schlutup Markt. **Auto:** B75 Travemünder Allee Richtung Schlutup auf K32 Mecklenburger Straße. **Zeiten:** ganzjährig Fr, Sa 14 – 17, So 11 – 17 Uhr. **Preise:** 2 €; Kinder 6 – 16 Jahre 1,50 €.

▶ Deutschland war bis zum 9. Nov 1989 ein geteiltes Land. Quer hindurch zog sich die Mauer mit Stacheldraht, Wachposten und Todesstreifen. Lübeck lag direkt an dieser Mauer. Hinter dem Stadtteil *Schlutup* begann die DDR, der Grenzübergang befand sich in *Selmsdorf*. Im **Grenzmuseum** seht ihr Dokumente, Fotos, Videos und andere Erinnerungsstücke von der Öffnung der Grenze. Uniformen der Grenzsoldaten, Warnschilder und Bilder, wie die Grenze gebaut wurde, sind ebenfalls ausgestellt und ihr könnt einen Blick in das ehemalige Arrestzimmer werfen. Das flache Museumsgebäude war früher Teil der Grenze.

Die Lübecker Museen veranstalten Familiensonntage, an denen es Workshops und Sonderführungen gibt. In Herrenwyk bastelt ihr z.B. Schmuck aus Metall, im ↗ *St.-Annen-Museum* schlüpft ihr in mittelalterliche Kleider oder bindet Bücher. Termine und Themen erfahrt ihr in den Museen. Preis ca. 12 € für 1 Erw und Kinder.

Geschichtswerkstatt Herrenwyk

Die Lübecker Museen, Kulturstiftung Hansestadt Lübeck, Kokerstraße 1 – 3, 23569 Lübeck. ✆ 0451/301152, www.geschichtswerkstatt-herrenwyk.de. **Bahn/Bus:** Bus 32, 33, 34 bis Herrenwyk. **Auto:** B75 Ausfahrt Kücknitz, über Solmitzstraße rechts in Kücknitzer Hauptstraße, links in Bäckereistraße, dann rechts in Kokerstraße. **Zeiten:** ganzjährig Fr 14 – 17, Sa, So 10 – 17 Uhr. **Preise:** 2,50 €; Kinder 6 – 18 Jahre 1 €; Azubis, Studenten, BFD, Schwerbehinderte 1,50 €.

▶ Hochöfen gab es nicht nur im Ruhrgebiet. Auch in Lübeck wurde Metall verarbeitet. Die Metallhütte Lübeck wurde 1907 im Dorf Herrenwyk vor den Toren der Stadt in Betrieb genommen. Jahrzehntelang prägten die drei Hochöfen das Bild der Stadt. 1981 kam das Aus für die Eisenproduktion. Wie die Menschen damals in Herrenwyk lebten und arbeiteten, seht ihr in der Ausstellung, die im ehemaligen Kaufhaus des Werks untergebracht ist. Wie sahen die Arbeitsplätze aus und welche Maschinen gab es? Werft einen Blick in eine Arbeiterwohnküche und einen nachgebauten Laden. Ein Film zeigt euch, wie hart und gefährlich die Arbeit am Hochofen war und es gibt jede Menge Fotos, die deutlich machen, wie viel sich bis heute verändert hat. Regelmäßig finden im Museum Veranstaltungen für Kinder statt. Dann werden Süßigkeiten wie vor 100 Jahren oder Buddelschiffe hergestellt. Diese Aktivitäten sind auch für einen Kindergeburtstag buchbar.

Theater für Kinder

Wasser-Marionetten-Theater

Wolf Malten, Breite Straße 62, 23539 Lübeck. ✆ 0451/2937581, Handy 0177/4510700. www.wassertheater.de. **Lage:** Im Rathaus, Eingang Markt. **Bahn/Bus:** Bus bis Kohlmarkt. **Auto:** Lindenplatz, Holstenstraße, Parken an der MUK. **Zeiten:** Juli, Aug Mo – Sa jeweils 15 und 18 Uhr. **Preise:** Ab 7 € pro Person.

▶ Können Marionetten schwimmen? Und ob! Ein Besuch im Lübecker Wasser Marionetten Theater wird es euch beweisen. Wenn die Marionetten in das große Wasserbecken tauchen und die Geschichte unter Wasser ihren Lauf nimmt, sind nicht nur Kinder fasziniert. Die liebevoll gestalteten Figuren und die einfühlsam erzählten Geschichten verzaubern im Nu. Je nach Stück erlebt ihr Abenteuer mit tanzenden Krabben oder verlorenen Hosen, taucht mit Schafen und fühlt mit Glitzerfischen. Einfach wunderschön!

Kindertheater des Monats

LAG Soziokultur e.V. Husum, 23539 Lübeck. ✆ 04841/81243, www.kindertheater-des-monats.de. **Lage:** Verschiedene Spielstätten in Schleswig-Holstein. **Zeiten:** Sep – Mai. **Preise:** 4 €.

BÜHNE, LEINWAND & AKTIONEN

Hunger & Durst

Café Utspann, Wahmstraße 35-37, Lübeck. ✆ 0451/ 7070677. www.cafe-utspann.de. Mo – Sa 9 – 18 Uhr. Charmantes Café im Hansehof, Frühstück 9 – 13 Uhr, sehr leckere, selbst gebackene Kuchen und Torten.

▶ 19 Veranstalter haben sich mit dem Ziel zusammengeschlossen, in Schleswig-Holstein ein flächendeckendes Theaterprogramm für Kinder anzubieten. Inzwischen geht das Projekt in die 21. Spielzeit und die Zahl der Vorführungen und Besucher hat zugenommen. Das Programm richtet sich an Kinder 2 – 6 Jahre. Infos zu den Theatergruppen, den Stücken und Terminen erhaltet ihr bei den Spielstätten. Spielorte sind u.a.:

- Kinder- und Jugendhaus Röhre, Lübeck,
- Kulturwerkstatt Forum e.V., Neustadt in Holstein,
- VHS Oldenburg in Holstein.

Minigolf in den Wallanlagen, Wallstraße 20, Lübeck. ✆ 0451/74433. Mo – Do 11 – 21, Sa, So 11 – 21 Uhr. 3 €, Kinder bis 14 Jahre 2 €.

Freilichtbühne Wallanlagen

Wallstraße 20, 23560 Lübeck. ✆ 04194/7564, www.freilichtbuehne-luebeck.de. **Bahn/Bus:** Hbf Lübeck, 20 Min Fußweg oder diverse Busse bis Holstentorplatz. **Auto:** ↗ Lübeck, Possehlstraße, links in Wallstraße. **Zeiten:** Juni – Aug Fr – So 15 Uhr. **Preise:** 12 € im VVK, vor Ort 12,50 €; Kinder 11 € im VKK, sonst 11,50 €.

▶ Unter freiem Himmel inmitten der Wallanlagen wird für euch jedes Jahr ein neues Kinderstück auf die Bühne gebracht. Mal seid ihr mit den furchtlosen Wikingern unterwegs, ein anderes Jahr streift ihr mit *Mogli* durch den Dschungel oder fiebert mit Kasperl und Seppel mit, die dem *Räuber Hotzenplotz* das Handwerk legen wollen. Spannend ist es jedes Jahr aufs Neue. Die Stücke dauern inklusive Pause jeweils 2 Stunden.

Winnetou live erleben: Karl-May-Spiele Bad Segeberg

Karl-May-Platz, 23795 Bad Segeberg. ✆ 01805/952111 (Tickets), www.karl-may-spiele.de. **Lage:** Freilichttheater am Kalkberg. **Bahn/Bus:** Bhf Bad Segeberg, 10 Min Fußweg. **Auto:** B206 Bahnhofstraße, Parkplätze ausgeschildert. **Rad:** Mönchsweg. **Zeiten:** Juni – Sep Do – Sa 15 und 20, So 15 Uhr. **Preise:** 15 – 16 €;

Kinder 5 – 15 Jahre 11,50 – 20 €; Gruppen- und Familienermäßigung 12,50 €, Kinder 10,50 €.

▶ Von Lübeck aus bietet sich ein Ausflug nach Bad Segeberg an. Das gilt ganz besonders im Sommer, wenn die Karl-May-Spiele stattfinden. Jedes Jahr reitet Winnetou am Kalkberg und jedes Jahr wird eine neue Geschichte aus dem Leben des beliebten Indianers erzählt. Frei nach den Büchern von *Karl May* wird Blutsbrüderschaft geschlossen und bei Indianerüberfällen wild und laut geschossen. Zusätzlich kommen noch ein Schuss Romantik, schräge Vögel, echte Falken und eine gehörige Portion Pyrotechnik dazu. Vor der traumhaften Kulisse des Naturtheaters wird da-

Ein Fernglas sollte auf jeden Fall mit ins Gepäck. Für Kinder, die empfindlich auf Lärm reagieren, empfehlen sich zusätzlich Ohrenstöpsel.

Berühmter Kalkfelsen: Die Freilichtbühne der Karl-May-Spiele

durch jede Vorstellung zum Erlebnis. Eingefleischte Fans ziehen jedes Jahr mit Kissen, Decke und Verpflegung in die Arena, um das neueste Abenteuer ihres Helden hautnah und dicht dran mitzuerleben. Die Vorstellungen unter freiem Himmel finden bei fast jedem Wetter statt, nehmt euch deshalb entsprechende Kleidung und Ausrüstung mit.

Theater am Tremser Teich

Happy Birthday!
Feiert im Theater Geburtstag. Bringt ein eigenes Stück auf die Bühne oder tretet eine lustige Reise in das Elfen- und Zwergenreich an. 150 € für max. 12 Kinder.

Warthestraße 1a, 23554 Lübeck. ✆ 0451/4792047, www.theater-am-tremser-teich.de. **Bahn/Bus:** Bus 1, 10 bis Tremser Teich. **Auto:** A1 Ausfahrt 21 Bad Schwartau, über Schwartauer Landstraße in Warthestraße. Parkplätze vor dem Theater. **Zeiten:** Spielzeit Sep – April. Büro Di, Do 14 – 17 Uhr, Sep – Dez zusätzlich Di, Do, Fr 10 – 13 Uhr. **Preise:** Ab 7 €.

▶ Seit 1998 spielt das Theater am Tremser Teich Stücke für Kinder ab 3 Jahre. *Jim Knopf & Lukas der Lokomotivführer, Das tapfere Schneiderlein, Sterntaler* oder *Der Lügenbaron Münchhausen* stehen dann auf dem Spielplan. Neben den Aufführungen bietet das Theater auch Schauspielkurse für Kinder und Jugendliche an. Ebenfalls im Programm ist eine Erlebnisstadtführung durch Lübeck.

Hier gibt's was auf die Ohren

Musik allerorten

Schleswig-Holstein Musik Festival e.V., Palais Rantzau, Parade 1, 23552 Lübeck. ✆ 0451/3895748, www.shmf.de. **Zeiten:** Juli – Aug.

▶ Seit 1986 wird im Sommer überall im Land Musik gespielt. Das **Schleswig-Holstein Musik Festival** (SHMF) ist längst zu einer festen kulturellen Größe geworden. Namhafte Künstler spielen hier ebenso wie aufstrebende Talente. So vielfältig wie das Musikprogramm sind die Spielorte. Schlösser, Herrenhäuser, Scheunen und Ställe, Kirchen, Werften und

Industriehallen – kaum ein Ort bleibt unbespielt. Für Familien mit Kindern sind die **Musikfeste auf dem Lande** besonders interessant. Bepackt mit Picknickkorb und Decke ziehen Groß und Klein hinaus aufs Land, um den Familienkonzerten zu lauschen oder am Kindermusikfest teilzunehmen. In der **Kindermusikwerkstatt** dürfen Kinder 4 – 13 Jahre Musikinstrumente ausprobieren oder Chorstücke einstudieren. Ihr könnt auf selbst gebastelten Instrumenten Musik machen, den Profis über die Schulter schauen oder durch die weiträumigen Anlagen der Gutshäuser flanieren, in denen die Veranstaltungen stattfinden.

Das Festival-Programm bekommt ihr im Festival-Büro, bei der Tourist-Info oder in den Lübecker Museen.

Kinder- & Jugendtreffs

Kinder- und Jugendkulturhaus Röhre

Hansestadt Lübeck, Gerade Querstraße 2, 23539 Lübeck. ✆ 0451/1225741, 1225750. www.kjhroehre-luebeck.de. **Bahn/Bus:** Diverse Busse bis Schüsselbuden oder Beckergrube. **Auto:** B206 Fackenburger Allee, über Holstentorplatz links in An der Untertrave, rechts in Alfstraße, links in Gerade Querstraße. **Zeiten:** Betreute Angebote Mo – Fr 10 – 18 Uhr, Nutzung täglich 10 – 24 Uhr. **Preise:** Röhrencard-Angebote 25 € für einen Kurs bzw. für ein Halbjahr.

▶ In der Röhre finden zahlreiche regelmäßige Veranstaltungen und Gruppenaktivitäten für Kinder und Jugendliche statt. Hier sind neben den Räumen und dem benötigten Material auch Mitarbeiter vor Ort, die die Kinder unterstützen. So wird neben dem Café eine Hausaufgabenhilfe angeboten und ihr könnt kreativ tätig werden. Foto-, Video-, Mal-, Bastel-, Computer- und Musikkurse sind einige dieser Angebote. Zusätzlich ist die Röhre Spielstätte für das ↗ *Kindertheater des Monats* und Mitveranstalter des **Familienkinos.** Für einige der angebotenen Gruppen benötigt ihr die Röhrencard und ihr müsst euch für diese Kurse anmelden.

Familienkino im Kommunalen Kino Lübeck, Mengstraße 35, Lübeck. ✆ 0451/1225741. www.kjhroehre-luebeck.de. 2 x im Monat, jeweils 16 Uhr. In Zusammenarbeit mit der Röhre und der VHS zeigt das Kommunale Kino ausgewählte Kinderfilme. 4 €, Kinder bis 16 Jahre 2 €.

Jeden letzten Sa im Monat veranstaltet das Jugendzentrum Livekonzerte.

Stadtteil- und Jugendzentrum Burgtor

Hansestadt Lübeck, Große Burgstraße 2, 23552 Lübeck. ✆ 0451/1225148, www.burgtor.de. **Bahn/Bus:** Diverse Busse bis Große Burgstraße. **Auto:** B75 Travemünder Allee, über Gustav-Radbruch-Platz in Große Burgstraße. **Zeiten:** Mo – Do 12 – 20 Uhr, Fr, Sa nach Absprache. **Preise:** kostenlos bis auf Konzerteintritt.

▶ Das Angebot richtet sich an Jugendliche und junge Erwachsene bis 27 Jahre. Verschiedene Räume stehen für die regelmäßigen und offenen Angebote zur Verfügung. Versucht euch im Improvisionstheater, Streetdance oder geht zum Vocal Coaching. Außerdem wird Fußball gespielt, gemeinsam gekocht, Computer gespielt, gebastelt oder einfach nur gequatscht.

Kinder- und Jugendzentrum Juze

Hansestadt Lübeck, Tunneltreff e.V., Heidi Heinacker, Haferkoppel 11, 23569 Lübeck. ✆ 0451/305430, www.juzekuecknitz.de. **Bahn/Bus:** Bus 30 bis Solmitzstraße, Bus 39 bis Kornweg. **Auto:** Über K20 in Kücknitzer Hauptstraße, dann links in Redderkoppel, wieder links in Haferkoppel. **Zeiten:** Mo, Fr 14 – 20, Di 16 – 19 Uhr, Mi Mädchentag 14 – 19 Uhr, Do 15 – 20, Sa 15 – 18 Uhr. **Preise:** kostenfrei.

Jeden letzten Sa im Monat gibt es im Juze Kinderkino.

▶ Langeweile? Nicht im Juze. Hier gibt es viele verschiedene Gruppen, sodass sicher auch ihr etwas findet, was euch Spaß macht. Wie wäre es mit Musik? Im Tonstudio nehmt ihr eure eigenen Songs auf. Wer lieber draußen unterwegs ist, kann als Stadtteilreporter den Menschen im Kiez auf den Zahn fühlen. Natürlich könnt ihr auch einfach nur ins Juze gehen, um zu spielen. Fußball, Billard, Kicker und Tischtennis gibt es ebenso wie einen Bewegungsraum zum Toben oder Inliner fahren. Zum Abschalten zieht ihr euch in die Leseecke zurück oder surft eine Runde im Internet. Außerdem werden Schularbeitshilfe, Mittagessen sowie Kreativ- und Bastelkurse angeboten.

Für Bücherwürmer

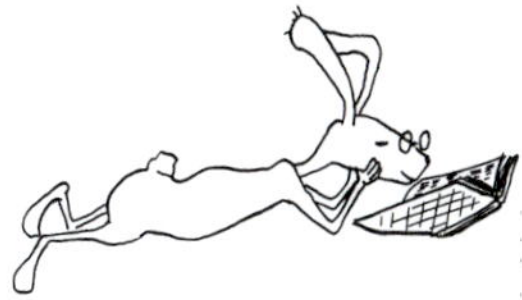

Kinderliteraturhaus

Bücherpiraten e.V., Fleischhauerstraße 71, 23552 Lübeck. ✆ 0451/7073810, www.buecherpiraten.de. **Bahn/Bus:** Diverse Busse bis Fleischhauerstraße. **Auto:** B206 Fackenburger Allee, über Holstentorplatz links in An der Untertrave, rechts in Kanalstraße bis Fleischhauerstraße. **Zeiten:** Schreibgruppen nach Anmeldung zu festgelegten Terminen, Buchladen Mo – Fr 10 – 18 Uhr. **Preise:** 10 € im Monat für Gruppentreffen alle 2 Wochen, 20 € für Gruppentreffen 1 Mal pro Woche.

▶ Das Kinderliteraturhaus ist einmalig in Deutschland. Nirgendwo sonst gibt es ein so großes Haus für Kinder und Jugendliche, die an Büchern und Literatur interessiert sind. Zu verdanken ist das einer Mäzenin, die das alte Dielenhaus in Lübeck kaufte, renovieren ließ und es seitdem den **Bücherpiraten** zur Verfügung stellt. Im Haus treffen sich regelmäßige Gruppen, es werden Lesungen und Festivals organisiert, eine eigene Internetseite gestaltet (www.dieblaue-seite.de) und natürlich Bücher gelesen und besprochen. Auch wenn ihr Lust habt, selbst zu schreiben oder Interviews mit Autoren zu führen, meldet euch zu den Gruppen an. Wie wäre es zum Beispiel mit dem *Club der wundersamen Vorleser?* Oder ihr geht zu den *Autoren-Entdeckern* und wählt den besten Nachwuchsautor. Ihm verleiht ihr den *Goldenen Bücherpiraten.* Außerdem könnt ihr euer eigenes Bilderbuch gestalten, eigene Geschichten schreiben und sie auf die Bühne

Stadtbibliothek Lübeck, Hundestraße 5 – 17, Lübeck. ✆ 0451/1224114. www.luebeck.de. Mo – Fr 10 – 19, Sa 9 – 13 Uhr. Große und schöne Kinderbuchabteilung. 1 x pro Monat Bilderbuchkino für 4- bis 7-Jährige. Die Bücher werden vorgelesen, die Bilder dazu mit Beamer an die Wand geworfen.

Vertieft: Beim Lesen könnt ihr in andere Welten abtauchen

bringen oder die Jugendbuchtage organisieren. Unten im Haus befindet sich ein **Benefizbuchladen.** Hier könnt ihr gute erhaltene, gebrauchte Bücher kaufen.

FESTKALENDER LÜBECK

April: Letztes April- oder 1. Maiwochenende **Lübecker Ruderregatta,** Wakenitz.

Juni: Ein So im Juni **Sommerfest** der Vorwerker Diakonie, Triftstraße.

Juli: Anfang Juli, **Lübecker Drachenboot Festival** am Klughafen, rund 200 Mannschaften aus Firmen und Institutionen kämpfen in bunten Kostümen unter lautem Getrommel um den Titel, Heidenspaß mit viel Publikum.

August: 4 Wochen **Schleswig-Holstein Musik Festival,** Dom, MUK (Musik- und Kongresshalle).

1. Wochenende, **Kinderfest** im Günter Grass-Haus und im Willy-Brandt-Haus.

Letzter Sa, **Lübecker Museumsnacht,** ein abendlicher bis nächtlicher Streifzug durch die Museen der Stadt, buntes und vielfältiges Kinderprogramm.

November 1. volles Wochenende, **Martinsmarkt** in der Vorwerker Diakonie.

5 Tage Anfang Nov, **Nordische Filmtage,** gezeigt werden die neuesten Spiel-, Dokumentar- und Kurzfilme aus dem nordischen Raum. Mit umfangreichem Kinder- und Jugendprogramm, Retrospektive und Filmforum.

Fr vor dem 1. Advent, 11 Tage, **Kunsthandwerker-Weihnachtsmarkt** Heiligen-Geist-Hospital.

Dezember: **Weihnachtsmärkte** An der Obertrave: Familien- und Kinder Weihnachtsmarkt, weitere Märkte am Koberg, Markt, Breite Straße.

Kunsthandwerker-Weihnachtsmarkt St. Petri.

Märchenwald für kleinere Kinder, neben der Marienkirche.

TRAVEMÜNDE – TIMMENDORFER STRAND

In Travemünde gibt es viel zu gucken: Von hier geht es per Schiff in die weite Welt. Auf der Trave schieben sich die mächtigen Schiffe an den plötzlich klein wirkenden Häusern der Vorderreihe vorbei.

Weiter die Küste entlang könnt ihr, etwas beschaulicher, die kleinen Boote im Fischereihafen von Niendorf beobachten. In Timmendorfer Strand ist davon weniger zu spüren. Hier seht ihr Promis statt Schiffe. Wer weder das eine noch das andere will, wandert am Brodtner Steilufer, umrundet den Hemmelsdorfer See per Rad oder klettert im Hochseilgarten hoch hinaus. Der naturbelassene Strand auf dem Priwall lädt zum Baden und Toben ein. Wollt ihr die Meeresbewohner genauer kennen lernen? Dann besucht die Ostseestation oder das Sealife.

SCHIFFE SEHEN UND PROMIS GUCKEN

Timmendorfer Strand, Neustadt in Holstein, Rad- und Wanderkarte, 1:30.000, Verlag Grünes Herz, ISBN 978-3-92999-342-4, 3,75 €.

Schwimm- & Strandbäder

Holstein Therme

Am Kurpark 3, 23611 Bad Schwartau. ✆ 0451/2004148, www.holstein-therme.de. **Bahn/Bus:** ↗ Bad Schwartau. **Auto:** L309 Eutiner Straße, Parkhaus ausgeschildert. **Zeiten:** täglich 9 – 22 Uhr. **Preise:** 1,5 Std 10,50 €, 2 Std 12,20 €, 3 Std 15,60 €, Thermen-Tag 19 €; Kinder ab 4 Jahre jeweils 0,50 € weniger.

▶ Das **Jodsole**-Thermalbad eignet sich hauptsächlich für die älteren von euch, die lieber schwimmen als toben wollen. Es verfügt über je zwei große Innen- und Außenbecken. Das Wasser hat im Innenbereich eine Temperatur von 32 Grad, außen ist es 29 Grad warm. Zusätzlich gibt es einen großen Saunabereich mit Finnischer Sauna, Erdsauna, Dampfbad und Wärmekabinen. Ihr bleibt 10 Minuten in der Sauna (die Großen dürfen 15 Min), wo ihr auf euren mitgebrachten Handtüchern sitzt. In verschiedenen Tauchbecken oder unter mal mehr mal weniger kalten Duschen kühlt ihr euch anschließend wieder ab. Später müsst ihr viel trinken.

TIPPS FÜR WASSERRATTEN

***Sole** bezeichnet eine wässrige Lösung von Salzen. Das Salzwasser ist gesund für Haut und Atemwege.*

Riesenraupe im Anflug: Beim Drachenfest am Timmendorfer Strand

© pmv, Karolin Küntzel

Hunger & Durst

Eis-Café Venezia, Markt 9, Bad Schwartau. ✆ 0451/21189. April – Sep täglich 10 – 21 Uhr. Vor dem Laden ist immer eine Schlange, aber Anstehen lohnt sich auf jeden Fall. Finjas Favoriten: Haselnuss und Sauerkirsche.

Wer es ganz besonders kuschelig mag: Mi ist Warmbadetag. Das Wasser ist dann 30 – 31 Grad warm.

Meerwasser-Hallenbad mit Blick auf die Ostsee

Strandstraße 133, 23669 Timmendorfer Strand-Niendorf. ✆ 04503/5456, www.meerwasserhallenbad-niendorf.de. **Bahn/Bus:** ➚ Niendorf. **Auto:** ➚ Niendorf, kostenlose Parkplätze ausgeschildert. **Rad:** Ostseeküsten-Radweg. **Zeiten:** Mo, Di 10 – 18, Mi 7 – 8 und 10 – 20, Do 11 – 20, Fr 7 – 8 und 10 – 18, Sa, So 10 – 18 Uhr. **Preise:** 4 €; Kinder 1 – 16 Jahre 1,50 €; Familienkarte 2 Erw, 1 Kind 9 €, jedes weitere Kind 1 €.

▶ Wenn das Wetter mal nicht zum Spaziergang am Strand einlädt, genießt ihr die kuschelige Wärme des Bades mit Blick auf die Ostsee. Im großen Meerwasserbecken ist ein Nichtschwimmer-Bereich für die Kleineren abgetrennt. Wer schon etwas mutiger ist, rutscht ins Wasser, die anderen nehmen die Treppe. Neben dem großen Becken gibt es ein Planschbecken für die ganz Kleinen. Dort ist das Wasser noch ein paar Grad wärmer. Neben einer Rutsche und Wasserspeiern in Tierform findet ihr dort Wasserspielzeug zur freien Benutzung. Für die ersten Schwimmversuche könnt ihr euch beim Bademeister Schwimmgurte ausleihen. Außerdem bekommt ihr dort Tauchringe und Schwimmnudeln. Das Meerwasser-Hallenbad bietet Babyschwimmen und Schwimmkurse für Kinder an. Regelmäßig finden Aqua-Gymnastik und Aqua-Jogging statt.

Seen & Schiffsfahrten

Fisch am Haken: Uwes Angelsee

Alte Travemünder Landstraße 2a, 23626 Ratekau. ✆ 0451/9892914, www.uwes-angelsee.de. **Bahn/Bus:** Bus 5951 bis Ratekau Preußenweg, 10 Min Fußweg. **Auto:** A226 bis Ausfahrt Lübeck-Dänischburg, L290 Schulstraße bis Alte Travemünder Landstraße, dort links. **Zeiten:** Ende März – Ende Okt täglich 5 – 18 Uhr, Feierabendangeln Do – Sa 17 – 22 Uhr. **Preise:** Tageskarte 1 Rute 16, 2 Ruten 20, 3 Ruten 24 €, Feierabendangeln 1 Rute 10, 2 Ruten 14, 3 Ruten 18 €.

▶ Im **4,2 Hektar** großen Angelsee gibt es reichlich Fische für alle Angler. Hechte, Barsche, Aale, Forellen und riesige Welse tummeln sich im See. Sportfischer finden sich hier ebenso ein wie Gelegenheitsangler. Ihre Beute präsentieren sie alle gleichermaßen stolz. Versucht selbst euer Glück. Wenn ihr keine eigene Angelausrüstung besitzt, leiht ihr euch vor Ort eine aus. Köder bekommt ihr hier ebenfalls zu kaufen. Petri Heil!

In einem Bächlein helle,
Da schoss in froher Eil
Die launische Forelle
Vorüber, wie ein Pfeil ...

Lied: Franz Schubert, Text Ch.F.D. Schubart, Foto © Annette Sievers

Von Badeort zu Badeort per Schiff

Reederei Belis, Claudia Belis, Strandstraße 32, 23669 Timmendorfer Strand. ✆ 04503/5272, Handy 0170/ 7747237. www.ostsee-rundfahrten.de. **Lage:** Abfahrten ab Niendorf Hafen, Seeschlösschen-Brücke Timmendorfer Strand, Maritim-Brücke Timmendorfer Strand, Seebrücke Scharbeutz. **Rad:** Ostseeküsten-Radweg. **Zeiten:** täglich ab 10.45 Uhr. **Preise:** Küstenrundfahrt 9 €, Erlebnisfahrt 16 €; Kinder 4 – 12 Jahre Rundfahrt 5 €, Erlebnisfahrt 9 €.

▶ Wie sehen Timmendorf, Scharbeutz oder Niendorf von der Wasserseite aus? Das ist leicht festzustellen. Macht eine Schiffstour entlang der Seebäder in der Lübecker Bucht. Die Touren sind unterschiedlich lang. Wählt z.B. zwischen der einstündigen Mini-Kreuzfahrt oder der mehr als zweistündigen Fahrt am Brodtner Steilufer entlang nach Travemünde. Täglich mehrere Touren zu verschiedenen Zielen.

***4,2 Hektar** sind umgerechnet 42.000 qm. Das entspricht ungefähr der Fläche von 6 Fußballfeldern.*

FRISCHE LUFT & SPORT

*Die tiefste Stelle Deutschlands liegt im **Hemmelsdorfer See.** 39,5 m unter Normalnull wurden hier gemessen. Eine Boje im See markiert die Stelle.*

Offendorfer Badeanstalt, Zum See 8, Offendorf. ✆ 04504/707353. www.ratekau.de. 15. Mai – 15. Sep täglich 10 – 19 Uhr. Sandstrand, Liegewiese, Spielplatz, Grillplatz, DLRG-überwacht, 2 €, Kinder 1 €.

Radeln & wandern

Mit dem Rad um den Hemmelsdorfer See

An der Aalbeek, 23669 Timmendorfer Strand-Niendorf. **Strecke:** Vogelpark Niendorf – Hemmelsdorf – Offendorf – Kreuzkamp – Grammersdorf – Wilmsdorf – Warnsdorf – Häven – Niendorf. **Länge:** Rundtour 20 km, 2 Std, mit Badepause entsprechend länger. Nicht mit Radanhänger befahrbar. **Bahn/Bus:** Bhf Timmendorfer Strand, Bus 40 bis Niendorf-Hafen. **Auto:** B76 Bäderrandstraße. **Rad:** Ostseeküsten-Radweg.

▶ Ihr startet eure Tour am Parkplatz des ↗ **Vogelparks Niendorf.** Von dort führt ein Wanderweg durch die Aalbeker Niederung zum **Hermann-Löns-Blick.** Das ist ein hölzerner Aussichtsturm, von dem ihr eine wunderbare Sicht auf den lang gestreckten See mit seinem Schilfgürtel und den Moorwiesen habt. Vom Turm aus radelt ihr in westliche Richtung. Ihr überquert die *Aaalbek* und wenn ihr euch immer links haltet, erreicht ihr nach ungefähr 2,5 km den Ort **Hemmelsdorf.** Es geht auf dem Radweg durch den Ort hindurch und neben der Straße entlang bis zum Abzweig nach Offendorf. Links führt eine Straße zum See hinunter. Dort befindet sich eine **Badeanstalt,** die für eine Pause wie geschaffen ist. Erfrischt geht es weiter. Von **Offendorf** aus könnt ihr entweder direkt am See entlangradeln oder den Fahrradweg neben der Hauptstraße nutzen. Der Seeweg ist landschaftlich schöner. Allerdings ist er schmal und ihr müsst ihn euch mit Fußgängern teilen. Kurz vor Kreuzkamp führt er zurück zur Straße. Der Radweg bringt euch auf direktem Weg nach **Kreuzkamp.** Dort biegt ihr links ab Richtung **Grammersdorf,** durchquert den Ort und folgt der Straße bis zum Abzweig nach **Wilmsdorf.** Für euch geht es jetzt noch ungefähr 500 m geradeaus, dann zweigt links ein Feldweg ab. Ihr haltet euch zwischen See und Wäldchen und fahrt hinter dem **Schloss Warnsdorf** herum in den Ort. Die Schlossstraße führt euch auf die Niendorfer Straße.

Dort biegt ihr links ab und fahrt weiter bis nach **Häven.** Am Hinweisschild zur Räuberkuhle fahrt ihr links ab und folgt dem Weg bis zur Aalbeker Niederung. Noch einmal rechts abbiegen und ihr seid wieder am **Parkplatz** angekommen. Falls ihr unterwegs Hunger bekommt, könnt ihr in Hemmelsdorf, Offendorf oder Warnsdorf einkehren.

Radfahren macht Spaß – auch mit Helm!

© pmv, Kirsten Wagner

Dicke Pötte gucken: Wanderung rund um den Priwall

Auf dem Baggersand, 23570 Lübeck-Travemünde.
Länge: Rundweg 5 km, bedingt kinderwagentauglich.
Bahn/Bus: Bus 30 bis Travemünde ↗ Priwallfähre.
Auto: B75 bis Travemünde Ausfahrt Scandinavienkai, Ausschilderung Priwall folgen, mit ↗ Priwallfähre übersetzen. **Rad:** Ostseeküsten-Radweg, Westlicher Backstein-Rundweg. **Zeiten:** ↗ Priwallfähre.

▶ Setzt mit der Autofähre zum Priwall über und geht rechts vor der Seniorenwohnanlage Rosenhof vorbei an der Trave entlang. Nach dem Sportboothafen biegt ihr rechts auf den **Priwallrundweg** ab. Folgt ihm immer am Wasser entlang bis ihr am südlichsten Punkt angekommen seid. Dort ist ein kleiner Rastplatz, ideal, um das mitgebrachte Picknick und die Aussicht auf den Fluss mit den großen Fähren zu genießen. Gestärkt geht es weiter auf dem Rundweg. Erst am Ufer auf dem Bohlenweg entlang, dann biegt ihr rechts ab und folgt dem Weg, bis ihr zurück auf den Hauptweg kommt. Haltet euch rechts und biegt am Fliegerweg ebenfalls rechts ab Richtung Mecklenburger Landstraße. Überquert die Straße und wendet euch nach rechts. Lauft bis zur nächsten Straßenkreuzung und biegt dort links ab. Der Weg führt durch den Wald direkt zum Strand. Dort haltet ihr euch links und geht am Strand und über die Straße Am Priwallhafen zurück zur Fähre.

Nehmt euch ein paar Leckereien für ein Picknick mit. Getränke nicht vergessen!

Fällt steil ins Meer ab: Brodtener Ufer

Wanderung am Brodtner Steilufer

Strandstraße, 23669 Timmendorfer Strand-Niendorf. **Länge:** Hin und zurück etwa 5,5 km, 1,5 Std. Leichte Wanderung, am Ufer kinderwagentauglich. **Bahn/Bus:** ↗ Niendorf. **Auto:** ↗ Niendorf, kostenlose Parkplätze ausgeschildert. **Rad:** Ostseeküsten-Radweg.

▶ Die Wanderung am Brodtner Steilufer ist eine der schönsten und beliebtesten Strecken entlang der Lübecker Bucht. Auf einer Länge von 4 km erhebt sich das Kliff über die Ostsee. In Niendorf noch sehr flach, Richtung Travemünde dann aber bis auf 20 m über dem Wasserspiegel. Hier befindet sich eine der größten Uferschwalbenkolonien in Europa. Vom Strand aus habt ihr einen guten Blick auf die Bruthöhlen und die Vögel, die ein- und ausfliegen. Das Kliff am Brodtner Ufer ist aktiv, das heißt, es verändert sich laufend. Unten spült das Meer Jahr für Jahr Erde fort, von oben stürzt dann hinab, was sich nicht mehr halten kann. Bäume, Hangstücke, Lehmbrocken, Wasserrohre, bald auch ein Haus, das zu nah an der Klippe steht. Diese Veränderungen führen dazu, dass der Wanderweg jedes Jahr um ungefähr einen Meter ins Hinterland verlegt werden muss. Nach großen Abbrüchen kommt es auch vor, dass Teile des Weges gesperrt werden, bis die Strecke wieder ausreichend gesichert ist.

Ihr startet eure Wanderung in Niendorf am Strand hinter dem ↗ *Meerwasser-Hallenbad.* Haltet euch am Bad rechts und geht ein Stück am Strand entlang bis ihr in Höhe der Steiluferallee auf den Wanderweg am Hochufer trefft. Nun geht ihr immer entlang der Küste Richtung Travemünde. Mal schlängelt sich der Weg

Hunger & Durst

Erlebniscafé Hermannshöhe, Hermannshöhe 1, Travemünde. ✆ 04502/8885425. www.die-hermannshoehe.de. Mo – Fr 11 – 20, Sa, So 8 – 20 Uhr. Ausflugslokal mit Blick über die Ostsee. Regionale Gerichte, Kaffee, Kuchen, Frühstücksbuffet, große Terrasse, Kinderspielplatz, jeden 3. So im Monat ab 12 Uhr Kids Day mit Spiel und Spaß.

durch kleinere Waldstücke, dann läuft er wieder am Feldrand entlang und ihr habt einen traumhaften Blick auf die Ostsee. Folgt dem Weg bis zum Ausflugslokal **Hermannshöhe.** Hier könnt ihr eine kleine Rast einlegen, bevor ihr den Rückweg antretet. Zwei Möglichkeiten gibt es: Entweder nehmt ihr den Weg, den ihr gekommen seid, oder ihr lauft am Strand, also am Fuß der Steilküste, zurück. Dazu müsst ihr von der Hermannshöhe noch ein Stück weiter Richtung Travemünde laufen, denn dort befindet sich die einzi-

Achtung! Der Weg an der Steilküste kann gefährlich sein. Beachtet die Hinweisschilder und nehmt die Warnungen darauf ernst. Tretet nicht zu dicht an die Abbruchkante heran und haltet euch am Strand von Überhängen fern.

BERNSTEIN SAMMELN

Vor Millionen von Jahren gab es an der Ostsee große Wälder. Von den Bäumen tropfte Harz herab und gelangte über die Flüsse ins Meer. Ohne Luftzufuhr und unter großem Druck versteinerte das Harz und wurde schließlich zu Bernstein. *Das Gold der Ostsee* wird Bernstein auch genannt. Zum einen wohl, weil er früher so kostbar war, dass er mit Gold aufgewogen wurde, zum anderen wegen seiner Farbe. Von hellgelb bis dunkelbraun reicht die Farbpalette. Überall an der Ostsee könnt ihr Bernstein kaufen. Viel mehr Spaß macht es aber, selbst nach ihm zu suchen. Besonders günstig sind dafür die Tage nach einem Sturm. Durch die wilden Wellenbewegungen werden die Stücke vom Meeresboden aufgewirbelt und landen dann am Strand. Eure Suche verspricht noch mehr Erfolg, wenn ihr an den Steilküsten unterwegs seid. Doch nicht jeder gelbliche Stein ist ein Bernstein. An folgenden Merkmalen könnt ihr ihn erkennen:

- Bernstein ist sehr leicht. Er schwimmt in Salzwasser, geht in Süßwasser aber unter.
- Bernstein ist brennbar. Haltet eine Flamme an den Stein. Wenn er brennt und es würzig nach Harz riecht, ist er echt.
- Bernstein ist weich. Wenn ihr mit dem Stein vorsichtig gegen einen eurer Zähne klopft, gibt es ein weiches, eher dumpfes Geräusch. Es ist vergleichbar mit dem Laut, den ihr hört, wenn ihr mit dem Fingernagel gegen den Zahn klopft.

ge Treppe, die hinunter an den Strand führt. Steigt hinab und wendet euch dann wieder nach links Richtung Niendorf. Unter Umständen kann diese Strecke beschwerlich sein, da sie die ganze Zeit über Steine, Sand und zum Teil auch über umgestürzte Bäume führt. Erkundigt euch deshalb bei anderen Wanderern oder im Lokal nach der aktuellen Wegbeschaffenheit.

Der Sportstrand: Fitness für alle

Timmendorfer Strand Niendorf Tourismus GmbH, Strandstraße, 23669 Timmendorfer Strand-Niendorf. ✆ 04503/35770, www.timmendorfer-strand.de. **Lage:** Links neben der Seebrücke unterhalb des Balkons. **Bahn/Bus:** ↗ Niendorf. **Auto:** ↗ Niendorf, kostenlose Parkplätze ausgeschildert. **Rad:** Ostseeküsten-Radweg. **Zeiten:** meist Juni – Aug. **Preise:** kostenlos.

▶ In den Sommermonaten bieten viele Ostseebäder ein kostenloses Sportprogramm für Einheimische und Urlauber an. So auch in Timmendorfer Strand und Niendorf. Der Sportstrand von **Timmendorfer Strand** befindet sich rechts neben der Maritim Seebrücke, der von **Niendorf** links neben der Seebrücke. Das Programm ist abwechslungsreich und jeder der möchte, kann mitmachen. Das Sportangebot reicht von Yoga, Nordic Walking und Beachvolleyball über Boule und Inliner-Touren. Wie wäre es mit einer Runde Aquaball oder morgendlicher Gymnastik am Strand? Zusätzlich werden Wettbewerbe und Turniere veranstaltet. Das Programm und die Uhrzeiten ladet ihr entweder aus dem Internet herunter oder ihr holt euch den Veranstaltungsplan bei der Tourist-Info ab.

Noch zu klein fürs Sportprogramm? Dann meldet euch zum kostenlosen **Seepferdchen Kinderclub** an. Die beiden festen Standorte des Clubs befinden sich am Freistrand in Niendorf und an der Maritim Seebrücke in Timmendorf. Das Programm erfahrt ihr im Tourismus-Büro.

@ Unter www.seefi.de gibt es Wassertiere zum Ausmalen.

Pferde- & Bauernhöfe

Ausritte auf dem Priwall

Reiterhof Travemünde-Priwall, Christian Matzen, Fliegerweg 11, 23570 Lübeck-Travemünde. ✆ 04502/

309698, www.ostseereiterhof.de. **Bahn/Bus:** Bus 30 bis Travemünde Priwallfähre. **Auto:** B75 bis Travemünde Ausfahrt Scandinavienkai, Ausschilderung Richtung Priwall folgen, mit ↗ Priwallfähre übersetzen. **Rad:** Ostseeküsten-Radweg, Westlicher Backstein-Rundweg. **Zeiten:** nach Anmeldung. **Preise:** Ausritte 60 Min 25 € pro Person, Strandritt 90 Min 35 €; Kinder 30 Min Longe 20 €, 45 Min in der Gruppe 16 €; 10er-Karte Reiten in der Gruppe 155 €, Kinder 135 €.

▶ Rund 30 Pferde leben auf dem Hof. Ponys und Großpferde zum Reiten sowie die Mini-Shettys zum Streicheln. Anfänger reiten zunächst an der Longe, später frei in der Gruppe. Seid ihr schon richtig fit, könnt ihr einen Ausritt unternehmen. Geritten wird auf autofreien Wegen im angrenzenden **Naturschutzgebiet** und Oktober – April, wenn der Strand für Pferde freigegeben ist, auch am großen Strand von Travemünde. Der Reitunterricht findet je nach Wetterlage auf dem Platz oder in der Reithalle statt.

*Das **Naturschutzgebiet** ist mit einem Gelben fünfeckigen Schild gekennzeichnet. Auf ihm befindet sich eine Eule.*

Alles Erdbeere: Karls Erlebnishof

Robert Dahl, Fuchsbergstraße 4, 23626 Ratekau-Warnsdorf. ✆ 04502/888432, www.karls.de. **Bahn/Bus:** Bus 5920 bis Warnsdorf Dorfplatz. **Auto:** A1 Ausfahrt 18 Ratekau, Richtung Timmendorfer Strand, nach wenigen Metern rechts in Seekamp. In Kreuzkamp links bis Warnsdorf. **Zeiten:** 27. April – 20. Okt täglich 8 – 19 Uhr, 21. Okt – 25. April täglich 8 – 18.30 Uhr. **Preise:** Eintritt frei.

Bei Karls bekommt ihr von früh bis spät Leckeres aus Friedas Hofküche. Im Sommer ist die Erdbeertorte ein Muss.

▶ Mit der Leidenschaft für Erdbeeren fing alles einmal an. Doch inzwischen könnt ihr hier nicht mehr nur Erdbeeren pflücken und Erdbeermarmelade kochen, sondern euch den ganzen Tag bei den verschiedensten Aktivitäten vergnügen. Im Außenbereich gibt es Hüpfkissen, Kettcars, Ponyreiten, Streichelzoo und einen Spielplatz. Es wird Stockbrot gebacken, Karussell gefahren oder der Erdbär-Band gelauscht. Drinnen erwartet euch im 1. Stock ein **Indoor-Spielbereich** mit Bällebad und Rutsche, die direkt ins Ca-

Naschen erlaubt: Im Erdbeerfeld

© pmv, Stefanie Wülfing

fé führt. Außerdem könnt ihr Kerzen gießen, euch schminken lassen, Keramik bemalen oder in der Edelstein-Schatzhöhle den schönsten Stein suchen. Die Erwachsenen stöbern währenddessen im großen Bauernmarkt oder entspannen bei einem Kaffee.

Klettern & Schlittschuh laufen

Hochseilgarten Travemünde

Fehlingstraße, 23570 Lübeck-Travemünde. Handy 0173/6331331. www.hochseilgarten-travemuende.de. **Lage:** Nähe Strandbahnhof, im Kurpark Calvarienberg. **Bahn/Bus:** ↗ Travemünde, 5 Min Fußweg. **Auto:** B75 bis K28 Moorredder, rechts in Steenkamp bis Fehlingstraße. **Rad:** Ostseeküsten-Radweg. **Zeiten:** Jan – Feb täglich 11 – 16 Uhr, März – April täglich 10 – 17 Uhr, Mai – Okt täglich 10 – 18 Uhr, Nov – Dez Sa, So 11 – 16 Uhr. **Preise:** 16 €; Kinder ab 3 Jahre im Niedrigseilgarten 8 €, Kinder ab 10 Jahre im Hochseilgarten 12 €; Familie 1 Erw, 2 Kinder 36 €, 2 Erw, 1 Kind 40 €, 2 Erw, 2 Kinder 52 €.

▶ Über 37 Stationen klettert ihr in der Höhe, schwingt euch von Ast zu Ast, durchsteigt Reifen und überwindet Balken. Kinder ab 3 Jahre dürfen hier ihr Klettertalent im Niedrigseilgarten erproben. In 2 m Höhe lernen sie spielerisch, Hindernisse zu überwinden. Selbstverständlich sind sie dabei professionell gesichert. Los geht es erst nach einer gründlichen Einweisung und Kinder bis 13 Jahre klettern immer in Begleitung eines Erwachsenen. Größere Kinder und Erwachsene durchsteigen den Parcours nach der Sicherheitseinweisung auf eigene Faust.

Happy Birthday!
Geburtstag in luftiger Höhe feiern? Im Hochseilgarten kein Problem. Ab 6 Gästen wird das Geburtstagskind dazu eingeladen.

Schnell gelernt: Finja sichert sich beim Klettern
© Peter Schröder

Eislaufen, auch wenn's taut im ETC

ETC Eissport- und Tenniscentrum Betriebs GmbH, Am Kurpark, 23669 Timmendorfer Strand. ✆ 04503/ 5020, www.etc-timmendorf.de. **Bahn/Bus:** Bus 5951 bis Timmendorfer Strand Bahnhofstraße. **Auto:** B76 bis Timmendorfer Strand, in Bergstraße abbiegen, von dort links in Wohldstraße bis ETC, kostenlose Parkplätze vor der Halle. **Rad:** Ostseeküsten-Radweg. **Zeiten:** Sep – April Mo 14 – 16, Di und Do 14 – 18, Mi 14 – 16 und 20 – 22, Fr, Sa 13 – 18.30, Sa 19.30 – 22.30, So 13 – 17 Uhr. Während der Ferien abweichende Zeiten, ➚ Internet. In den Sommerferien wird die Eisbahn als Kartbahn genutzt. **Preise:** 5 €, Schlittschuhe leihen 4 €, Lauflernhilfen (Pinguine, Robben, Eisbären) 4 €; Kinder bis 18 Jahre 3,50 €; Familie (2 Erw, max. 3 Kinder) 12 €, Familien-Schlittschuhverleih 12 €.

▶ In der Eisporthalle trainiert der *ETC Timmendorf* und regelmäßig finden hier Eishockeyspiele vor Publikum statt. Wenn ihr nicht nur Zuschauer sein möchtet, schnallt euch Kufen unter und flitzt zu den öffentlichen Eislaufzeiten am Nachmittag oder Abend über die spiegelglatte Fläche. Vormittags dürfen Schulklassen in die Halle. Schlittschuhe könnt ihr vor Ort leihen, falls ihr keine eigenen habt. Kinder, die das erste Mal auf Kufen stehen, sollten auf jeden Fall einen Helm tragen. Kleine Kinder lieben es besonders, eines der Lauflernttiere über das Eis zu schieben. Sie fühlen sich nicht nur sicherer, das Aufstehen nach einem Sturz ist auch etwas leichter.

Anfänger sollten Handschuhe und eine Ersatzhose für den Heimweg einpacken. Am Anfang fällt man doch häufiger und dann werden die Sachen mit der Zeit nass.

Tierparks

NATUR & UMWELT

Quallen, Otter, Unterwasserwelten: Sealife Timmendorfer Strand ✱

Kurpromenade 5, 23669 Timmendorfer Strand. ✆ 01805/66690101, www.sealife.de. **Lage:** Im Ortszentrum an der Kurpromenade. **Bahn/Bus:** Bhf Timmendorfer Strand, 18 Min Fußweg. **Auto:** A1 Ausfahrt

Hunger & Durst

Central Café Fitz, Timmendorfer Platz 4 – 5, Timmendorfer Strand. ✆ 04503/6364. www.cafe-fitz.de. Küche 8 – 22.30 Uhr. Leckeres Frühstück, Kuchen, Eis, Wochenkarte.

18 Timmendorfer Strand, von dort Ausschilderung Sea Life P2 folgen. Fußweg 300 m. **Zeiten:** Nov – Jan täglich 10 – 17 Uhr, 1. März – 21. Juni und Sep – Okt täglich 10 – 18 Uhr, 22. Juni – 31. Aug 10 – 19 Uhr. **Preise:** 14,95 €; Kinder 3 – 14 Jahre 10,95 €; 50 % Rabatt bei Online-Buchung, mit Ostseecard 5 € günstiger.

▶ Tretet euren Rundgang durch die farbige Unterwasserwelt bei den Ottern *Bonny & Clyde* an. Wenn ihr um 14 Uhr dort seid, erlebt ihr die Fütterung der quirligen Tiere. Weiter geht es! Mangrovenbecken, Seespinnen, Seegras, tropische Fische und ganz neu die Becken mit den schwebenden Quallen. Im Berührungsbecken dürft ihr Seesterne und Anemonen anfassen. Wer ganz mutig ist, nimmt sogar einen Krebs auf die Hand. Über 2500 Tiere könnt ihr bestaunen. Einige sind klein wie die Seepferdchen, andere groß wie der Riffhai und wieder andere werden sehr alt, wie die **Grüne Meeresschildkröte** *Speedy*.

Feentanz: Die Qualle leuchtet unwirklich blau
© Annette Sievers

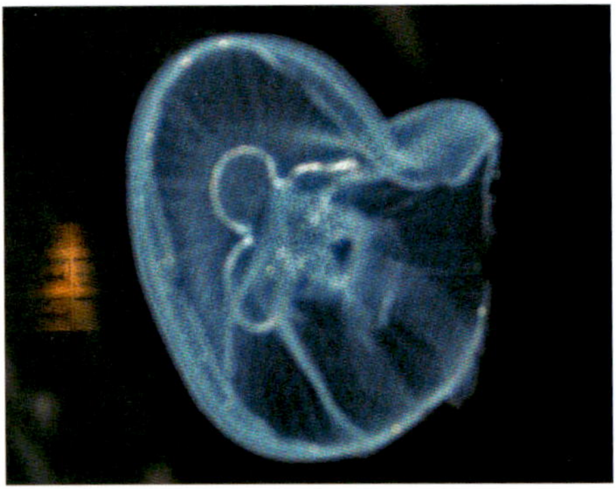

***Schildkröten** gibt es schon seit Urzeiten, genauer gesagt seit 200 Mio Jahren. Sie können ein Alter von 100 Jahren erreichen.*

Vogelpark Niendorf

Klaus Langfeldt, An der Aalbeek, 23669 Timmendorfer Strand-Niendorf. ✆ 04503/4740, www.vogelpark-niendorf.de. **Länge:** Parkrundweg 2 km. **Bahn/Bus:** Bhf Timmendorfer Strand, Bus 40 bis Niendorf-Hafen. **Auto:** B76 Bäderrandstraße. **Rad:** Ostseeküsten-Radweg. **Zeiten:** Ostern – Okt täglich 9 – 20 Uhr, sonst 10 Uhr – Einbruch der Dunkelheit. **Preise:** 8,50 €; Kinder 3 – 15 Jahre 4,50 €; ab 15 Pers Gruppenermäßigung, reduzierte Winterpreise.

▶ Wisst ihr was Racken für Vögel sind oder wie groß Trappen werden? Im Vogelpark Niendorf könnt ihr es herausfinden. Über 250 Vogelarten leben hier. Greifvögel, Uhus, Kraniche und Stare, Tauben und Papageien sind darunter. Ein Rundweg führt euch an allen Gehegen vorbei. Hungrige haben die Möglichkeit, sich im parkeigenen Café zu stärken, Bewegungshungrige toben stattdessen noch eine Runde auf dem Hüpfkissen.

© Annette Sievers

Knallrot: Aras sind besonders bunt

Findet ihr einen Vogel besonders toll, könnt ihr eine Futterpatenschaft für ihn übernehmen. Der Jahresbetrag richtet sich nach der Größe des Vogels.

Platt, giftig, glibberig – Bewohner der Ostsee

Ostseestation Priwall, Am Priwallhafen 10, 23570 Lübeck-Travemünde. ✆ 0452/308705, www.ostseestation-priwall.de. **Lage:** Direkt am Passathafen. **Bahn/Bus:** ↗ Travemünde, über Strandpromenade und Travepromenade bis ↗ Priwallfähre, dort übersetzen. **Auto:** B75 bis Travemünde, Ausschilderung Priwall folgen. Entweder Autofähre nutzen oder kostenpflichtigen Parkplatz Auf dem Baggersand und zu Fuß übersetzen (↗ Priwallfähre). **Rad:** Ostseeküsten-Radweg. **Zeiten:** April – Okt Di – So 10 – 17 Uhr, Nov – März Do – So 10 – 17 Uhr. **Preise:** 6 €; Kinder bis 12 Jahre 4 €.

▶ Hier werden eure Fragen rund um die Lebewesen in der Ostsee beantwortet. Woher kommt die Feuerqualle? Leben gefährliche Tiere in der Ostsee? Wie sieht der Seestern? Die Ostseestation ist eine Mischung aus Aquarium und Forschungsstation. So beginnt die einstündige Führung mit Informationen über die Ostsee. Ihr dürft einen Haifischkiefer anfassen und die kleinsten Bewohner des Brackwassermeeres unter dem Mikroskop betrachten. Anschließend geht es zu den Schauaquarien, in denen ihr ausschließlich heimische Meerestiere zu sehen bekommt. Wer traut sich, einen **Dwarslöper** in die Hand zu nehmen? Auch andere Meeresbewohner dürfen auf die Hand. Die Feuerqualle und das Petermännchen allerdings

Hafentöpferei Niendorf, Am Hafen 3, Timmendorfer Strand-Niendorf. ✆ 04503/703935. www.hafentoepferei.de. Ganzjährig Do – Di 11 – 17 Uhr. Kleine Töpferei im Hafen, hübsche Keramik für den Hausgebrauch.

*Der **Dwarslöper** ist eine gemeine Strandkrabbe. Besonderes Kennzeichen: Sie läuft seitwärts bzw. quer. Daher rührt auch ihr Name. Er kommt aus dem Plattdeutschen. Dwars bedeutet dort quer, löper heißt Läufer.*

nicht, denn die sind zu gefährlich. Zum Schluss werden die Fische noch gefüttert. Ihr dürft natürlich dabei helfen. Die Ostseestation bietet für Gruppen auch Kescherkurse und Strandwanderungen an.

Lehrpfad

Im Reich des Zaunkönigs

Naturerlebnisraum Schwartautal, Markt 15, 23611 Bad Schwartau. ✆ 0451/20002612, www.bad-schwartau.de. **Länge:** Rundweg 2,5 km, 1,5 Std. Für Waldspiele entsprechend mehr Zeit einplanen. Markierung: Gelbes Schild mit Zaunkönig. **Bahn/Bus:** Bhf Bad Schwartau, von dort 5 Min Fußweg bis Waldparkplatz an der Geibelstraße. Vom ZOB über Marktplatz Rich-

Minigolfplatz Bad Schwartau, Im Kurpark, Bad Schwartau. ✆ 0451/25875. www.minigolfplatz-bad-schwartau.de. Ostern – Ende der Herbstferien Mo – Sa 11.30 – 20 (letzter Einlass), So, Fei ab 11 Uhr. 3 €, Kinder bis 14 Jahre 2 €.

Lustig: Finja spielt Fledermaus im Naturerlebnisraum Schwartautal

© pmv, Karolin Küntzel

tung Holstein Therme, Eingang Kurpark über Am Kurpark. **Auto:** A1 Ausfahrt 21 Bad-Schwartau. Parkhaus Holstein Therme oder Waldparkplatz Geibelstraße.

▶ Der **Naturerlebnisraum Schwartautal** beginnt im Kurpark am Schwartauer See. Dort findet ihr eine Hinweistafel mit allen 15 Stationen, die ihr erlaufen und erspielen könnt. Sammelt Waldschätze, hängt euch kopfüber als Fledermaus in eine Baumhöhle, blättert mitten im Wald in einem Märchenbuch oder folgt dem Bohlenweg durch den geheimnisvollen Erlenbruch. Unterrichtet eure Eltern und Geschwister im *Klassenzimmer im Grünen* und werft einen Blick in den Baumwipfel-Spiegel. Ein Rundweg führt euch an allen Stationen vorbei. Folgt dazu einfach den Gelben Schildern mit dem Zaunkönig drauf. Sein Schnabel gibt die Richtung an.

Türme & Museen

Alter Leuchtturm Travemünde

Am Leuchtenfeld 1, 23570 Lübeck-Travemünde. ✆ 04502/889180, www.leuchtturm-travemuende.de. **Bahn/Bus:** ↗ Travemünde, 10 Min Fußweg über Außenallee. **Auto:** B75 bis Torstraße, rechts ab bis Parkplatz Baggersand. 10 Min Fußweg Richtung Strandpromenade. **Zeiten:** März – Nov 13 – 16 Uhr, Juli, Aug ab 11 Uhr. **Preise:** 2 €; Kinder bis 14 Jahre 1 €.

▶ Neben dem **Maritim Hotel** sieht der Alte Leuchtturm winzig aus. Dabei ist der älteste Leuchtturm Deutschlands immerhin 31 m hoch. Bis 1972 war er im Dienst, dann wurde er abgeschaltet. Schiffe laufen vor Travemünde deshalb aber nicht auf Grund, denn seitdem leitet das neue Leuchtfeuer hoch oben auf dem Maritim Hotel die Fähren und Frachter sicher in die *Trave*. Den Alten Leuchtturm könnt ihr besteigen und das maritime Museum besichtigen. Zu sehen sind Seelaternen, Fotos anderer Leuchttürme, Lichtanlagen und Feuerschiffmodelle. 142 Stufen

HANDWERK UND GESCHICHTE

Hunger & Durst

Maritim Strandhotel Travemünde, Trelleborgallee 2, Travemünde. ✆ 04502/890. Täglich 15 – 17.30 Uhr Kaffee und Teespezialitäten, So und Fei 12 – 14.30 Uhr Familien-Lunchbuffet; 30 €, Kinder bis 14 Jahre 0,50 € pro Lebensjahr. Café und Restaurant *Über den Wolken* der 35. Etage.

Türme hoch 3: Das Maritim-Hochhaus lässt den Alten Leuchtturm klein erscheinen, der Bismarckturm steht für sich

Hunger & Durst

Pariner Berg, Pariner Berg 4, Bad Schwartau. ✆ 0451/21418. Mi – So 12 – 20 Uhr, bei Bedarf länger. Holsteiner Küche, selbst gebackene Kuchen und Torten.

müsst ihr überwinden, um ins achte, oberste Geschoss mit Aussichtsgalerie zu gelangen. Von dort seht ihr die Lübecker Bucht, Travemünde und die Küste Mecklenburg-Vorpommerns.

Bismarcksäule auf dem Pariner Berg

Pariner Berg 4, 23611 Bad Schwartau. ✆ 0451/21418, **Lage:** Auf dem Grundstück der Gaststätte Pariner Berg. **Auto:** In Bad Schwartau Pariner Straße bis Pariner Berg folgen. Parken am Gasthaus. **Zeiten:** ganzjährig frei zugänglich.

▶ 1901 wurde der Grundstein für die rund 13 m hohe Bismarcksäule gelegt. Sie wurde zu Ehren von *Otto von Bismarck* auf dem 70 m hohen Pariner Berg gebaut. In ihrem Inneren befindet sich eine Wendeltreppe aus Metall. Klettert ihr die 39 Stufen nach oben, habt ihr einen wunderschönen Blick über die Felder und Hügel Ostholsteins. An klaren Tagen könnt ihr die Türme Lübecks und die großen Hotels an der Lübecker Bucht erkennen.

Viermastbark Passat ✱

Hansestadt Lübeck, Bereich Schule und Sport, Am Priwallhafen 16a, 23570 Lübeck-Travemünde. ✆ 04502/5287, www.ss-passat.com. **Lage:** Auf dem Priwall. **Bahn/Bus:** ↗ Travemünde, über Strandpromenade und Travepromenade bis ↗ Priwallfähre, dort übersetzen. **Auto:** B75 bis Travemünde, Ausschilderung Priwall folgen. Entweder Autofähre nehmen oder kostenpflichtigen Parkplatz Auf dem Baggersand nutzen und zu Fuß übersetzen (↗ Priwallfähre). **Rad:** Ostseeküsten-Radweg. **Zeiten:** April, Mai, Okt täglich 11 – 16.30 Uhr, Juni – Sep täglich 10 – 17 Uhr. **Preise:** 4 €; Kinder 6 –

18 Jahre 2 €; mit Ostseecard 3,20 €, Kinder 1,60 €, Familienkarte 2 Erw, max. 5 Kinder 9 €.

▶ Die Viermastbark Passat wurde 1911 gebaut und fuhr als Frachtsegler auf der Südamerikaroute. In den 1950er Jahren diente sie als Frachtsegelschulschiff, fuhr aber immer weniger rentabel. 1959 stand das stolze Segelschiff bereits kurz vor dem Abwracken, als sich die Hansestadt Lübeck für ihren Erhalt einsetzte. Seitdem hat der Traditionssegler einen festen Platz am Eingang zum Travemünder Hafen und ist das weithin sichtbare Wahrzeichen von Travemünde. 56 m ragen die Masten in die Höhe und mit einer Länge von 115 m müsst ihr schon ein paar Schritte tun, um sie vom Heck bis zum Bug abzuschreiten. Das Schiff steht seit 1979 unter Denkmalschutz. Das maritime Denkmal kann besichtigt werden. Außerdem wird die Passat für Veranstaltungen und als Unterkunft für Gäste genutzt und kann für Trauungen gebucht werden. Bei einem Rundgang über und unter Deck bekommt ihr einen guten Eindruck vom Leben auf einem Großsegler. Ihr werft einen Blick in den Kapitänssalon, die Messe (Speiseraum) und Kombüse (Küche), besichtigt das Kartenhaus und staunt über die unzähligen Leinen und Schoten (Taue zum Ausrichten der Segel).

Beeindruckend groß: Mit seinen vielen Segeln lag das Schiff gut im Wind – dem Passatwind

*Die **Pamir**, das Schwesternschiff der Passat, geriet 1957 im Atlantik in einen Orkan und ging unter. 80 Seeleute ertranken bei dem Unglück (↗ Lübeck, St.-Jakobi-Kirche).*

Dorfmuseum Ratekau

Dorfmuseum Gemeinde Ratekau e.V., Harald Gerhardt, Hauptstraße 56b, 23626 Ratekau. ✆ 04504/3470, www.ratekau.de. **Bahn/Bus:** Bus 5951 bis Ratekau Waldweg. **Auto:** L309 Eutiner Straße auf Hauptstraße abbiegen, kostenlose Parkplätze am Museum. **Zeiten:**

Kunst entsteht im Museum: Am Museumstag wird fleißig geknetet und getöpfert

© pmv, Karolin Küntzel

Schräg gegenüber des Dorfmuseums befindet sich ein **Medizingarten.** Auf einem schmalen Pfad streift ihr durch das Gelände und lernt Interessantes über die dort wachsenden Pflanzen und ihre Heilwirkung.

*Das französische Wort **Remise** bezeichnet ein Gebäude, in dem Fahrzeuge abgestellt werden.*

So 10 – 12 Uhr, Museumsgarten und Außengelände jederzeit zu besichtigen. **Preise:** Eintritt frei.

Das Dorfmuseum Ratekau umfasst eine Schmiede, eine **Remise** mit Fuhrpark, ein altes Backhaus mit Lehmbackofen, in dem an den Museumstagen noch regelmäßig Brot gebacken wird. Das reetgedeckte Haupthaus, ein altes Rauchhaus, beherbergt alte Handwerks- und Küchengeräte, Uhren, Waagen, Bügeleisen, Nähmaschinen und Radios, selbst eine Rüstung steht parat. Im Dorfmuseum arbeiten regelmäßig Gruppen. Dann wird an den alten Webstühlen gewebt, es wird Wolle gesponnen oder geklöppelt. In der Schmiede wird gehämmert und der Ofen wird befeuert. Einmal im Jahr findet der **Museumstag** statt, an dem große und kleine Menschen altes Handwerk selbst ausprobieren können. Zusätzlich finden Konzerte, Aktionstage und Ausstellungen statt. Wer sich trauen lassen will, kann dafür ebenfalls ins Dorfmuseum kommen, denn hier befindet sich eine Außenstelle des Standesamtes Ratekau.

Kino & Klamauk

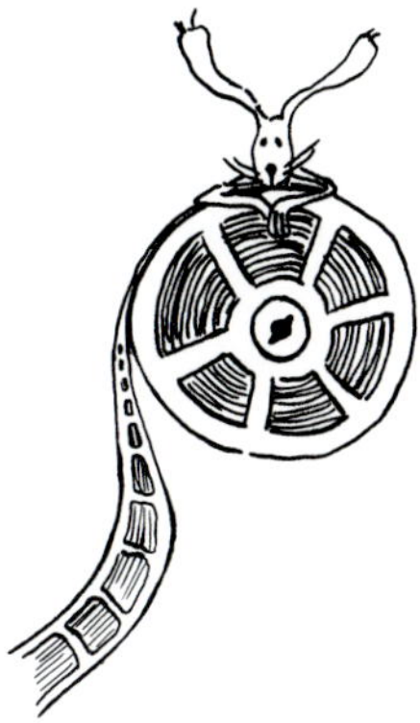

Kino Movie-Star

Movie Star Betriebsgesellschaft Bad Schwartau mbH, Lars-Roman Paech, Eutiner Ring 14, 23611 Bad Schwartau. ✆ 0451/2962299, www.moviestar-net.de. **Bahn/Bus:** Bus 1, 10, 33 bis Eutiner Ring. **Auto:** L309 bis Eutiner Ring, kostenfreie Parkplätze direkt am Kino. **Zeiten:** Mo – Fr ab 14, Sa, Fei und in den Ferien ab 12, So ab 10 Uhr. **Preise:** Ab 8 €, 3D-Filme ab 9,50 €, Kinotag 6,50 €; Kinder bis 11 Jahre 6,50 €, 3D-Filme 8 €.

▶ In drei Sälen mit insgesamt 519 Plätzen wird das aktuelle Kinderprogramm gespielt. Die Bestuhlung ist bequem und ihr habt von allen Plätzen gute Sicht. Kinotag ist hier sogar an zwei Tagen. Montag und Dienstag wird es dann für euch günstiger.

Buntes Programm im Haus der Jugend

Haus der Jugend Travemünde e.V., Marcus Runge, Auf dem Baggersand 28a, 23570 Lübeck-Travemünde. ✆ 04502/3435, Handy 01777/486133. www.hausder-jugend-travemuende.de. **Bahn/Bus:** Bus 30 bis Travemünde Torstraße. **Auto:** B75 bis Travemünde, rechts in Travemünder Landstraße, dann links zum Parkplatz Auf dem Baggersand (kostenpflichtig). **Zeiten:** Kinderzeit Mo – Fr 14 – 17 Uhr, Teeniezeit Mo – Fr ab 17 Uhr. **Preise:** kostenfrei.

▶ Das Haus der Jugend steht allen Kindern und Jugendlichen offen. Angeboten werden je nach Altersgruppe (Kinder 6 – 11 Jahre, Jugendliche 12 – 21 Jahre) verschiedene Aktionen zu verschiedenen Zeiten. Das monatliche Programm bekommt ihr in den Schulen der Umgebung, im Haus selbst oder über das Internet. Tischtennis, Billard, Darts, Fußballturniere, aber auch Basteln, Bühnenprogamme, Freizeiten und Fußballturniere stehen auf dem Programm.

FESTKALENDER TRAVEMÜNDE

Ostern: **Ostereierbuddeln** am Timmendorfer Strand.

Osterfeuer in den Strandorten, Sa in Techau und in Ratekau an der Feldsteinkirche.

Vier Tage **Ostermünde,** Travemünde, großes Osterfest für die ganze Familie.

Christi Himmelfahrt: **Traditionelles Anbaden,** Start in die Badesaison. Seebrücke Niendorf, Familienfest mit Programm.

Juni: **Jazz Baltica,** Niendorf, mit Kindermusikwerkstatt und Familienkonzerten.

Letztes Wochenende, **Shanty-Festival,** Open Ship und Shantys an der Travemündung, Piratendorf.

Rund um Ratekau, Volkslauf, Bambinilauf für die Kleinen.

Juli: Anfang Juli Fr – So, **Promenadenfest** Travemünde, Musik und Kleinkunst.

10 Tage Mitte Juli, **Travemünder Woche,** zweitgrößtes Segelevent der Welt, Wettkämpfe, Festmeile, Konzerte, Kinderprogramm.

August: Ein Wochenende, **Niendorfer Hafentage und Fischmarkt,** Unterhaltung, Kunsthandwerk und Fisch am Niendorfer Hafen, Hafengottesdienst, Feuerwerk.

Ein Wochenende Fr – So **Deutsche Beachvolleyball-Meisterschaften,** Timmendorfer Strand.

Oktober: 3 Tage **Herbstdrachenfest,** Travemünde, Strand an der Nordermole.

Ein Wochenende, **Kunsthandwerkermarkt,** Timmendorfer Strand, Kurpark.

Fischmarkt, im Niendorfer Hafen.

Dezember: Ein Wochenende, **Fischers Wiehnacht,** Niendorf, weihnachtliche Stimmung im Hafen, der Nikolaus kommt täglich per Schiff, buntes Kinderprogramm.

Silvester on the Beach, Party mit NDR 2, Tanz am Strand.

Zwergenwald, Bad Schwartau Markt, Häuschen mit beweglichen Zwergen, die unterschiedliche Handwerke zeigen.

SCHARBEUTZ – NEUSTADT

Fast nahtlos gehen die Bäder an der Neustädter Bucht ineinander über. Kaum ist das Ortsende von Scharbeutz erreicht, ist man auch schon in Haffkrug. Von dort nach Sierksdorf ist es ebenfalls nur ein Katzensprung. Baden ist überall gleichermaßen herrlich. Wer Wassersport betreiben will, findet in Neustadt mit den Ortschaften Pelzerhaken und Rettin beste Bedingungen und den einzigen Südstrand an der Lübecker Bucht. Doch es gibt mehr als Wasser zwischen Scharbeutz und Neustadt. Lust auf eine Radtour? Dann strampelt ein Stück auf dem Mönchsweg. Interessiert ihr euch für Naturwissenschaft? Dann gießt selbst Fossilien oder nehmt an der Kinderuni teil. Und übrigens: Warum ist die Banane krumm? Vielleicht bekommt ihr die Antwort ja im Bananenmuseum.

BÄDER AN DER NEUSTÄDTER BUCHT

Land in Sicht, *Große Regionalkarte zum Radfahren und Wandern an der Lübecker Bucht.* 1:35.000, ISBN 978-3-00034-233-2, 6,90 €.

Schwimm- & Strandbäder

Ostsee-Therme Scharbeutz

Strandallee 143, 23683 Scharbeutz. ✆ 04503/35260, www.ostsee-therme.de. **Bahn/Bus:** Bhf Timmendorfer Strand, Bus 5815 Richtung Scharbeutz bis Bugenhagenwerk, 200 m Fußweg. **Auto:** B76 Strandallee, kostenpflichtiger Parkplatz an der Therme. **Rad:** Ostseeküsten-Radweg. **Zeiten:** ganzjährig täglich 9 – 23 Uhr. **Preise:** 3 Std 20 €, Tageskarte 23 €; Kinder 4 – 14 Jahre 3 Std 12 €, Tageskarte 14 €; 15 – 18 Jahre und Studenten 17 bzw. 20 €, Familienkarte (2 Erw, 2 Kinder) 41 bzw. 48 €, Fr Familientag 2 Erw, 1 Kind 40 €.

▶ Die Ostseetherme bietet für alle Familienmitglieder etwas. Für die Kleinsten gibt es einen liebevoll bunt gestalteten Kinderbereich mit freundlichen Drachen, Sprudelelefanten, Rutschen und Wasserpilz. Dort könnt ihr im 34 Grad warmen Kinderbecken nach Herzenslust planschen. Für die Großen gibt es im Schwimmerbecken mit großem Außenbereich Strömungskreisel, Wasserfontänen und Massage-

TIPPS FÜR WASSERRATTEN

Happy Birthday! Kinder bis 15 Jahre können in der Therme ihren Geburtstag feiern. Das Geburtstagskind hat freien Eintritt. 14 € pro Gast, min. 6 Gäste.

Strandspiele: Mit der Freundin machen sie am meisten Spaß

Südsee-Gefühle bei 34 Grad Wassertemperatur: In der Ostsee-Therme

duschen. Mutige können die Wasserrutschen Green Mamba und Red Devil hinuntersausen und versuchen, den Geschwindigkeitsrekord zu brechen. An den Badebereich schließt sich eine große Saunalandschaft (mit Kindersauna) über drei Ebenen an. Vom Saunagarten gibt es einen direkten Strandzugang an die Ostsee. In der gesamten Therme stehen euch Liegen zur Verfügung, von denen ihr einen herrlichen Blick aufs Meer habt.

Badeanstalt am Großen Pönitzer See

Uwe Reichert, Seestraße 95, 23684 Scharbeutz-Klingberg. ✆ 04524/454, www.seeblickklingberg.de. **Bahn/ Bus:** Anruf-Sammeltaxi: ✆ 0800/ 25322532 bis 1 Std vor Abfahrt. **Auto:** L309 Richtung Klingberg, Seestraße bis Restaurant Seeblick folgen. Parkplätze vorhanden. **Zeiten:** 15. Mai – 15. Sep 9 – 19 Uhr. **Preise:** 3 €; Kinder 1,50 €; Einheimische 1,50, Kinder 0,75 €.

▶ Abseits vom Trubel an der Küste könnt ihr am Großen Pönitzer See einen entspannten Badetag verbringen. Die Badeanstalt bietet durch ihren Baumbestand auch an heißen Tagen schattige Plätzchen und ist besonders für Kleinkinder geeignet. Die schilfgesäumte Badebucht ist gut überschaubar und wird im Sommer zusätzlich durch die DLRG überwacht. Die Kleinen können so gefahrlos planschen und auch die etwas größeren Kinder haben genügend Bewegungsfreiheit, da das Wasser nur langsam tiefer wird und sie meterweit hinauslaufen können. Wiese und Bänke laden zum Picknick ein, ihr könnt aber auch im angrenzenden **Restaurant** essen. Am Kiosk gibt es Eis und Naschtüten.

Tretboote gibt es in der Badeanstalt ab 4 € (30 Min) zu mieten.

Hunger & Durst

Restaurant Seeblick, Seestraße 95, Scharbeutz. ✆ 04524/454. www.seeblickklingberg.de. Ganzjährig täglich 12 – 21 Uhr.

Segeln & Surfen lernen

Mit Brett und Segel

Sail and Surf Pelzerhaken, Auf der Pelzerwiese 24, 23730 Neustadt in Holstein-Pelzerhaken. ✆ 04561/ 5248172, www.sailandsurfpelzerhaken.de. **Bahn/Bus:** Bus 5518 bis Auf der Pelzerwiese. **Auto:** L309 in Sandberger Straße abbiegen, dann bis Wiesenweg, dort rechts, dann links in Auf der Pelzerwiese. **Rad:** Ostseeküsten-Radweg. **Zeiten:** Mai – Sep täglich 10 – 18 Uhr. **Preise:** Kiten ab 29 € pro Std; Kinder 8 – 12 Jahre Surfgrundkurs 120 €, Opti-Segelkurs 99 €, Gebühren für Prüfung zzgl. 30 €, Kiten ab 29 € pro Std, Preise inklusive Material.

▶ Surfen, Kiten, Stand Up Paddling und Segeln am beliebten Südstrand von Pelzerhaken. Ihr lernt die Grundlagen des Sports und setzt das Gelernte sofort in die Praxis um. Hier wird nicht lange geredet und erklärt, stattdessen geht es so schnell wie möglich aufs Wasser. Testet den Wind, das Material und eure Kondition und wenn es nicht auf Anhieb klappen will, helfen euch die Trainer weiter. Reinfallen ist nicht schlimm, denn das Wasser ist flach. Das macht es euch leicht, wieder aufs Brett zu kommen. Alles, was ihr für den Sport braucht, könnt ihr ausleihen. Und hinterher? Ab in den **Beachclub.** Bei einem kühlen Getränk lässt es sich herrlich fachsimpeln oder einfach nur ausspannen.

Surf- und Kiteschule Pelzerhaken-Rettin

Sven und Sandra Neils, Strandweg 66, 23730 Neustadt in Holstein-Rettin. ✆ 04561/528393, Handy 0176/ 21668428. www.surfschule-pelzerhaken.de. **Lage:** Campingplatz An der Düne. **Bahn/Bus:** Bus 5518 bis Rettin Pizzeria. **Auto:** L309 Rettiner Weg, in Rettin über Hauptstraße und Haffkampredder in Strandweg. **Rad:** Ostseeküsten-Radweg. **Zeiten:** Mai – Okt. **Preise:** Schnuppersurfen 2 Std 10 €, Einsteigerkurs 10 Std 130 €, Kitekurs 200 €, Miete: Kite & Board 2 Std 35 €,

Jeden Di veranstaltet Sail and Surf um 18 Uhr eine Beacholympiade. Ermittelt werden z.B. die Meister im Gummistiefel-Weitwurf oder Wassereimer-Wettlauf. Mitmachen kostet nix, macht aber garantiert Spaß.

Hunger & Durst

Sail and Surf Beachclub, Auf der Pelzerwiese 24, Neustadt in Holstein. ✆ 04561/ 5248172. www.sailandsurfpelzerhaken.de. Geöffnet wie Surfschule.

FRISCHE LUFT & SPORT

Surfboard und Rigg 1 Std 10 €, 1 Tag 40 €; Kindersurfkurs 10 Std 110 €.

▶ Hier lernt ihr surfen, kiten und auch den Umgang mit Board und Paddel beim Stand Up Paddling. Für jede Könnerstufe gibt es Kurse. Die Preise sind inklusive Material und Neoprenanzug.

Radeln & skaten

Auf Inlinern von Scharbeutz bis Haffkrug

Strandallee 134, 23683 Scharbeutz. **Länge:** 19 km hin und zurück. **Bahn/Bus:** ↗ Scharbeutz. **Auto:** ↗ Scharbeutz, Ausschilderung in den Ort folgen, Parkplatz an der Hamburger Straße. **Rad:** Ostseeküsten-Radweg.

▶ Die neu gestaltete Promenade von Scharbeutz nach Haffkrug schlängelt sich auf der Rückseite der Dünen immer am Meer entlang. Der Weg ist breit, eben und hat einen guten Belag zum Rollen. Beste Bedingungen also! An schönen Tagen und während der Saison ist hier einiges los, dann kommt ihr etwas langsamer voran. Bei der Aussicht macht das aber gar nichts. Unterwegs gibt es kleine Restaurants in den Dünen und am Strand, wo ihr eine Pause einlegen könnt. Maximal sind 19 km zu befahren, wenn ihr keine Lust mehr habt, kehrt ihr einfach vorher um.

Hunger & Durst

Gosch Scharbeutz, Strandallee 134b, Scharbeutz. ✆ 04503/8980986. www.gosch.de. Täglich ab 11 Uhr. Gosch-Ableger direkt an der Scharbeutzer Dünenmeile. Terrasse mit tollem Blick, Fisch, mediterrane Küche.

Auf dem Mönchsweg von Neustadt nach Grömitz

23730 Neustadt in Holstein. www.moenchsweg.de. **Strecke:** Neustadt – Altenkrempe – Logeberg – Brodau – Bliesdorf – Grömitz. **Länge:** 17,5 km, etwa 2 – 3 Std. Markierung: Weiße Kirche vor Blauem Hintergrund. **Bahn/Bus:** ↗ Neustadt. **Auto:** ↗ Neustadt. **Rad:** Ostseeküsten-Radweg, Mönchsweg.

▶ Die Strecke führt euch von Neustadt ins Hinterland der Küste und schließlich wieder zurück an die Ostsee. Ihr startet am **Bahnhof Neustadt** und radelt von dort Richtung Stadt. Hinter der Brücke biegt ihr links ab und fahrt am Binnenwasser entlang aus der Stadt hinaus. Der Weg führt leicht bergauf. Ihr überquert die Autobahn A1 und erreicht nach insgesamt 3,5 km **Altenkrempe.** Dort steht eine mächtige Basilika, die einen Blick lohnt. Vor der Kirche geht es rechts ab. Der Weg ist ausgeschildert. Ihr fahrt durch Wiesen und Felder, quert eine kleine Brücke und dann noch einmal die Autobahn. Kurz danach erreicht ihr den Ort **Logeberg.** Von hier aus geht es weiter Richtung Beusloe. Hinter dem Ort beginnt ein Radweg, den ihr bis kurz vor der B501 nehmt. Dann folgt ein Stück Straße. Es geht unter der Bundesstraße hindurch weiter nach **Brodau** und von dort in einem Linksschwenk nach **Bliesdorf.** Im Ort fahrt ihr bis zur großen Kreuzung und haltet euch dann rechts Richtung Grömitz. Auf dem Fahrradweg radelt ihr neben der Straße bis kurz vor Grömitz, dann biegt ihr in Richtung Körnickerfelde ab. Euer Weg führt euch nun direkt Richtung Küste zum Jachthafen von **Grömitz.** Dort haltet ihr euch links und fahrt am Wasser entlang in den Ort. Von Grömitz gibt es keine Bahnver-

Hunger & Durst

Pizzeria Santa Maria, Jachthafen 1, Grömitz. ✆ 04562/266870. www.groemitz.de. Täglich 11 – 22 Uhr. Pizza und Pasta direkt am Hafen, alles auch zum Mitnehmen.

RADELN AUF DEM MÖNCHSWEG

▶ Der Mönchsweg verläuft über 340 km von West nach Ost von Glückstadt über Bad Segeberg, durch die Holsteinische Schweiz bis hinauf an die Küste nach Fehmarn. Der Weg folgt den Spuren des *Bischofs Vicelin* (1090 – 1154), der die Slawen missionierte und den christlichen Glauben im Land verbreitete. Überall im Norden ließ er mächtige Kirchen errichten. Auch die Radstrecke ist von zahlreichen Kirchen gesäumt. Der landschaftlich schöne Weg ist weitgehend asphaltiert und auch für Anfänger gut zu befahren. Entlang der Route befinden sich Wegweiser mit Kilometerangaben und dem Blau-Weißen Logo des Mönchswegs. Wer nicht die ganze Strecke per Pedes auf dem Mönchsweg pilgern will, radelt ganz nach Lust und Laune nur ein Teilstück. Zum Beispiel von Neustadt nach Grömitz oder von dort zum Kloster Cismar. ◀ www.moenchsweg.de.

bindung zurück nach Neustadt. Wenn ihr nicht zurück radeln möchtet, organisiert ihr euch den Rücktransport am besten im Vorfeld. Am einfachsten ist es, wenn euch jemand mit Auto und Fahrradträger in Grömitz abholt.

Auf dem Segway die Promenade runter

Segtouren Pelzerhaken, Gudrun Konopka, Auf der Pelzerwiese 45, 23730 Neustadt in Holstein-Pelzerhaken. Handy 0179/5124959. www.baltic-spass.de. **Bahn/ Bus:** Bus 5518 bis Auf der Pelzerwiese. **Auto:** L309 in Sandberger Straße abbiegen, Straßenverlauf folgen bis Wiesenweg, dort rechts ab, dann links in Auf der Pelzerwiese. **Rad:** Ostseeküsten-Radweg. **Zeiten:** Saison Mai – Sep. **Preise:** Schnupperangebot 10 Min 5 €, Touren 45 Min 19 €, 1 Std 36 €, 2 Std 59 €; Kinder Schnupperangebot 15 Min 5 €.

__Segways__ fahren mit Elektroantrieb. Sie balancieren sich von allein aus und können eine Maximalgeschwindigkeit von 20 km pro Std erreichen. Bremsen oder Gashebel haben sie nicht. Die Geschwindigkeit regelt der Fahrer nur über seine Gewichtsverteilung.

▶ **Segways** sind diese merkwürdigen Gefährte mit zwei Rädern, auf denen ihr aufrecht stehend durch die Gegend düsen könnt. Die Technik ist recht simpel. Mit beiden Beinen auf die Plattform stellen, den Lenker greifen, etwas nach vorne lehnen und schon setzt sich das Zweirad in Bewegung. Mit ein bisschen Übung gelingen schon nach kurzer Zeit elegante Kurven. Selbstverständlich bekommt ihr vor dem Start eine Einweisung in das Gerät und die Fahrtechnik. Dann heißt es: Helm auf und los! Einzige Voraussetzung zum Segwayfahren ist ein Mindestgewicht von 45 kg, schwerer als 115 kg dürft ihr aber auch nicht sein. Touren gibt es am Meer entlang und durch Feld und Flur.

Wandern & spazieren

Durch die Rettiner Wiesen

Dünenweg 7, 23730 Neustadt in Holstein-Pelzerhaken. ✆ 04561/7011, **Länge:** Rundweg 5,7 km, 1,5 Std, kinderwagentauglich, ausgeschildert, identisch mit der

Nordic Walking-Strecke Rettiner Wiesen. **Bahn/Bus:** Bus 5518 bis Pelzerhaken Wiesenstraße. **Auto:** ↗ Neustadt-Pelzerhaken. **Rad:** Ostseeküsten-Radweg.

▶ Eine schöne und leichte Rundwanderung führt euch von Pelzerhaken durch die Rettiner Wiesen entlang der Ostseedünen zurück zum Ausgangspunkt. Start ist die Tourist-Info in Pelzerhaken. Von dort lauft ihr nach rechts Richtung Seebrücke, biegt rechts in die Strandallee ein und folgt ihr bis zum Wiesenweg. Nun geht es nach links und gleich wieder rechts in den Schaarweg. Ihm folgt ihr durch die Wiesen bis nach Rettin. Wenn ihr auf die Hauptstraße stoßt, haltet ihr euch rechts und folgt der Straße durch den Ort bis zum Strandweg. Hier biegt ihr rechts ab und lauft direkt auf das Meer zu. Haltet euch rechts und lauft entweder auf der Strandpromenade und dem Strandweg oder direkt am Strand zurück nach Pelzerhaken.

Hunger & Durst

Strandperle Rettin, Strandweg 54 – 56, Neustadt in Holstein-Rettin. ✆ 04561/7149032. www.strandperle-rettin.de. April – Okt 12 – 21 Uhr. Imbiss, Restaurant, Kaffee mit Außenterrasse und Kinderspielecke.

Spiel- & Erlebnisparks

Dünengolf Scharbeutz *

Strandallee, 23683 Scharbeutz. ✆ 04503/770964, Handy 0172/4298182. www.gemeinde-scharbeutz.de. **Lage:** Ecke Pönitzer Chaussee. **Bahn/Bus:** Bus 5951 bis Scharbeutz Kreisjugendheim. **Auto:** B76 bis Scharbeutz. **Rad:** Ostseeküsten-Radweg. **Zeiten:** April – Okt täglich ab 10 Uhr, Nov – Dez Sa, So 12 – 17 Uhr. **Preise:** 4,50 €, 10er-Karte 40 €; Kinder 3,50 €, 10er-Karte 30 €; mit Ostseecard 0,50 € Rabatt.

▶ Direkt am Strand liegt der 18-Loch-Platz, auf dem ihr Adventure-Golf spielen könnt. Anders als beim Minigolf sind die Bahnen nicht aus Beton, sondern aus Kunstrasen und ihr dürft sie betre-

Die Ostsee immer im Blick: Strandzugang Scharbeutz

Parkgolf, Badeweg 15, Scharbeutz. ✆ 04503/770964. Zeiten und Preise wie Dünengolf. Die 10-er-Karte gilt für beide Anlagen.

Happy Birthday! Geburtstagskinder haben freien Eintritt. Nach telefon. Anmeldung gibt es für euch eine Geburtstagsparade.

Ob auf der Rutsche …

ten. Die Anlage ist recht neu und wenn ihr nicht gerade den Schläger schwingt, habt ihr einen tollen Blick auf die Ostsee.

Hansa-Park

Hansa-Park Freizeit- und Familienpark GmbH & Co. KG, Am Fahrenkrog 1, 23730 Sierksdorf. ✆ 04563/474-0, www.hansapark.de. **Bahn/Bus:** ➚ Sierksdorf, 10 Min Fußweg (ausgeschildert). **Auto:** A1 Ausfahrt 14 Neustadt i. H./Mitte, Schildern Hansa-Park folgen. Großparkplatz direkt am Park. **Zeiten:** Ostern – Okt 9 – 18 Uhr, Fahrattraktionen ab 10 Uhr. **Preise:** 31 €; Kinder 4 – 14 Jahre 25 €; ab 60 Jahre 25 €, Schwerbehinderte B oder H und Rollstuhlfahrer Jahreskarte 65 €. **Info:** Kmobi-Ticket der Bahn ➚ Info&Verkehr Sierksdorf.

▶ Im Hansa-Park finden mit Sicherheit alle Familienmitglieder ihre Lieblingsattraktion, denn es gibt insgesamt 125 davon. Für die Kleinen gibt es auf dem Alten Jahrmarkt Kinderkarussells, Schiffsschaukeln, eine Safaribahn oder eine Blumenmeer-Bootsfahrt. Oder ihr geht im Wikinger-Land mit *Wickie* und *Halvar* auf große Fahrt. Für die Größeren gibt es jede Menge Achterbahnen, Wasserrutschen und Karussells, die euch zum Teil so hoch hinaus befördern, dass ihr sogar einen Blick auf die Ostsee werfen könnt. Wer ganz wagemutig ist, stürzt sich mit dem Fluch von Novgorod in die Tiefe oder nimmt die Looping-Bahn Nessie. Im Hochseilgarten beweist ihr eure Geschicklichkeit und wer dann noch mehr Bewegung braucht, tobt sich auf den riesigen Hüpfkissen aus. Wenn ihr eure Verpflegung nicht mitbringen möchtet, könnt ihr euch im Park in

... oder im Riesen-Kettenkarussell: Im Hansapark ist der Kreischfaktor hoch
© beide pmv, Karolin Küntzel

einem der Restaurants stärken oder vor dem Tipi Stockbrot backen. Falls es mal regnet, amüsiert ihr euch einfach drinnen weiter, hier gibt es zum Beispiel ein 4D-Kino, Shows oder Spielparadiese.

Hunger & Durst

L'Artista, Am Fahrenkrog 1, Sierksdorf/Ostsee. Geöffnet wie Hansapark. Italienisches Restaurant auf dem Gelände des Hansaparks (am alten Jahrmarkt), Pizza und Pasta.

Klettern

In den Wipfeln des Kammerwaldes

Waldhochseilgarten Scharbeutz, Kammerwald, 23683 Scharbeutz. Handy 0151/23022753. www.waldhochseilgarten-scharbeutz.de. **Lage:** Gegenüber der Ostsee-Therme. **Bahn/Bus:** Bhf Timmendorfer Strand, Bus 5815 bis Bugenhagenwerk, 200 m Fußweg. **Auto:** B76 Strandallee, kostenpflichtige Parkplätze entlang der Strandallee. **Rad:** Ostseeküsten-Radweg. **Zeiten:** Juli – Okt 10 – 20 Uhr, außerhalb dieser Monate Kletterzeiten auf der Internetseite. **Preise:** 3 Std 19 €; Kinder bis 16 Jahre 15 €, nur für Parcours 1 10 €; ab 60 Jahre 17 €, Familie (2 Erw, 2 Kinder) 55 €.

▶ Auf drei verschiedenen Parcours erprobt ihr euren Mut und euer Können. Auf Parcours 1 erreicht ihr eine maximale Kletterhöhe von 2,50 m. Diese Strecke ist besonders für Kinder geeignet. Bis in eine Höhe von 1,50 m solltet ihr allerdings greifen können. Personen mit körperlichem oder geistigem Handicap

Toni ist schon oben: Einmal geschafft, ist der Stolz groß

Zieht zum Klettern feste Schuhe sowie wettertaugliche Kleidung an und bringt ein paar Handschuhe mit.

sollten sich vorher anmelden. Dann steht ihnen ein spezial ausgebildeter Trainer zur Seite, der sie dabei unterstützt, die Niedrigseilstrecke zu durchlaufen. Seid ihr bereit für Parcours 2? Hier geht es auf eine Höhe von 9,50 m und die Elemente, die ihr zu überwinden habt, sind schon etwas schwieriger. Die Mutigen unter euch durchsteigen anschließend noch die dritte Strecke, die sich in schwindelerregenden 15,5 m Höhe befindet. Seilbahnstrecken und Sprünge sind hier inklusive, genauso wie der Stolz nach dem erfolgreichen Durchklettern der Strecke.

NATUR & UMWELT

Boden-Schätze

Hexenschüsseln und Zwergentöpfe: Geologische Schätze Holsteins

Oliver Nix, Dörpstraat 28, 23623 Ahrensbök -Barghorst. ✆ 04525/3655, www.geoschaetze-holstein.de. **Bahn/Bus:** Bus 5912 bis Barghorst Buschool. **Auto:** B432 Segeberger Chaussee auf L184 Plöner Straße bis Barghorst Dörpstraat. **Zeiten:** Feb – Dez Mo – Fr 9 – 18, Sa 9 – 13 Uhr.

▶ Einer Sage zufolge lebte in Norddeutschland einst ein Zwergenvolk. Die *Unterirdischen,* wie man sie auch nannte, verschwanden eines Tages aus dem

Land. Zurück ließen sie ihr winziges Geschirr. Diese kleinen ausgehöhlten Steine nennt man deshalb *Hexenschüsseln* oder *Zwergentöpfe.* Mit ein bisschen Glück findet ihr sie am Strand. Oder ihr stattet dem kleinen Laden in Ahrensbök einen Besuch ab. Dort gibt es Hexenschüsseln am Band zu kaufen. Außerdem findet ihr dort eine Menge Fossilien und Steine, die es hier an der Küste gibt. Falls ihr Fragen zu euren Ostseefunden habt, werden sie dort beantwortet.

Viel Wissenswertes über den Glücksbringer: Rolf Reinicke, *Feuersteine, Hühnergötter,* Demmler Verlag 2010, ISBN 978-3-910150-78-2, 9,95 €.

Fossilien gießen und Bernstein schleifen

Sonja Everskemper, 23730 Neustadt in Holstein. Handy 0173/2404936. www.geogoesschool.de. **Lage:** Programme finden an verschiedenen Orten statt. **Zeiten:** Termine und Anmeldung bei der↗ Tourist-Info Pelzerhaken-Neustadt. **Preise:** Veranstaltungen ab 1 €, Bernsteinschleifen ab 7 €.

▶ Zu welchem Tier gehört ein Donnerkeil, warum klappern Klappersteine und wie versteinert ein Seeigel? Woran erkennt ihr Bernstein, wie kommt die Fliege in und der Glanz auf den Stein? Welche Steine sind am Strand zu finden, wo kommen sie her, wie

HÜHNERGÖTTER-SCHATZSUCHE

▶ Überall an der Küste findet ihr **Feuersteine.** Einige von ihnen haben ein durchgängiges Loch. Diese speziellen Steine werden **Hühnergötter** genannt. Der Sage nach bringt es Glück, durch das Loch eines Hühnergottes zu schauen. Die geheimsten Wünsche sollen sich dann erfüllen. Ihr Name geht auf die Tataren zurück, die die Loch-Steine an Bändern aufhängten oder sie direkt im Hühnerstall platzierten. Dort sollten sie Krankheiten von den Hühnern fernhalten und dafür sorgen, dass reichlich Eier gelegt wurden. In vielen anderen europäischen Regionen spielt der Stein ebenfalls eine Rolle als Schutz gegen Hexen und böse Geister. Sucht am Strand nach Hühnergöttern. Fädelt sie anschließend auf ein Band. Je nach Größe und Form eignen sich die Steine als Halsschmuck oder zur Dekoration. ◀

viele Jahre haben sie schon auf dem Buckel? Alle diese Fragen beantwortet *Sonja Everskemper* in ihren Führungen und Kursen. Stellt Abgüsse regionaler Fossilien her, schleift Bernstein oder bestimmt Strandsteine. Kurse und Exkursionen gibt es für Kinder ab 6 Jahre. Informationen zu Terminen und Preisen findet ihr auf ihrer Internetseite.

Umwelt erforschen & Lehrpfade

Naturerlebnisse am Ostseestrand

BUND-Umwelthaus Neustädter Bucht, Am Strande 9, 23730 Neustadt in Holstein. ✆ 04561/50565, www.bund-umwelthaus.de. **Bahn/Bus:** ➚ Neustadt, Bus 5518 bis Butzhorn. **Auto:** ➚ Neustadt, L309 bis Sandberger Straße, dort rechts abbiegen, rechts in Butzhorn, links in Cap-Arkona-Weg bis Am Strande. **Zeiten:** Juli – Sep Di 10 – 12 Uhr Ostsee-Entdeckungen, Do 14 – 17 Uhr Blue-Caching, Mai – Okt Mi Abend Fledermaus-Ortung. **Preise:** 3 € pro Person.

▶ Wann fliegt die Fledermaus, wie sieht eine Garnele aus und wer findet zuerst den sagenumwobenen Piratenschatz? Diesen Fragen könnt ihr bei den Veranstaltungen des BUND-Umwelthauses auf den Grund gehen. Wer aufbleiben darf, kann im Dunkeln mit auf *Fledermaus-Ortung* gehen. Ausgestattet mit Detektoren habt ihr die Möglichkeit, die Rufe der Flugkünstler zu hören. Was sie sich wohl zu erzählen haben? Bei der *Ostsee-Entdeckertour* keschert und sammelt ihr, was das Meer hergibt. Anschließend wird der Fang bzw. eure

Ramona Jakob, *Abenteuer Geocaching, Die moderne Schatzsuche für Einsteiger,* moses Verlag, Kempen 2012, ISBN 978-3-89777-647-0, 12,95 €.

Fundstück: Der Seestern darf bewundert werden, kommt dann aber schnell ins Wasser zurück

© pmv, Karolin Küntzel

Strandsammlung bestimmt und genauer unter die Lupe genommen. Oder doch lieber die *Schatzsuche?* Das GPS-Gerät in der Hand begebt ihr euch auf eine ungewöhnliche Schnitzeljagd nach Kapitän Stoppelbarts Schatz. Viele Rätsel gibt es unterwegs zu lösen und auf kniffelige Fragen braucht ihr eine Antwort, bis ihr den Schatz heben könnt.

Historischer Schulwald Sierksdorf

Tourist-Information Sierksdorf, Professor-Haas-Straße, 23730 Sierksdorf. ✆ 04563/478990, www.sierksdorf.de. **Lage:**Eingang gegenüber Professor-Haas-Straße Nr. 69, weitere Eingänge in Vogelsang sowie Professor-Haas-Straße Ecke Voßberg. **Bahn/Bus:** ↗ Sierksdorf. **Auto:** ↗ Sierksdorf. **Rad:** Ostseeküsten-Radweg. **Zeiten:** ganzjährig frei zugänglich.

▶ Wald mit allen Sinnen erleben. Das ist im **Schulwald** möglich. Verschiedene Stationen laden euch ein, eure Geschicklichkeit zu erproben, euren Tastsinn herauszufordern oder die Ausdauer zu trainieren. Wer springt so weit wie ein Fuchs? Wie funktioniert ein Baumtelefon? Wer bewältigt die komplette Kletterstrecke? Neben einem Tierweitsprung, einem Barfußpfad und der Kletterstrecke findet ihr einen Fitnessplatz mit Geräten, an denen ihr gelenkschonend trainieren könnt. Im Wald gibt es neben den Aktionsobjekten auch Informationstafeln zu Naturthemen. Besonders liebevoll gestaltet sind die Eingänge in den Schulwald. Wahlweise betretet ihr ihn beim Lineal, dem Rohrstock, Bleistift oder Denker.

Verbinde deinem Mitspieler die Augen. Führe ihn anschließend zu einem Baum. Dort soll er den Stamm ertasten. Geleite ihn dann zurück zum Ausgangspunkt. Nimm ihm die Augenbinde ab, damit er sich umsehen kann. Ob er den Baum findet, den er ertastet hat?

*1911 wurde der **Schulwald** vom damaligen Dorfschullehrer gepflanzt. Der Wald war quasi die Außenstelle der Dorfschule.*

HANDWERK UND GESCHICHTE

Betriebsbesichtigungen

Eis bis zum Abwinken: Bauernhof-Eis

Steffens GbR, Familie Steffens, Langendamm 3, 23623 Ahrensbök. ✆ 04525/496632, www.bauernhofeis-steffens.de. **Bahn/Bus:** Bus 5912 bis Ahrensbök Triftstraße. **Auto:** B432 Segeberger Chaussee auf L184 Lübecker Straße, dann rechts in Langendamm. **Zeiten:** Eisverkauf Ostern – Juni Sa, So 14 – 18 Uhr, Juli, Aug täglich 13 – 18 Uhr, Sep – Dez So 14 – 18 Uhr, Eisverkostung nach Voranmeldung. **Preise:** Eisverkostung 30 Sorten 9,50 € pro Person.

▶ Milchkühe gab es auf dem Hof schon immer. Seit 2011 gibt es außerdem Eis. Frisch von der Kuh direkt in die Eismaschine. Zusammen mit frischen Früchten der Saison entsteht daraus super-leckeres Eis in 70 Sorten. Konservierungs- oder Farbstoffe gibt es darin nicht. Ihr könnt den Hof und die Eisproduktion nach Voranmeldung besichtigen oder euch zu einer der beliebten Eisverkostungen anmelden. Aus dem gesamten Sortiment dürft ihr dann 30 Sorten probieren. Von bekannten Sorten wie Stracciatella oder Erdbeere bis zu exotisch wie Buttermilch-Karotte oder Gurken-Sorbet.

Hofladen Bauernhof Steffens, Langendamm 3, Ahrensbök. ✆ 04525/496632. www.bauernhofeis-steffens.de. Jan – Ostern und Sep – Dez Mo, Fr 9 – 12 und 14 – 18, Di – Do, Sa 9 – 12 Uhr, Ostern – Aug Mo – Sa 9 – 18 Uhr. Bauernhof-Eis in vielen Sorten, außerdem frische Milch, Kartoffeln, Eier, Wurst, Käse, Marmelade, Honig.

Landwirtschaft im Kleinformat auf Gut Sierhagen

field & fun landmaschinen-modellausstellung, Sven Ole Larson, field-and-fun-Platz 1, 23730 Altenkrempe-Sierhagen. ✆ 04561/5247654, www.fieldandfun.de. **Bahn/Bus:** Bus 5802 bis Sierhagen Gut. **Auto:** A1 Ausfahrt 14 Neustadt, Richtung Neustadt, rechts in Eutiner Straße abbiegen. Im Kreisel 3. Ausfahrt Richtung Sierhagen. In Sierhagen links in Heidberg, kostenlose Parkplätze am Gut. **Zeiten:** März – Dez Mi – So 11 – 18 Uhr, Juni – Aug auch Do 11 – 22 Uhr. **Preise:** Pers ab 91 cm Körpergröße 3,95 €; Saisonkarte 18 €.

▶ Kleine Trecker, winzige Bauern mit Melkeimer, hier gibt es Landwirtschaft im Miniformat. Felder, Bauernhöfe, Ställe, Melkanlagen, Erntemaschinen und was sonst alles zur Landwirtschaft gehört, ist hier auf einer großen Fläche aufgebaut. Alles originalgetreu im Maßstab 1:32 und so, dass die Arbeitsabläufe sichtbar und nachvollziehbar sind. Viele Details könnt ihr entdecken. Da werden Felder abgeerntet und das Stroh zu Ballen gepresst, Kühe per Hand gemolken,

Happy Birthday!
Bei field & fun könnt ihr feiern. Die Verpflegung der Geburtstagsgäste übernehmt ihr selbst oder bucht das Essen für 4,95 € pro Person hinzu. Das Geburtstagspaket mit Kuchen und Rallye kostet 12,95 € pro Kind.

Säcke geschleppt, Holz gespalten oder Zäune errichtet. Nach so viel Schauen ist Toben angesagt. Im großen Indoorsandkasten dürft ihr spielen und Trecker fahren oder ihr leiht euch eines der zahlreichen Modelle aus und probt das Landwirtleben.

Filmluft schnuppern: Ein Besuch im Studio der Küstenwache

Werftstraße 9, 23730 Neustadt in Holstein. ✆ 04561/1088, www.fanclubkuestenwache.de. **Lage:** Im Haus der Manufakturen. **Bahn/Bus:** ↗ Neustadt. **Auto:** ↗ Neustadt. **Rad:** Ostseeküsten-Radweg. **Zeiten:** Juni – Aug Do – Sa 14 – 18 Uhr und nach Vereinbarung. **Preise:** 6 €; Kinder 4 €; Kinder mit Ostseecard frei, Familienkarte (2 Erw, 4 Kinder) 15 €.

▶ Neustadt, die Neustädter Häfen und die Neustädter Bucht bilden die Kulisse für die ZDF-Vorabendserie *Küstenwache*. Auch die Innenaufnahmen, wie die von der Brücke der *Albatros*, werden in Neustadt gedreht. Dafür sind in zwei Studios am Hafen Kulissen aufgebaut, die ihr bei der Studiobesichtigung genau unter die Lupe nehmen könnt. Ist in der **Kombüse** alles aus Pappe? Und wie sieht ein Drehbuch für die Serie aus? Findet es heraus. Stellt euch selbst ans Steuer, gebt Kommandos und begutachtet Filmrequisiten. Ihr erfahrt viel über die Geschichte der

Hunger & Durst

field & fun, field-and-fun-Platz 1, Sierhagen. ✆ 04561/5247654. Geöffnet wie Museum. Kaffee, Kuchen, Garten mit Blick auf das Gut.

*Die **Kombüse** ist auf einem Schiff die Küche. In ihr kocht der Smutje. Der Name bedeutet soviel wie **der Schmuddelige** und ist eigentlich eine Beleidigung. Deshalb wird der Koch auf großen Handels- und Passagierschiffen auch Chef oder einfach Koch genannt.*

Im Neustädter Hafen: Ohne all die Halunken aus der Fernsehserie ist's hier ganz friedlich

Serie, über die Dreharbeiten und trefft mit etwas Glück sogar den einen oder anderen Schauspieler.

Türme & Museen

Wahrzeichen und Seezeichen: Besteigung des Gömnitzer Turms

Zum Major, 23701 Süsel-Gömnitz. www.vg-eutin-suesel.de. **Lage:** Auf dem Gömnitzer Berg. **Bahn/Bus:** Bus 5900 bis Gömnitz Am Major. **Auto:** K61 Neustädter Straße Richtung Roge und Gömnitz, rechts auf Zum Major. **Rad:** Mönchsweg. **Zeiten:** ganzjährig frei zugänglich.

▶ Früher stand auf dem *Gömnitzer Berg,* der mit 93,8 m die dritthöchste Erhebung in Schleswig-Holstein ist, ein großer Baum. Er wurde *Major* genannt und diente den Seeleuten in der Lübecker Bucht zur Orientierung. Er war sozusagen ein natürliches Seezeichen. Nachdem 1815 ein Blitz in den Baum gefahren war und ihn zerstört hatte, wurde er durch den 8 m hohen **Turm** aus Backsteinen ersetzt. Im Inneren führt eine Wendeltreppe hoch. Wenn ihr die 41 Stufen erklimmt, habt ihr von oben durch die Lichtschächte bzw. Fenster eine gute Aussicht über die Lübecker Bucht und die Landschaft Ostholsteins.

*Der **Gömnitzer Turm** ist das Wahrzeichen der Gemeinde Süsel und schmückt deren Wappen.*

Zeittor Museum *

Vor dem Kremper Tor, 23730 Neustadt in Holstein. ✆ 04561/619305, www.zeittor-neustadt.de. **Bahn/Bus:** ↗ Neustadt, 10 Min Fußweg. **Auto:** L309 Waschgrabenallee über Rosengarten bis Ecke Oldenburger Straße, links Kremper Tor. **Rad:** Ostseeküsten-Radweg. **Zeiten:** Ostern – Okt Di – Sa 10.30 – 17, So, Fei 14 – 17 Uhr, Nov – Ostern Fr 15 – 17, Sa, So 14 – 16 Uhr. **Preise:** Ab 18 Jahre 3,50 €, mit Ostseecard 2,50 €.

▶ Der Besuch im Zeittor Museum ist wie eine kleine Zeitreise. Hier erfahrt ihr viele spannende Dinge über das Leben der Menschen in der Steinzeit und im alten Neustadt. Wie mühsam es war, Löcher in Steine

Happy Birthday!
Im Zeittor Museum wird zünftig Geburtstag gefeiert. Wie wäre es mit einem Steinzeitfest oder einem Ausflug ins Mittelalter? Stellt Steinzeitwerkzeuge her oder probiert aus, wie schwer ein Kettenhemd ist. Pauschal 45 €.

zu bohren, Getreide zu mahlen oder Feuer zu machen, dürft ihr selbst ausprobieren. Überall im Museum findet ihr weitere Mitmachstationen. Von der Steinzeit geht es weiter ins Mittelalter. Archäologische Ausgrabungen haben einiges zu Tage gefördert, das euch nun einen Einblick in diese Zeit geben kann. Waffen und Alltagsgegenstände, aber auch die Art und Weise, wie man früher die Toten bestattete, lassen vergangene Zeiten lebendig werden. Auf Fotos könnt ihr vergleichen, wie sich Neustadt im Laufe der Jahre gewandelt hat. Sonderausstellungen wie *Musikinstrumente aus aller Welt* oder *Einblick in private Sammlungen* ergänzen die ständigen Exponate.

Hunger & Durst

Restaurant Marienhof, Rosengarten 50, Neustadt in Holstein. ✆ 04561/16010. www.restaurant-marienhof.de. Mo, Mi – So 11.30 – 14, ab 17.30 Uhr. Hausgemachte Torten, leichte holsteinische Küche, Sonnenterrasse, angeschlossener Bauernmarkt.

Auf der Jagd nach dem Schatz des Teufels: GPS-Schatzsuche in Neustadt

Rosenstraße 2a, 23730 Neustadt in Holstein. ✆ 04561/619388, www.luebecker-bucht-ostsee.de. **Länge:** Etwa 2 Std. **Bahn/Bus:** ↗ Neustadt. **Auto:** L309 Waschgrabenallee, in Reiferstraße abbiegen, links in Marktplatz, 3 Min Fußweg. **Rad:** Ostseeküsten-Radweg. **Zeiten:** Mai – Aug. **Preise:** kostenlos.

▶ Wann habt ihr das letzte Mal einen Schatz gehoben? Falls ihr dazu mal wieder Lust habt, kommt hier eure Chance. Ausgerüstet mit einem GPS-Gerät erkundet ihr nur nicht die Stadt, sondern löst auch die Rätsel, die euch eurem Schatz immer näher bringen. Während ihr dem Schatz des Teufels, des Bürgers, des Priesters oder des Löwen hinterherjagt, lernt ihr ganz nebenbei Neustadt kennen. Wie das funktioniert? Leiht euch gegen ein Pfand im Zeittor-Museum oder in der Tourist-Info am Hafen ein

Türme und Tore: Geht doch mal auf Fotosafari!

© pmv, Torsten Rink

Di und Fr ist 8 – 13 Uhr auf dem Marktplatz Wochenmarkt.

GPS-Gerät aus. Zusammen mit dem Gerät bekommt ihr die Koordinaten des ersten Schatzes. Dort angekommen, müsst ihr das Rätsel lösen und erfahrt so, wo sich der nächste Schatz befindet. Sind alle Rätsel geknackt, dürft ihr euch dort, wo ihr das GPS-Gerät wieder abgebt, eine Belohnung abholen.

Alles Banane: Erstes deutsches Bananenmuseum

Bernhard Stellmacher, Professor-Haas-Straße 59, 23730 Sierksdorf. ✆ 04563/8335, www.bananenmuseum.de. **Bahn/Bus:** ↗ Sierksdorf. **Rad:** Ostseeküsten-Radweg. **Zeiten:** Sa, So 11 – 13 Uhr. **Preise:** Eintritt frei.

▶ Zugegeben, man muss vermutlich schon etwas verrückt sein, um an die 1000 Bananen-Exponate zu sammeln. Oder die Frucht sehr mögen. *Bernhard Stellmacher,* der private Sammler, der euch einen Einblick in seine Sammlung gewährt, nennt sich selbst *Stelli Banana* und kennt sich aus mit Gebogenem. *Das Lächeln der Natur* nennt er die Banane. Aber verschafft euch selbst einen Überblick. Von Bananenbreifässern über nicht allzu ernst gemeinte Bananen-Krummbiegemaschinen, Plüschbananen, Lampenbananen, Poster, Plakate, Bilder und Filme dreht sich hier alles um die gelbe Frucht. Mehr Banane geht nicht, oder etwa doch?

BÜHNE, LEINWAND & AKTIONEN

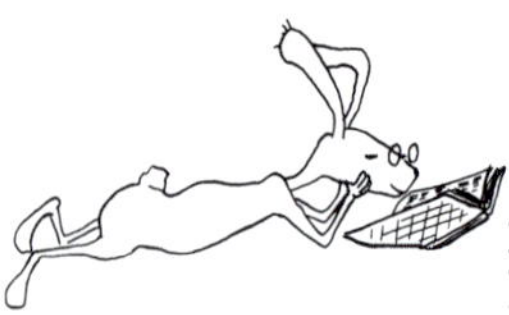

Lernen, spielen, feiern

Kinder-Uni Neustadt

Stephanie Hagen, Schulstraße 2, 23730 Neustadt in Holstein. Handy 01787/5111327. www.kinderuni-neustadt.de. **Lage:** In der Jacob-Lienau-Schule. **Bahn/Bus:** Bus 5518 bis Neustadt Markt. **Auto:** L309 über Waschgrabenallee und Rettiner Weg, links in Schulstraße. **Rad:** Ostseeküsten-Radweg. **Zeiten:** Sa 10.30 – circa 11.30 Uhr, 5 Termine im Winter. **Preise:** kostenlos.

▶ Seit 2006 gibt es die **Kinder-Uni** in Neustadt. Hier lernen, erfragen und erforschen Kinder 8 – 14 Jahre interessante Dinge aus den Bereichen Wissenschaft, Natur oder Philosophie. Wie funktioniert ein Vulkan? Wo sitzt die Seele? Wo hört das Weltall auf? Jede Vorlesung dauert ungefähr eine Stunde und wird von einem Professor oder einem mit dem Thema vertrauten Referenten geleitet. Anmelden müsst ihr euch nicht. Wenn ihr ein Thema spannend findet, geht ihr einfach hin. Neben der Kinder-Uni gibt es auch noch die **Mini-Kinder-Uni.** Sie ist speziell für Kindergartenkinder 3 – 6 Jahre geeignet. Die **Maxi-Kinder-Uni** richtet sich an Jugendliche ab 14 Jahre. Das jährlich wechselnde Programm wird in Schulen angekündigt, die Termine findet ihr auch auf der Internetseite.

*Die **Kinder-Uni** richtet sich an Kinder. Weil aber auch Eltern sehr wissbegierig sein können, gibt es ab und zu einen Extra-Abend der Kinder-Uni nur für Erwachsene.*

Bundesliga auf der Kinoleinwand

Kinocenter vor dem Kremper Tor, Vor dem Kremper Tor 5, 23730 Neustadt in Holstein. ✆ 04561/4898, www.kinoneustadt.de. **Bahn/Bus:** Bhf Neustadt, 10 Min Fußweg oder Bus 5518 bis Kirchhofsallee. **Auto:** L309 Oldenburger Straße bis Vor dem Kremper Tor. **Rad:** Ostseeküsten-Radweg. **Preise:** 5,50 – 7 €; Kinder bis 18 Jahre 4 – 7 €; Mo ist Kinotag: 5 €.

▶ Drei Säle, 267 Plätze. Zu sehen gibt es das aktuelle Filmprogramm sowie ausgewählte Streifen des Kommunalen Kinos Neustadt. Besonderer Höhepunkt sind die Live-Übertragungen ausgewählter Bundesliga- und Champions-League-Spiele. Fiebert mit eurem Klub mit und bejubelt gemeinsam die Tore. Sonntags besteht zudem die Möglichkeit, mit der Familie erst das Frühstücksbuffet des benachbarten Bistros zu plündern, und dann ab 11 Uhr im Kino einen Film zu schauen.

Happy Birthday!
Geburtstagskinder haben freien Eintritt.

Hunger & Durst
Musik & Bistro, Vor dem Kremper Tor 5, Neustadt in Holstein. ✆ 04561/8035. www.musik-bistro.de. Täglich ab 18 Uhr, So ab 9 Uhr. Pizza, Pasta, Bistroküche, Kinofrühstück zum Komplettpreis von 13,50 €.

Gumdas Spielstrand ✳

Strandallee, 23683 Scharbeutz. ✆ 04503/770939, www.luebecker-bucht-ostsee.de. **Lage:** An der Seebrücke. **Bahn/Bus:** Bhf Scharbeutz, Bus 5814, 5951 bis

Ocean-Park. **Auto:** ↗ Scharbeutz. **Rad:** Ostseeküsten-Radweg. **Zeiten:** Mai – Sep. **Preise:** Kinder 3 – 15 Jahre 3,50 €; mit Ostseecard 3 €.

▶ Hier könnt ihr euch so richtig austoben. Während sich die Eltern ausruhen, begebt ihr euch auf Schatzsuche, feiert Piratenfeste oder bastelt Verkleidungen für eine Party. Zusammen mit ausgebildeten Betreuern stellt ihr Schmuck her oder probt für eine Theateraufführung. Bei Gumda wechselt das Programm regelmäßig, sodass es auch für häufige Besucher immer etwas Neues zu erleben gibt.

Hunger & Durst

Eiscafé Bei Mario, Strandalle 140, Scharbeutz. ✆ 04503/ 72704. Ostern – Okt Mo – Do 11 – 23, Fr 9 – 24, Sa – So 12 – 22 Uhr. Angeblich das beste Eis von Scharbeutz, ausgefallene Sorten.

FESTKALENDER SCHARBEUTZ

März: Ein Wochenende im März (Sa – So) **Scharbeutzer Stranddderby,** Scharbeutz, Pferderennen am Strand mit Rahmenprogramm.

Mai: **Pfingstfeuer,** Scharbeutz, Seebrücke und Aktionsstrand.

Juli: **Fröhliche Aalwoche,** Haffkrug, Neptun legt mit seinen Nixen an der Seebrücke an, dann geht es zum Festplatz.

August: 4 Tage, Do – So, **Scharbeutzer Straßenkünstlerfestival,** Seebrückenvorplatz Scharbeutz, auf mehreren Schauplätzen präsentieren sich Gaukler, Jongleure, Clowns, Pantomimen und Artisten.

September: **Kite und SUP-Paddling Festival,** Neustadt-Pelzerhaken.

Oktober: Ende Okt **Herbstzauber am Meer,** Sierksdorf, Hansa-Park, Lichterparade, großer Umzug mit kunstvoll beleuchteten Wagen.
Ein Sa im Okt **Lichterfest**, Haffkrug.

Dezember: 27. Dez – 5. Jan **Feuer & Flamme,** Scharbeutz, ab 12 Uhr bis in den späten Abend, Strand an der Seebrücke.
Dez – Feb **Dünenmeile on Ice,** Scharbeutz, Eislaufen mit Ostseeblick.

GRÖMITZ – HEILIGENHAFEN

Grömitz, Dahme und Kellenhusen treten unter dem Namen Ostseeferienland gemeinsam an, um die Familienferien zum Erlebnis werden zu lassen. Viel Abwechslung für die Kinder steht auf dem Programm. Mal geht es in den Wald zum Tiergehege, mal an die Steilküste zu den Feuersteinen.

Auch an der Spitze Ostholsteins wird neben Strand so einiges geboten: Naturschutzgebiete mit Salzwiesen und Lagunen, Einblicke in die Welt der Slawen und Mönche, hübsche Dörfer und alte Höfe.

DIE FAMILIENBÄDER

Naturpark Holsteinische Schweiz, Wandern, Rad. 1:50.000, ISBN 978-3-85491-501-0, 6,95 €.

Schwimm- & Strandbäder

Meerwasser-Hallen- und Freibad

Kurbetrieb Kellenhusen, Strandpromenade 15, 23746 Kellenhusen. ✆ 04364/49750, www.kellenhusen.de. **Lage:** Im Kurbetrieb Kellenhusen. **Bahn/Bus:** ↗ Kellenhusen. **Auto:** ↗ Kellenhusen. **Rad:** Ostseeküsten-Radweg. **Zeiten:** Mitte März – Mitte Sep Mo 12 – 18, Di – Fr 10 – 18, Sa, So 10 – 17 Uhr. **Preise:** 3 € pro Person; 2 € pro Person mit Ostseecard oder Tageskurkarte.

▶ Wenn euch die Ostsee zu kalt ist, genießt ihr das Meerwasser einfach im Schwimmbad. Die Badetemperatur beträgt hier wohlige 26 Grad. An frischer Luft muss es trotzdem nicht fehlen, denn vom Hallenbad könnt ihr direkt in den Außenbereich schwimmen. Erfrischt euch unter der Schwallwasserdusche oder lasst euch vom Unterwassersprudler massieren. Wer noch nicht schwimmen kann, kann es hier lernen. Es gibt Kurse für Anfänger und Fortgeschrittene, für Kinder und für Erwachsene.

TIPPS FÜR WASSERRATTEN

Seepferdchen-Schwinmmkurs 54 €. Weitere Infos zu Schwimmkursen unter ✆ 04364/497517.

Meerwasser-Hallenbad Dahme

Sport- und Gesundheitszentrum Dahme GmbH, Strandpromenade 38, 23747 Dahme. ✆ 04364/470990, www.strandspa-dahme.de. **Bahn/Bus:** Bus 5800 bis Dahme Alte Schmiede. **Auto:** B501 Op de Horst in K50 Cismarer Straße, rechts in Seestraße, dann links in

Was gibt's denn da zu gucken? Kai, der Strandläufer, vermittelt Kindern (und Erwachsenen) tiefe Natur-Einblicke

Kinder ab 5 Jahre können hier ihr Seepferdchen machen. Der Kurs findet alle 2 Wochen statt. 10 Termine kosten 75 €.

Saarstraße bis Am Deich, dort parken. **Rad:** Ostseeküsten-Radweg. **Zeiten:** täglich 10 – 18 Uhr, letzter Einlass 30 Min vor Schließung. **Preise:** 8,50 €; Kinder bis 4 Jahre 1 €, Kinder ab 4 Jahre 3,50 €; Familienkarte (3 Pers) 19 €, Bewohner Ostholsteins sowie mit Ostseecard 5,50 €, Familien 12 €.

▶ Im Meerwasser-Bad mit Blick auf das Meer beträgt Badetemperatur 26 – 28 Grad, im Therapiebecken sogar 30 Grad. Im Eintrittspreis ist die Nutzung des Dampfbades enthalten. Weitere Angebote wie Sauna und Wellness kosten extra. Beeilen müsst ihr euch hier übrigens nicht, denn es gibt kein Zeitlimit.

Segeln & Surfen lernen

Hart am Wind: Ostsee-Segelschule Blauer Peter

Jan Gutowsky, Jachthafen 6, 23743 Grömitz.
✆ 04562/7156, www.segelschule-blauer-peter.de.
Bahn/Bus: Bus 5800 bis Grömitz Realschule. **Auto:** B501 in Königsredder abbiegen, Jachthafen ausgeschildert, kostenfreie Parkplätze oberhalb vom Hafen.
Rad: Ostseeküsten-Radweg. **Zeiten:** Mitte Mai – Anfang Sep Mo – Fr 9 – 12.30, Sa 9 – 13 Uhr. **Preise:** Schnuppersegeln 12 €, Wochenkurse ab 180 €; Kinder Schnuppersegeln 10 €, Grundkurs Opti ab 6 Jahre 180 €, Grundkurs Jolle ab 12 Jahre 275 €.

▶ Kleine Kinder stechen mit dem Optimisten in See, die größeren mit der Jolle. Spaß macht es garantiert, wenn euch der Wind um die Ohren weht und die fröhlich bunten Segel füllt. Schnell werdet ihr herausfinden, was ihr tun müsst, um die Richtung zu ändern und Begriffe wie **Luv** und **Lee** gehen euch ganz selbstverständlich über die Lippen.

__Luv__ bezeichnet die dem Wind zugewandte Seite des Schiffes, __Lee__ ist die Seite, die vom Wind abgewandt ist.

Segel- und Surfschule am Binnensee

Axel Malicke, Eichholzweg, 23774 Heiligenhafen.
✆ 04362/1441, www.segelschule-malicke.de.

1, 2, 3 – Segeln ist keine Hexerei: Die kleinen Boote heißen Optimist, das klingt doch schon mal gut!

Bahn/Bus: ↗ Heiligenhafen. **Auto:** ↗ Heiligenhafen, über K42 Bergstraße und Lauritz-Maßmann-Straße links in Eichholzweg. **Rad:** Ostseeküsten-Radweg. **Zeiten:** Mai – Sep. **Preise:** Schnuppersegeln 3 Tage 110 €, Grundkurs 1 Woche 220 €, Windsurfen Schupperkurs 6 Std 95 €, Grundkurs Surfen 180 €, Verleih von Booten und Surfbrettern ab 8 € pro Std; Kinder Schnuppersegeln 3 Tage 95 €, Grundkurs 1 Woche 180 €.

▶ Angeboten werden Segelkurse für alle Altersklassen. Die Kinder lernen auf dem Optimisten, Jugendliche und Erwachsene starten mit der Jolle oder dem Katamaran. Surfkurse gibt es ebenfalls. Außerdem könnt ihr Boote und Boards für eine Tour auf eigene Faust ausleihen.

Piratencamp

Segelschule Bennewitz, Ralph Bennewitz, Kapitän-Nissen-Straße 3, 23774 Heiligenhafen. ✆ 04362/2244, www.segelschule-bennewitz.de. **Bahn/Bus:** Bus 5811 bis Heiligenhafen Kattsund. **Auto:** ↗ Heiligenhafen, über K42 Bergstraße und Lauritz-Maßmann-Straße rechts in Am Strande, dieser bis Hafenstraße folgen, dann links. **Rad:** Ostseeküsten-Radweg. **Zeiten:** April – Sep. **Preise:** Sportbootführerschein See 299 €, Sportboot Binnen Kurs 229 €, Jolle leihen ab 14 € pro Std; Kinder Piratencamp 1 Woche 395 € inkl. Ü, VP und Se-

Hunger & Durst

Falkenthal Seafood, Am Jachthafen 16 – 18, Grömitz. Handy 0178/8707223. www.falkenthal-seafood.de. Täglich ab 11 Uhr. Leckere Fischgerichte, frisch in der offenen Küche vor den Augen des Gastes zubereitet.

Kinderhafen Strandpromenade 15, Dahme. ✆ 04364/492025. www.dahme.com. Ostern – Okt Mo – Fr 10 – 18 Uhr. Spielscheune direkt am Strand, Kinderanimation mit buntem Programm. Für Familien mit Ostseecard kostenlos, alle anderen Kinder 1 € pro Tag.

gelkurs, Opti 1 Woche ab 149 €, Schnupperkurs Sa und So 99 €, Grundkurs ab 199 €.

▶ Die Segelschule bietet Segeln auf dem Opti und der Jolle, Jachtkurse sowie Fortgeschrittenen- und Auffrischungskurse an. Kinder 8 – 14 Jahre haben hier die Möglichkeit, eine Woche Urlaub ohne Eltern zu machen. Im **Piratencamp** lernt ihr nicht nur segeln, sondern unternehmt zahlreiche Aktivitäten wie Schatzsuche, Lagerfeuer machen und Piratenlieder singen. Ihr legt die Piratenprüfung ab, verkleidet euch und vieles mehr. Euren Segellehrern, Sport- und Jugendleitern gehen die Ideen sicher nicht aus.

Sonnencreme mit einem hohen Lichtschutzfaktor ab 20 und eine Kopfbedeckung müssen mit ins Gepäck.

FRISCHE LUFT & SPORT

Radeln & skaten

Radrundtour von Grömitz über Kellenhusen und Cismar

Blankwasserweg 118, 23743 Grömitz. **Strecke:** Grömitz – Kellenhusen – Cismar – Grömitz. **Länge:** Etwa 25 km, Halbtagestour mit Badepause. **Bahn/Bus:** Bus 5600, 5623 bis Lensterstrand. **Auto:** B501 Richtung Lensterstrand, Hinweisschildern Ostsee Kletterpark folgen. Deichhaus grenzt dort an. Kostenfreie Parkplätze. **Rad:** Ostseeküsten-Radweg.

▶ Startpunkt eurer Radtour ist das ↗ **Deichhaus** im Blankwasserweg ein Stück nördlich von Grömitz. Von hier aus radelt ihr auf dem ↗ *Ostseeküsten-Radweg* Richtung Norden bis nach **Kellenhusen.** Auf diesem Teilstück ist ein Bad in der Ostsee jederzeit möglich. In Kellenhusen biegt ihr links in den Schützenweg ein, fahrt an der Denkmalstraße wieder links und schließlich rechts in die Waldstraße. Die nächste Querstraße ist der Rittbruchweg. Dort geht es wieder links. Nun folgt ihr diesem Weg, bis ihr an eine Kreuzung kommt und es geradeaus nicht mehr weitergeht. Biegt dort rechts in den Kroneichenweg ab und fahrt weiter bis zur B501. Biegt links ab und radelt auf dem Fahrradweg neben der Straße bis nach **Cis-**

Hunger & Durst

Restaurant Café Kruse, Strandpromenade 8, Kellenhusen. ✆ 04364/508. www.restaurant-kellenhusen.de. März – Okt Di – So ab 11 Uhr. Holsteiner Küche, hausgemachte Nudeln, Torten und Kuchen aus eigener Konditorei.

mar. Wenn ihr Lust habt, könnt ihr hier einen Abstecher zum ↗ *Kloster Cismar* machen. Ein kleines Stück nach dem Kloster biegt ihr links in die Straße Am Heller ein. Dort wo die Straße einen Knick nach links macht, fahrt ihr geradeaus neben dem Randkanal bis in die Straße Eierhorst. Auch sie beschreibt einen Bogen. Dort haltet ihr euch links und folgt weiter dem Verlauf des Kanals. Wenn sich der Weg gabelt, fahrt ihr rechts und kommt in den Wiesenredder. Am Langenredder kurz danach biegt ihr links ab und kommt über den Lensterweg wieder auf den Blankwasserweg. Nun müsst ihr nur noch einmal links abbiegen, damit ihr zurück an eurem Startpunkt bei **Grömitz** seid.

Ganz schön groß: Das Bendektinerkloster Cismar ist heute nur noch eine Kirche

© Annette Sievers

Voll im Trend – Trendsportarten

Ostseeanimation, Strandpromenade 15, 23746 Kellenhusen. ✆ 04364/497416, www.ostseeanimation.de. **Bahn/Bus:** Bus 5601 bis Kellenhusen ZOB. **Auto:** ↗ Kellenhusen, über Seestraße bis Strandpromenade. **Rad:** Ostseeküsten-Radweg. **Zeiten:** Kurszeiten und genaue Preise bei der Tourist-Info erfragen. **Preise:** Preisbeispiel: Skiken Einsteigerkurs 2 Std 15 €.

▶ In Kellenhusen habt ihr Gelegenheit, verschiedene Trendsportarten auszuprobieren und in Kursen zu erlernen. Wie wäre es mit **Skiken?** Nie gehört? Das ist wie Schlittschuhlaufen auf Rollen kombiniert mit Nordic Walking, sprich: *skei-ken.* Mit den Skikes könnt ihr sogar durchs Gelände fahren und schnell kommt ihr damit auch voran. Für **Streetsurfing** begeistern sich vor allem Kinder, die Wave- und Skateboards lieben. Hinzu kommen Elemente aus dem

Ihr braucht zwei möglichst gleich große Steine. Malt jedem ein Auge auf. Zeichnet in den Sand ein großes Gesicht. Den Platz für die Augen lasst ihr frei. Nun werft ihr die Augensteine in das Sandgesicht. Ja, wie schaut der denn?

Hunger & Durst

Milchbar, Strandpromenade 14, Dahme. ✆ 04364/471250. www.milchbar-dahme.de. Ostern – Okt ab 9.30 Uhr. Torten, Milchgetränke, Fisch-, Fleisch- und vegetarische Gerichte, Sonnenterrasse.

Wellenreiten. Da müsst ihr ganz schön beweglich sein, um Fahrt aufzunehmen. Dann doch lieber springen? Mit den **Powerstelzen** macht ihr Riesensätze und habt gleich auch noch eine gute Aussicht.

Kunststücke auf Rollen: Inline-Funpark

Kurbetrieb Dahme, Strandpromenade, 23747 Dahme. ✆ 04364/49200, www.dahme.com. **Lage:** Auf dem Deich nördlich vom Meerwasser-Hallenbad. **Bahn/Bus:** Bus 5800 bis Dahme Alte Schmiede. **Auto:** ↗ Dahme, von Seestraße links in Saarstraße bis Am Deich, dort parken. **Rad:** Ostseeküsten-Radweg. **Zeiten:** ganzjährig frei zugänglich.

▶ Ab auf die Rollen! Hier könnt ihr zeigen, was ihr draufhabt oder zusehen, wie sich die anderen durch die Rampen bewegen. Mit Mini-Ramp, Jump-Ramp, Combi, Spinne und Rail.

Wandern & spazieren

Rundweg über die Gruber Seewiesen

Interessengemeinschaft Oldenburger Graben e.V., Fährkamp, 23749 Grube. ✆ 04361/62710, www.oldenburger-graben.de. **Länge:** 3,6 km, kinderwagentauglich. **Bahn/Bus:** ↗ Grube. **Auto:** ↗ Grube, über Hauptstraße und Fährkamp bis Feldweg Fährkamp, dort rechts.

▶ Diese Wanderung ist Bestandteil des **Naturerlebnisraums Oldenburger Graben.** Start ist am nördlichen Ortsrand von Grube am Feldweg Fährkamp. Auf dem Rundweg lauft ihr an den Gruber Seewiesen entlang. Hier grasen Rinder und eine Menge Vögel haben das Gebiet als Rast- und Brutplatz für sich entdeckt. Nehmt ein Fernglas zur Beobachtung mit. Insbesondere an der **Vogelbeobachtungsstation** lohnt ein Blick hindurch. Der Feldweg führt zuerst in einer leichten Rechtskurve durch die Wiesen, dann verzweigt er sich nach links. Biegt dort ab und lauft durch ein kleines Wäldchen. Anschließend macht der

Weg wieder eine Rechtskurve. Haltet euch immer in dieser Richtung, dann kommt ihr zu eurem Startpunkt zurück.

Reiten & Kutschfahrten

Auf dem Rücken der Pferde

Freizeitreiten Hopp, Hilke und Torsten Hopp, Langenredder 48, 23743 Grömitz-Lenste. ✆ 04562/8207, Handy 0172/2115430. www.freizeitreiten-hopp.de. **Bahn/ Bus:** Bus 5800 bis Lenste Abzweig Jasen. **Auto:** Von B501 Ziegelhof abbiegen in Langenredder. **Rad:** Ostseeküsten-Radweg. **Zeiten:** täglich nach Vereinbarung. **Preise:** 19 € pro Std, Strandritt 30 €; Kinder Ponyreiten 30 Min 10 €, 60 Min 16 €.

▶ Ihr unternehmt je nach Können 1-, 2-, oder 4-stündige Ausritte. Kleinkinder, ältere Anfänger, aber auch Erwachsene, die vorher noch nie auf einem Pferd gesessen haben, sind willkommen. Profis dürfen allein galoppieren, wer Anfänger und noch nicht so weit ist,

Naturspiele findet ihr hier: Veronika Straaß, *Mit Kindern die Natur entdecken, 88 Spiel-Ideen für alle Jahreszeiten,* blv Verlag 2011, ISBN 978-3-83540-696-4, 14,95 €.

SPIELE IN DER NATUR: DIE BLINDE RAUPE

▶ Manchmal ist Spazierengehen alleine nicht aufregend genug. Dann bieten sich Spiele an, die ohne viele Material und Vorbereitung durchgeführt werden können. Solch ein Spiel ist die blinde Raupe. Ihr braucht für jeden Mitspieler ein Tuch oder einen Schal zum Augenverbinden. Nur der Raupenkopf, also der Anführer, darf etwas sehen. Alle anderen stellen sich hintereinander auf und bekommen die Augen verbunden. Sie legen die Hände auf die Schultern des Vordermanns und dann führt der Anführer die Raupe langsam zu besonders interessanten Stellen in der Umgebung. Wo riecht es besonders lecker, wo ist etwas Schönes zu fühlen? So geht es über unterschiedliche Untergründe durchs Gelände. Nach 10 – 20 Minuten werden die Augenbinden abgenommen und die Gruppe muss nun anhand der gefühlten und erschnupperten Stationen den Weg zurückfinden. ◀

Reitervitrine Ostholstein, Kathenkamp 17, Rüting. ✆ 04363/901467. www.reitervitrine.de. Mo – Fr 8 – 18, Sa 8 – 14 Uhr. Alles, was der Reiter braucht: Decken, Stiefel, Bekleidung, Trensen, Sättel, Fachbücher.

macht sich erst mit dem Pferd vertraut und lässt sich führen. Die Ausritte führen durch Salzwiesen, Wald und Felder und manchmal an den Strand. Das ist für Pferd und Reiter immer ein ganz besonderes Erlebnis. Außerdem im Angebot: Ponyführen, Anfängerstunden für Kinder ab 5 Jahre und Kutschfahrten.

Ostseereitschule Lütt Piergorn

Kinder- u. Jugendreiterhof Heide-Maria Heidbüchel e.K., Heide-Maria Heidbüchel, 23747 Dahme-Gruberhagen. ✆ 04364/525, www.ostseereitschule.de. **Bahn/Bus:** Bus 5800 bis Gruberhagen Achter´t Holt. **Auto:** A1 Ausfahrt 12 Lensahn, Richtung Cismar, dann links Richtung Dahme. Über Grönwohldshorst nach Gruberhagen. **Zeiten:** ganzjährig. **Preise:** geführtes Ponyreiten ab 6 €, Reitunterricht ab 6 Jahre 25 Min ab 15 €, Einzelunterricht 25 Min ab 17 €, Waldritte für Anfänger 50 Min 15 €, Waldritte für Fortgeschrittene 50 Min 13 €, Erlebnistag 6- bis 17-Jährige 20 €, Reiterferien ab 295 € pro Woche, 2 Schnuppertage 80 €.

▶ Auf dem **Kinder- und Jugendreiterhof** gibt es ein breites Angebot für Reitanfänger. Wer noch gar keine Erfahrung hat, wird auf dem Pony geführt, größere Kinder, die schon mit Pferden vertraut sind, können Reitstunden nehmen oder mit ausreiten. Am Erlebnistag seid ihr den ganzen Tag auf dem Hof, lernt dort den Umgang mit dem Pferd und reitet. Weil so viel Bewegung hungrig macht, werdet ihr mit Mittagessen und Nachmittagssnack verpflegt. Wer noch länger mit den Pferden zusammen sein möchte, kann sich für eine Woche **Reiterferien** anmelden. Sie richten sich an Kinder 8 – 17

Abkühlung: Tequila liebt das Wasser

© Ostseereitschule Lütt Piergorn

Jahre. Ihr übernachtet auf dem Hof, reitet und unternehmt viel gemeinsam mit den anderen Kindern. Nachtwanderungen, Lagerfeuer, Baden und Spiele aller Art stehen dann auf dem Programm.

Reiten auf dem Gut Gaarz

K.-E. Struckmann, Gaarz, 23758 Göhl. ✆ 04365/7244, www.ostsee-bauernhof-reiten.de. **Bahn/Bus:** Anruftaxi ✆ 04561/511111 Mo – Fr 7.15 – 16.45, Sa 7.45 – 13 Uhr. **Auto:** A1 Ausfahrt 11 Oldenburg i.H.-Süd, auf L59 Göhler Chaussee, über Göhl und Quals bis Gaarz. **Zeiten:** ganzjährig. **Preise:** Gruppenunterricht 50 Min 12 €, Einzelstunde 30 Min 30 €, Ausritt 60 Min 14 €, Gastboxen 15 € pro Tag; Kinder 30 Min Ponyführen 5 €, Reitspielgruppe 12 €.

▶ Wolltet ihr schon immer einmal direkt an der Ostsee ausreiten? Hier könnt ihr es, wenn ihr schon Reiterfahrung habt. Ihr habt noch nie auf einem Pferd gesessen? Kein Problem! Neben Reitkursen wird auch Anfängerunterricht für Kinder und Erwachsene angeboten. Unternehmt Ausritte durch die gutseigenen Felder und Wiesen, Spaziergänge mit dem Pony oder nehmt an einer Reiterspielgruppe teil. Wer sein eigenes Pferd mitbringen möchte, findet hier Gastboxen.

Auf Gut Gaarz könnt ihr auch eine von 25 FeWo mieten und längere Reiterferien machen.

Hunger & Durst

Obsthof Schneekloth, Pappelhof 6a, Grömitz. ✆ 04562/1704. www.obsthof-schneekloth.de. April – Okt 9 – 18 Uhr. Hausgemachte Torten und Kuchen mit Obst aus eigenem Anbau, herzhafte Gerichte, Hofladen, Spielgelände, Streichelzoo.

Spiel & Spaß

Mit der Scheibe in den Korb: Trendsportart Discgolf

Kellenhusen Tourismus-Service, Strandpromenade 15, 23746 Kellenhusen. ✆ 04364/497514, www.kellenhusen.de. **Länge:** Parcours knapp 2 km. **Bahn/Bus:** Bus 5601 bis Kellenhusen ZOB. **Auto:** K51 Waldstraße, in Kellenhusen rechts, Anlage ist ausgeschildert. **Rad:** Ostseeküsten-Radweg. **Zeiten:** ganzjährig frei zugänglich.

▶ Spielt ihr gern Frisbee? Dann ist Discgolf bestimmt eine Sportart, die euch auch Spaß macht. Mit

Discgolf-Scheiben könnt ihr beim Tourismus-Service kaufen oder kostenlos ausleihen. Dort gibt es auch ein Faltblatt mit den Regeln.

einer Discgolf-Scheibe werft ihr aus einer festgelegten Distanz auf einen Korb. Ziel ist, die Scheibe mit möglichst wenigen Würfen zu versenken. Ist das geschafft, geht es auf dem Parcours weiter zum nächsten Abwurfpunkt. Gespielt wird über 22 Bahnen. Die Regeln sind einfach und die Handhabung der Scheibe ist auch schnell gelernt. Unbedingt ausprobieren, ein Riesenspaß!

Naturerlebnisspielplatz Dahme

Am Deich, 23747 Dahme. www.oldenburger-graben.de. **Lage:** Am Nordparkplatz, Eingang über Parkplatz bzw. Wanderweg an der Dahmer Au. **Bahn/Bus:** Bus 5800 bis Dahme Alte Schmiede. **Auto:** B501 Op de Horst, weiter auf K50 Cismarer Straße, rechts in Saarstraße, links in Am Deich bis Parkplatz. **Zeiten:** frei zugänglich.

▶ Im **Naturerlebnisraum Oldenburger Graben** bildet dieser Spielplatz den östlichen Zugang. Die Spielgeräte nehmen dabei Bezug auf die Niederung. So findet ihr hier Elemente aus den Bereichen Wasser, Erde und Feuer. Da ist zum Beispiel eine Feuerstelle, die ihr nutzen könnt, um Stockbrot zu backen. Bänke und Tische für ein Picknick sind ebenfalls vorhanden. Zum Spielen gibt es verschiedene Balancierelemente, Schaukel, einen Aussichtsturm sowie einen Wasserspielbereich.

In Schleswig-Holstein gibt es über 60 vom Landwirtschafts- und Umweltministerium anerkannte ***Naturerlebnisräume.*** *Sie dienen dazu, den Menschen verschiedene Naturphänomene und -zusammenhänge näherzubringen.*

Klettern

Kraxeln mit Blick über die Ostsee

Ostsee Kletterpark Grömitz, Blankwasserweg 120, 23743 Grömitz-Lensterstrand. ✆ 04562/2662940, www.kraxelmaxel.de. **Bahn/Bus:** Bus 5600, 5623 bis Lensterstrand. **Auto:** B501 Richtung Lensterstrand, Hinweisschildern Ostsee Kletterpark folgen. Kostenfreie Parkplätze. **Rad:** Ostseeküsten-Radweg. **Zeiten:** Juni – Aug und in den Ferien täglich ab 10 Uhr, April, Mai, Sep, Okt Fr – So ab 10 Uhr. **Preise:** 20 €; Kinder

Hoch hinauf: Der Klettergarten direkt am Strand bietet Abwechslung vom Sandburgenbuddeln

6 – 12 Jahre 15 €, 13 – 17 Jahre 17 €; Schüler, Studenten 18 €, diverse Gruppenermäßigungen.

▶ Bevor ihr in luftige Höhen entschwinden dürft, gibt es erst einmal eine gründliche Sicherheitseinweisung. Wie sind die Karabiner zu bedienen und was ist zu tun, wenn ihr nicht weiterkommt? Nur keine Bange, denn die Kletterer werden die ganze Zeit von erfahrenen Trainern im Blick behalten. Sie geben bei Bedarf Hilfestellung. Nun aber los! Bis in 10 m Höhe klettert ihr hinauf und werdet für euren Mut mit einem grandiosen Blick über die Ostsee belohnt. Auf dem abwechslungsreichen Parcours bezwingt ihr Drachen, saust an Seilbahnen bergab oder steigt lustigen Pilzen auf den Kopf. Über 60 Stationen sind zu durchlaufen. Wer bei dem Anblick des Parks mit seinen hohen Holzstelzen und schwingenden Bohlen erst noch ein bisschen Mut fassen muss, kann vom Deich aus den anderen Kletterern zuschauen, bevor er selbst sicher gegurtet hinaufsteigt.

Dünenminigolfplatz Lensterstrand, Blankwasserweg 120, Grömitz-Lensterstrand. ✆ 04562/1288. www.kraxelmaxel.de. Geöffnet wie Kletterpark. 4 €, Kinder 6 – 15 Jahre 3 €.

Direkt neben dem Kletterpark befindet sich der **Aussichtsturm Lensterstrand** mit tollem Blick. Über eine Wendeltreppe geht es nach oben. Kinder können von dort nach unten rutschen.

Sportarena im Aktiv-Hus, Ostsee-Ferienpark, Heiligenhafen. ✆ 04362/5029050. www.aktivhus.de. Geöffnet wie Kinderspieleland. Kletterwand, Beach-Soccer, Beachvolleyball, Kurse im Bogenschießen.

Indoor-Spielplatz

Die Schatzinsel

Kinderspieleland im Aktiv-Hus, Ostsee-Ferienpark, 23774 Heiligenhafen. ✆ 04362/5029011, www.aktivhus.de. **Bahn/Bus:** Bus 5710S bis Heiligenhafen Ferienpark/Kursaal. **Auto:** ➚ Heiligenhafen, über K42 links in Eichholzweg bis Ferienpark. **Rad:** Ostseeküsten-Radweg. **Zeiten:** ganzjährig täglich, Juli – Aug 10 – 20 Uhr, Okt 10 – 19 Uhr, übrige Monate verkürzte Öffnungszeiten. **Preise:** Erw als Begleitperson kostenlos; Kinder 2 – 17 Jahre 6 €; mit Ostseecard 4 €.

▶ Auf 2000 qm ist reichlich Platz zum Toben, falls euch der Sinn mal nicht nach Strand und Wasser steht. Hier finden Kinder aller Altersstufen die passende Spielmöglichkeit. Vom Bällebad über Kletterkäfige, Trampoline, Rutschen, Air-Hockey, Tischtennis und Billard bis hin zur Nintendo-Wii reichen die Spielmöglichkeiten. Für eure Tobepause bekommt ihr am Schatzinsel-Tresen Getränke und eine kleine Stärkung.

NATUR & UMWELT

Tierparks

Zoo-Park Arche Noah

Mühlenstraße 32, 23743 Grömitz. ✆ 04562/5660, www.zoo-arche-noah.de. **Bahn/Bus:** Bus 5800 bis Brookgang. **Auto:** B501 bis Mühlenstraße, kostenlose Parkplätze am Zoo. **Zeiten:** März – Okt 9 – 18 Uhr, Nov – Feb 9 – Einbruch der Dunkelheit. **Preise:** 9 €; Kinder 2 – 14 Jahre 5 €.

▶ In der Arche Noah leben mehr als 300 Tiere aus aller Welt. Schimpansen, Waschbären, Seehunde, Kamele, Leoparden, Störche, Esel und eine ganze Reihe von Haustieren, die ihr im begehbaren Gehege besuchen dürft. Neben den Tieren bietet euch der Zoo einen großen Spielplatz mit Spielschiff, Klettergerüst, Kindereisenbahn und Karussell. Zum Ausru-

Dreht eine Runde mit den Tierpflegern. Sie können euch zu jedem Tier spannende Geschichten erzählen. Treffpunkt 11 Uhr bei den Seehunden und 15.30 Uhr bei den Stachelschweinen. Kostenlos, Dauer 1 Std.

hen und Entspannen stehen euch Grill- und Picknickplätze zur Verfügung. Kleine Gerichte, Eis und Getränke erhaltet ihr auch im Zoo-Imbiss. Ganz Wissbegierige holen sich an der Zookasse kostenlos Infoblätter und Arbeitsmaterialien zu einzelnen Tieren ab oder versuchen sich an Rätseln, zum Beispiel mit verdrehten Tiernamen.

Nele macht es richtig: Leckerli auf die flache Hand legen und dann die raue Zunge des Esels spüren – das kitzelt!

Bei den Schwarzkitteln: Wildgehege Kellenhusen

23746 Kellenhusen. ✆ 04364/49750, **Bahn/Bus:** Bus 5601 bis Kellenhusen ZOB. **Auto:** B501 auf K51 Waldstraße Richtung Kellenhusen, Waldparkplatz auf der rechten Seite. **Zeiten:** frei zugänglich, Wildfütterung April – Okt Mi 15 – 15.30 Uhr.

▶ Erforscht den Kellenhusener Wald und stattet den Wildschweinen einen Besuch ab. Im Forst gibt es ein großes Gehege, in dem ihr die Tiere beobachten könnt. Auf Infotafeln steht Wissenswertes über die Wildschweine und ihre Haltung. Neben dem Wildgehege gibt es im Wald auch noch einen **Naturlehrpfad.** Hier lernt ihr die anderen Waldbewohner kennen und bekommt einen Überblick darüber, was dort wächst. Außerdem gibt es einen Wald-Abenteuerspielplatz.

Natur erforschen

Deichhaus Naturerlebnisstation

Der Strandläufer, Kai Sievers, Blankwasserweg 118, 23743 Grömitz-Lensterstrand. Handy 0171/3666688. www.groemitz.de/deichhaus.html. **Bahn/Bus:** Bus 5600, 5623 bis Lensterstrand. **Auto:** B501 Richtung

Was ein echter Strandpirat ist, weiß wie Feuersteine aussehen: Der Strandläufer Kai Sievers zeigt, wonach ihr suchen müsst

Lensterstrand, Hinweisschildern Ostsee Kletterpark folgen. Deichhaus grenzt dort an. Kostenfreie Parkplätze. **Rad:** Ostseeküsten-Radweg. **Zeiten:** April – Okt täglich 13 – 18 Uhr. **Preise:** Ab 3 €; Kinder ab 1 €.

▶ Wenn alle Kinder bäuchlings auf dem Steg liegen und hinab in das Ostseewasser starren, muss das einen guten Grund haben. Dieser Grund heißt *Kai, der Strandläufer.* Er nimmt euch mit auf eine unterhaltsame **Führung** (Dauer etwa 2 Std) an die Steilküste oder sogar bis in die Ostsee hinein, erklärt euch Fossilien, schlägt Funken aus Feuersteinen, keschert Seenadeln und Krebse aus dem Wasser und erklärt so ganz nebenbei wie Kletten funktionieren. Wenn er nicht unterwegs am Strand ist, findet ihr ihn in seiner Basisstation, dem **Deichhaus.** Dort bietet er eine Fülle an kreativen **Kursen** an: Bernsteinschleifen, Seife oder Fossilien gießen, Papier schöpfen und die Jahreszeitenküche, in der ihr leckere Marmeladen und Säfte herstellt. In den Aquarien im Deichhaus seht ihr, was in der Ostsee lebt und im Haus selbst findet ihr allerlei interessante Fundstücke vom Strand.

Am Strand findet man eine ganze Menge: Federn, Steine, Muscheln, Holz und Pflanzen. Wenn ihr genauer wissen wollt, was ihr gefunden habt, werft einen Blick in dieses Buch: Rolf Reinicke, *Funde am Ostseestrand,* Demmler Verlag 2011, ISBN 978-3-910150-76-8, 9,95 €.

Ausflug auf den Graswarder

NABU Naturzentrum, Klaus Dürkop, Graswarderweg, 23774 Heiligenhafen. ✆ 04362/6947, 8536. www.graswarder.de. **Bahn/Bus:** Bus 5710S bis Heiligenhafen Gillhus Abzweig. **Auto:** ➚ Heiligenhafen, weiter über K42 Bergstraße, Am Strande, dann links in Jachthafen bis Graswarderweg. **Rad:** Ostseeküsten-Radweg. **Zeiten:** Ostern – Ende Okt, Führungen täglich

10.30 und 15 Uhr, Turm Mo – Sa 11 – 15 Uhr. **Preise:** Führung 4,50 €; Kinder bis 16 Jahre Führung 2,50 €; Für Turmbesteigungen, die nicht im Rahmen einer Führung stattfinden wird eine Spende erbeten.

▶ Der Graswarder erinnert auf Luftaufnahmen an die Zinken eines Kamms, zwischen denen sich Lagunen befinden. Vom Boden aus seht ihr Strand, Salzwiesen und jede Menge Vögel. Der Graswarder steht unter Naturschutz und kann nur im Rahmen einer **Führung** betreten werden. Auf ihr lernt ihr nicht nur, dass der Graswarder eine Nehrung ist, wie sie entstand und wie sie sich von Jahr zu Jahr verändert, sondern auch, welche Vögel in dem Gebiet brüten. Mehr als 40 Arten kommen hierher, um ihren Nachwuchs aufzuziehen. Da kann es schon mal ganz schön laut wer-

Packt ein Fernglas ein.

Ein gutes Bestimmungsbuch für Vögel ist: Walther Thiede, *Wasservögel und Strandvögel,* blv, ISBN 978-3-8354-0961-3, 7,95 €.

VÖGEL BEOBACHTEN

▶ Vögel gibt es überall. Sie leben in Gärten, auf Wiesen und Feldern, im Gebirge, an Flüssen, Seen und am Meer. Manche von ihnen sind das ganze Jahr über hier, andere ziehen im Winter nach Süden. Sie zu beobachten, macht Spaß und ist das ganze Jahr über möglich. Welche Vögel nisten bei euch im Garten, welche habt ihr schon einmal im Wald gesehen? Besonders die Gebiete, in denen sich die Zugvögel vor ihrer Reise sammeln oder Brutkolonien sind sehr ergiebig, wenn ihr Vögel bestimmen wollt. An der Küste gibt es viele dieser Sammel- und Brutzonen. Oft findet ihr hier auch Beobachtungstürme, von denen ihr eine gute Sicht habt. Zum Beobachten und Bestimmen von Vögeln braucht ihr ein bisschen Geduld. Manchmal ist der Piepmatz zwar zu hören, nur zeigen will er sich partout nicht. Dann heißt es warten. Ihr könnt euch natürlich auch eine CD mit Vogelstimmen besorgen und anhören. Dann bestimmt ihr ihn anhand seines Liedes. Mitnehmen solltet ihr außerdem ein gutes Fernglas, ein Notizbuch, im dem ihr eure Beobachtungen notiert, und ein solides Bestimmungsbuch für Vögel. Darin sollte der Vogel abgebildet und mit seinen Hauptmerkmalen beschrieben sein. Informationen zu Lebensraum, Nahrung und möglichen Verwechslungen helfen euch zusätzlich bei der Bestimmung. ◀

den. Neben den Vögeln sind es die Pflanzen, die das Gebiet so einzigartig machen. Auf den Strandwällen und Strandwiesen wachsen zahlreiche, zum Teil recht seltene Pflanzenarten. Einige davon sind essbar. Wie wäre es mit einer Kostprobe vom *Queller?* Naschen dürft ihr auch von der *Breitblättrigen Kresse.* Woran erinnert euch der Geschmack? Die Führung startet im NABU Naturzentrum mit einem Dia- oder Filmvortrag. Im Anschluss macht ihr eine Exkursion in das Gebiet. Besonders spektakulär ist der 14 m hohe hölzerne **Aussichtsturm.** Von oben habt ihr einen grandiosen Blick über den Graswarder und die Möglichkeit, Vögel zu beobachten.

Schnecken & Muscheln in Hülle und Fülle

Haus der Natur, Dr. Vollrath Wiese, Bäderstraße 26, 23743 Grömitz-Cismar. ✆ 04366/1288, www.hausder-natur.de. **Bahn/Bus:** Hbf Neustadt in Holstein, Bus 5800 bis Cismar Klosterkrug. **Auto:** A1 Ausfahrt 12 Lensahn, B501 Richtung Kloster Cismar. Am Kloster vorbei, nach 150 m auf der linken Seite. Parkplatz am Haus. **Zeiten:** täglich 10 – 19 Uhr. **Preise:** 4 €; Kinder 1 €; Gruppen 3 € pro Person.

Kaurischnecken dienten in Afrika, der Südsee sowie in Süd- und Ostasien als Zahlungsmittel. Kaurigeld gab es schon, bevor es Geldmünzen gab!

▶ Wie viele Schneckenarten kennt ihr? Fünf, sieben oder doch nur drei? Im Haus der Natur werdet ihr überrascht sein, wie vielfältig **Schnecken** sind. Es gibt Mitraschnecken, Schraubenschnecken, Sonnenuhrschnecken, Schnauzenschnecken, Veilchenschnecken, Pantoffelschnecken und noch viele mehr. Auch Muscheln gibt es in allen Variationen und Größen zu sehen. In die größten ausgestellten Exemplaren passen sogar kleine Kinder. Sie können darin schaukeln. Neben Muscheln und Schnecken erfahrt ihr viel über einheimische Meeresbewohner und Fossilien. Damit das Ganze nicht langweilig wird, gibt

Schnecken über Schnecken – und eine hübscher als die andere

© pmv, Karolin Küntzel

es in fast jeder Ecke des Museums Spiele für euch. Versucht euch am Schnecken- und Muschel-Domino, knobelt das Porzellanschnecken-Sudoku oder siegt beim Kalaha-Spiel mit der besten Strategie.

Lehrpfad

Naturlehrpfad Lensahn

Museumshof Lensahn, Prienfeldhof, 23738 Lensahn. ✆ 04363/91122, www.museumshof-lensahn.de. **Länge:** Rundweg 2,4 km, 1,5 Std. **Bahn/Bus:** ↗ Historischer Museumshof. **Auto:** ↗ Historischer Museumshof. **Zeiten:** März – Okt 10 – 18 Uhr. **Preise:** 5 €; Kinder 4 – 12 Jahre 2,50 €, 13 – 17 Jahre 3,50 €; ab dem 3. Kind ist der Eintritt für das Kind frei.

▶ Den Naturlehrpfad Lensahn erreicht ihr über den ↗ *Museumshof Lensahn.* Auf dessen Gelände befindet sich der Rundweg, der euch an Alleen mit Hunderten verschiedenen Baumarten und Getreidefeldern vorbeiführt. Besonders beeindruckend ist dabei die Vielfalt **alter Apfelsorten.** Auf dem *Barfußpfad* ist euer Tastsinn gefragt, im Labyrinth braucht ihr Orientierungssinn und auf dem Aussichtsturm könnt ihr den Blick schweifen lassen. Außerdem gibt es eine Naturinsel, Teichbiotope, eine begehbare Kräuterspirale und Küchen- und Arzneikräuter zu entdecken. Bei schönem Wetter bietet sich an einem der Rastplätze entlang dem Pfad eine Picknickpause an.

Alte Apfelsorten *sind oft nicht nur besonders schmackhaft, sie haben auch noch wunderbar klingende Namen: Goldrenette Freiherr von Berlepsch, Goldparmäne, Seestermüher Zitronenapfel oder Cox Orange. Einige Hofläden und Erzeuger bieten alte Sorten an. Augen auf!*

Klöster & Museen

HANDWERK UND GESCHICHTE

Hinter alten Mauern: Kloster Cismar

Bäderstraße 42, 23743 Grömitz-Cismar. ✆ 04366/1080, www.kloster-cismar.info. **Bahn/Bus:** Hbf Neustadt in Holstein, Bus 5800 bis Cismar Klosterkrug. **Auto:** A1 Ausfahrt 12 Lensahn, B501 Richtung Kloster Cismar, ausgeschildert. **Zeiten:** März – Okt Di – So 10 –

Am Kloster beginnt ein Naturlehrpfad. Über 50 Infotafeln informieren euch dort über die Tier- und Pflanzenwelt.

Hunger & Durst

Klostercafé, Bäderstraße 42, Cismar. ✆ 04366/888881. www.kloster-cismar.info. Ostern – Okt 10 – 18 Uhr. Im ehemaligen Refektorium des Klosters mit schönem Platz im Garten. Leckerer, hausgebackener Kuchen, Eis, Eintöpfe und andere kleine Mahlzeiten.

17 Uhr, Führung Mi und Sa 17 Uhr (Dauer etwa 1 Std). **Preise:** Führung 2 €; Kinder 1 €.

▶ Weil die Benediktinermönche des Johannisklosters in Lübeck einen allzu engen Umgang mit den Nonnen pflegten, die dort ebenfalls lebten, wurden sie kurzerhand vom Erzbischof von Bremen verbannt. 1231 mussten sie in die Einöde von Cismar ziehen. Dort wurde ein neues Kloster gebaut, in dem bis zur Mitte des 16. Jahrhunderts Mönche lebten. Heute finden im Kloster im Winter Konzerte und im Sommer Ausstellungen statt. Besonders beliebt ist das **Klosterfest** im August, das jedes Jahr Tausende von Besuchern anlockt. Dann herrscht dort ein buntes Treiben, es gibt Musik und sonntags abends ein Feuerwerk. Ein Besuch lohnt aber auch außerhalb der regelmäßig stattfindenden Feste, denn der Innenhof und die Gartenanlage haben eine ganz besondere Ausstrahlung. Während ihr auf eigene Faust durch den Garten schlendern könnt, sind die Innenräume nur im Rahmen einer Führung zu besichtigen.

Historischer Museumshof

Museumshof Lensahn, Prienfeldhof, 23738 Lensahn. ✆ 04363/91122, www.museumshof-lensahn.de. **Bahn/Bus:** ↗ Lensahn, 2 Min Fußweg. **Auto:** ↗ Lensahn, L58 Bäderstraße, kostenloser Parkplatz am Museumshof. **Zeiten:** März – Okt 10 – 18 Uhr. **Preise:** 5 €; Kinder 4 – 12 Jahre 2,50 €, 13 – 17 Jahre 3,50 €; ab dem 3. Kind ist der Eintritt für das Kind frei.

▶ Auf dem Museumshof wird altes Handwerk und bäuerliches Leben erfahrbar. Es gibt mehrere Tausend historische Geräte zu entdecken und viele davon könnt ihr direkt ausprobieren oder euch demonstrieren lassen. Schaut den Handwerkern bei ihrer Arbeit über die Schulter, erobert den Trecker oder tobt im Heu. Wenn ihr es etwas ruhiger mögt, steht euch der Bauerngarten zum Spazieren und Schnuppern offen. Oder ihr folgt dem ↗ *Naturlehrpfad.* Anziehungspunkt für Kinder sind auch die vielen Tiere, die auf dem Hof leben und gestreichelt werden dürfen. Der Museumshof veranstaltet regelmäßig Feste, Märkte und Aktionstage, an denen ihr zum Beispiel viel über Milch oder alte Dreschgeräte lernen könnt.

Dorfmuseum Grube

Heimat und Kulturverein Grube e.V., Hauptstraße 18, 23749 Grube . ✆ 04364/48180, www.museen-sh.de. **Bahn/Bus:** Bus 5800 bis Grube Apotheke. **Auto:** ↗ Grube. **Zeiten:** Mai – Sep Mi, Fr 16 – 18 Uhr. **Preise:** 1,50 €; Eintritt und Veranstaltungen für Kinder (ohne eigenes Einkommen) frei.

▶ Mitten im Ort findet ihr das Dorfmuseum, das in einem hübschen, alten Wohnhaus untergebracht ist. Zu besichtigen sind volkskundliche und frühgeschichtliche Objekte. Ihr erfahrt etwas über den Alltag und das Handwerk in der Steinzeit, besichtigt ein Schulzimmer aus den 1930er-Jahren und ein komplett eingerichtetes Schlafzimmer aus der Zeit um 1900. Wie kommt das Reet auf das Hausdach, wohin ist der Gruber See verschwunden bzw. wie legt man einen See trocken? Auf diese Fragen findet ihr im Museum die richtigen Antworten. Regelmäßig werden Veranstaltungen für Kinder durchgeführt: Unterricht in der alten Schulklasse, Butter stampfen, Korn zu Mehl mahlen und Brot am offenen Feuer backen.

Hunger & Durst

Gaststube des Museumshofes, Lensahn. ✆ 04363/ 91122. www.museumshof-lensahn.de. März – Okt 10 – 18 Uhr. Regionale Gerichte und hausgemachte Torten und Kuchen.

Das Museum hat eine Standbildleitung eingerichtet, die euch einen Blick in das Gruber Storchennest ermöglicht. Die Weißstörche nisten jedes Jahr auf dem Schornstein der ehemaligen Meierei.

Oldenburger Wallmuseum ✳

Prof.-Struve-Weg 1, 23758 Oldenburg in Holstein. ✆ 04361/623142, www.oldenburger-Wallmuseum.de. **Bahn/Bus:** ↗ Oldenburg, Bus 5811, 5804, 5603 und 4310 bis Langer Segen oder Markt. Museum ist ausgeschildert. **Auto:** A1 Ausfahrt 10 Oldenburg-Mitte, ausge-

Das ist eine Skudde vom Wallmuseum: Solche Schafe hielten sich die Slawen

Hunger & Durst

Café Restaurant Museumshof, Prof.-Struve-Weg 1, Oldenburg. ✆ 04361/2674. www.ulrich-neuhaus.de. Di – So 10 – 18 Uhr. Spezialitäten der Region, für Gruppen werden auch mittelalterliche Gelage angeboten.

*Als die Slawen das Land besiedelten, bauten sie auf den Resten einer alten Burganlage auf. Der slawische Name **stari gard** bedeutet alte Burg.*

schildert. **Rad:** Ostseeküsten-Radweg. **Zeiten:** April – Okt Di – Sa 10 – 17 Uhr, Juli – Aug 10 – 18 Uhr. **Preise:** 4 €; Kinder 7 – 16 Jahre 2 €; Studenten, Behinderte 2 €, mit Ostseecard 10 % Ermäßigung. Veranstaltungen kosten teilweise extra.

▶ Dort, wo heute das Wallmuseum steht, befand sich im Mittelalter der slawische Fürstensitz **Starigard.** Geschichte erlebt ihr hier hautnah und mit allen Sinnen. Zu bestaunen sind mittelalterliche Frachtsegler und Einbäume in der slawischen Hafensiedlung, ein historischer Rosengarten, Färbe- und Faserpflanzen sowie die Scheunen, in denen ihr Spannendes über das Leben der Slawen erfahrt. Wenige Minuten vom Museum entfernt befindet sich der mächtige *Ringwall,* dessen Krone ihr besteigen könnt. Der Wall war im Mittelalter die gut gesicherte Burg Starigard. Auf dem Gelände des Museums finden an den Wochenenden wechselnde Veranstaltungen statt, die zum Mitmachen und Ausprobieren einladen. Seid zum Beispiel dabei, wenn die Skudden, eine alte Schafrasse, geschoren oder mittelalterliche Kampftechniken gezeigt werden. Es gibt Runen- und Museumsrallyes und regelmäßige Mitmachaktionen für Kinder. Dort schleift ihr Speckstein oder stellt ein eigenes Trinkhorn her.

BÜHNE, LEINWAND & AKTIONEN

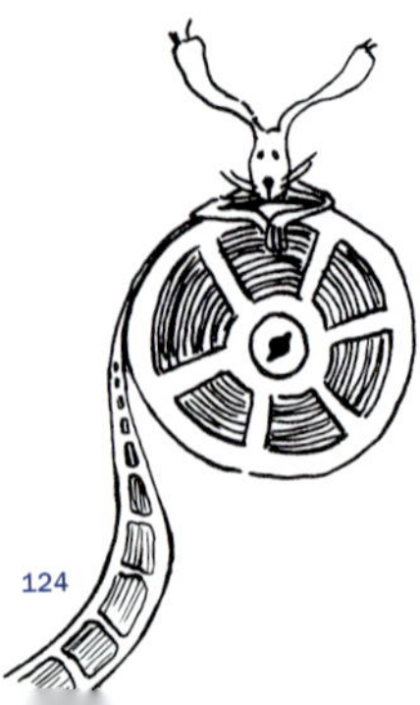

Kino & Kindertreffs

Filmbühne Grömitz

Kirchenstraße 27 – 29, 23743 Grömitz. ✆ 04562/226343, www.kino-groemitz.de. **Bahn/Bus:** Bus 5800 bis Grömitz Brookgang. **Auto:** B501 Mühlenstraße in Brookgang abbiegen, über Wicheldorfstraße in Kirchenstraße. **Zeiten:** täglich ab 15 Uhr. **Preise:** 5 – 6 €; Kinderfilm-Classics 4 €; Mi zahlen Senioren in allen Vorstellungen nur 4 €.

▶ In zwei Sälen werden täglich bis zu zehn Filme gezeigt. Es gibt neben den gerade aktuellen Filmen auch Filmklassiker. Besonderer Wert wird bei der Programmgestaltung auf Familienfreundlichkeit gelegt. Jeden Tag kommen deshalb auch ausgewählte Kinderfilme auf die Leinwand.

Strandhaus Grömitz

Tourismus-Service Grömitz, Kurpromenade 20, 23743 Grömitz. ✆ 04562/223832, www.groemitz.de. **Lage:** Am Strand. **Bahn/Bus:** Bus 5600, 5623 bis Lensterstrand. **Auto:** B501 Richtung Lensterstrand, Hinweisschildern Ostsee Kletterpark folgen. Kostenfreie Parkplätze. **Rad:** Ostseeküsten-Radweg. **Zeiten:** Ende März – Ende Okt Mo – Fr ab 9.30 Uhr. **Preise:** bis auf wenige Ausnahmen kostenlos.

▶ Das Strandhaus ist *der* Treffpunkt für Kinder 1 – 17 Jahre. Hier wird gemalt, getobt und in der Kinderdisco getanzt. Ihr treibt Sport, unternehmt Ausflüge in die Umgebung oder feiert ein Seeräuberfest am Strand. Jeden Tag ist etwas Neues los, deshalb kommen nicht nur die Ferienkinder gerne her, sondern auch die einheimischen Kinder. Ihr müsst euch nicht anmelden. Geht einfach vorbei, wenn ihr Lust habt, schaut, was auf dem Programm steht und macht mit.

Jugendtreff Oldenburg

Gabriele Freitag-Ehler, Hoheluftstraße 13, 23758 Oldenburg in Holstein. ✆ 04361/7032, www.oldenburg-holstein.de. **Bahn/Bus:** ↗ Oldenburg, Bus 5804 bis Langer Segen. **Auto:** A1 Ausfahrt 10 Oldenburg-Mitte, Richtung Zentrum, Jugendtreff auf der rechten Seite. **Rad:** Ostseeküsten-Radweg, Mönchsweg. **Zeiten:** Mo, Do, Fr 13 – 19.30, Di 13 – 20, Mi 15.30 – 19.30 Uhr. **Preise:** kostenlos.

▶ Im Jugendtreff gibt es die Woche über verschiedene Gruppen, z.B. Gitarrenunterricht oder Chorproben. Außerdem könnt ihr einfach so vorbeikommen, den PC benutzen, Xbox oder Wii spielen, euch mit Freunden treffen, basteln und kochen.

Minigolf Eldorado*, Pappelallee 9, Grömitz. ✆ 04562/ 266933. Ostern – Okt ab 10 Uhr. 5 €, Kinder bis 14 Jahre 3,50 €, mit Ostseecard 0,50 € Rabatt.

Lichtblick Filmtheater, Schuhstraße 97, Oldenburg in Holstein. ✆ 04361/ 507748. www.lichtblick-filmtheater.de. Vorstellungen ab 15 Uhr. 6,50 – 8 €, Kinder bis 14 Jahre 5,50 – 7 €, Di Kinotag: alle Karten 5 €.

Die Strandpiraten, Kinderbetreuung ab 8 Jahre. Während ihr euch mit Natur und Umwelt beschäftigt, können Eltern bummeln gehen. Deichhaus am Lensterstrand, 9.30 – 13 Uhr, Anmeldung ✆ 0171/ 3666688.

FESTKALENDER GRÖMITZ – HEILIGENHAFEN

April: **Dahmer Drachentage,** Sportstrand Dahme.

Mai: **Kite-Surf-Trophy,** Dahme.

Beachvolleyballmeisterschaft, Dahme, Strand.

Frühlingsfest. Lensahn, Museumshof.

Mitte Mai **Ostholsteiner Schafmarkt,** Lensahn, Museumshof.

Juni: **Gildefest** in Oldenburg in Holstein.

Dorschfestival Heiligenhafen, größte Angelveranstaltung an der Küste.

Kellenhusener Discgolf Open, Kellenhusen.

Mittsommer, Dahme, Nystedplatz.

Juli: Ende Juli, **Internationaler Ultratriathlon,** Lensahn.

Hafenfesttage, Heiligenhafen.

Slawentage, Oldenburg, Wallmuseum.

August: 2. Wochenende, **Klosterfest Cismar,** nostalgischer Kunsthandwerkermarkt und buntes Treiben. Musik und Leckereien. So Abend Abschlussfeuerwerk.

3 Tage **Stadtfest,** Oldenburg, Innenstadt.

Wallfest, Oldenburg, Wallmuseum.

September: Ende Sep/Anfang Okt, **Hubertuswochen,** Kellenhusen, Lampion-Nachtwanderungen mit dem Förster.

Fischbudentreff Dahme Strandpromenade, Fest mit maritimem Programm, Plattdeutsch und Neptun.

Oktober: **Wald- und Wellenlauf,** Kellenhusen, vom 300-m-Bambini-Lauf bis zum Halbmarathon für die Großen.

Dahmer Drachentage, Dahme.

Herbstfest, Großenbrode, Haus des Gastes.

Kohlregatta, Heiligenhafen, Kommunalhafen, Traditionssegler und maritimes Ambiente.

Apfelfest, Lensahn, Museumshof, mit Bauernmarkt.

Dezember: **Dahmer Winterzauber,** Dahme, zahlreiche Veranstaltungen mit Advent-Stimmung.

Silvester, **Höhenfeuerwerk** Dahme, am Strand.

Grömitzer Winterzauber, Grömitz, Markt, Fackelumzüge, Kutschfahrten, etc.

Weihnachtstreff, Lichterglanz, Heiligenhafen.

FEHMARN & LOLLAND

Nirgendwo in Deutschland gibt es mehr Sonnenstunden. Segler, Surfer und Kiter lieben den Wind, der irgendwo auf der Insel immer aus der richtigen Richtung kommt, Radler schätzen das flache Land mit den kleinen Dörfern und Familien die entspannten Ferien auf dem Bauernhof oder einem der zahlreichen Campingplätze.

Von Fehmarn aus ist es auch nur einen Katzensprung hinüber auf die dänische **Insel Lolland.** Mit der Fähre seid ihr in 45 Minuten da und schon die Überfahrt ist ein Vergnügen. Lolland ist übersichtlich und egal, ob ihr mit dem Fahrrad oder dem Auto unterwegs seid, die Wege sind gut ausgeschildert und die nächste Attraktion leicht zu finden. Zoo, Safaripark oder Mittelalterzentrum lohnen ebenso einen Besuch wie die Strände der Insel.

DIE SONNEN-INSELN

Kombi Fehmarn. Ortspläne 1:12.500, Freizeitkarte 1:30.0000, Fahrrad, Surfen, Auto, Angeln, Freizeit, ISBN 978-3-89641-072-6, 4,50 €.

Schwimmbäder

Durch die Brandung hüpfen: Fehmare Bade- und Wellnesswelt *

Südstrandpromenade 1, 23769 Fehmarn-Burgtiefe. ✆ 04371/889960, www.fehmare.de. **Bahn/Bus:** ➚ Fehmarn-Burgtiefe. **Auto:** ➚ Fehmarn-Burgtiefe. **Zeiten:** täglich 10 – 19, Sauna Mo – Sa 10 – 22 Uhr. **Preise:** 3 Std 12 €, inkl. Sauna 15 €; Kinder 4 – 16 Jahre 3 Std 6 €, inkl. Sauna 10 €; Familienkarte (Eltern oder Großeltern mit eigenen Kindern bzw. Enkeln) 3 Std 30 €, mit Ostseecard 1 € Rabatt auf Normalpreis.

▶ Schwimmen, planschen, spielen, toben oder einfach treiben lassen? Im Fehmare müsst ihr euch nicht für eines davon entscheiden. Probiert einfach alles der Reihe nach aus. Zieht eure Bahnen im Meerwasserbecken, schaukelt auf den Wellen, die alle Stunde im Becken branden oder probiert mit den Kleinen das Wasserspielzeug im Kinderbecken aus. Wer es rasanter mag, testet die Wasserrutsche. Zum Aufwärmen und Relaxen stehen euch ein Warmbe-

TIPPS FÜR WASSER-RATTEN

Happy Birthday! Euer Geburtstags-Programm und das Buffet werden ganz nach euren Wünschen gestaltet.

Kamele an der Ostsee? Das seht ihr nur im Safaripark Knuthenborg!

cken und Whirlpools zur Verfügung und falls ihr frische Ostseeluft schnuppern wollt, schwimmt ihr in den Außenbereich. Wenn sich nach so viel Bewegung der Hunger meldet, findet ihr im Nassbereich des Bades eine **Cafeteria,** in der ihr Snacks, Kuchen und Getränke bekommt. Neben dem Badebereich verfügt das Bad über eine große **Wellness- und Saunalandschaft.**

Boote & Wassersport

Kinder ans Segel

Surfen und Segeln Gold auf Fehmarn, Gold 4, 23769 Fehmarn. ✆ 04371/6959, www.surfenundsegeln.de. **Bahn/Bus:** Bus 5752 bis Albertsdorf, von dort 20 Min Fußweg. **Auto:** E47, B207 1. Ausfahrt Richtung Landkirchen, in Albertsdorf am Dorfteich links halten, an der nächsten Gabelung rechts. Letztes Haus rechts. Gebührenpflichtiger Parkplatz. Gebührenerstattung an Surfstation. **Zeiten:** Mai – Mitte Okt 10 – 18 Uhr. **Preise:** Schnuppersurfen 2 Std 29 €, Basis-Surfkurs 140 €, Jollensegeln-Basiskurs 185 €; Kinder Schnuppersurfen 2 Std 29 €, Schnupper-Surfkurs 85 €, Opti-Segelkurs 150 €.

▶ Kinder ab 6 Jahre lernen hier das Surfen und Segeln. Voraussetzung ist, dass ihr sicher schwimmen könnt und keine Scheu vor dem Wasser habt. Falls ihr noch nicht sicher seid, ob dieser Sport das Richtige für euch ist, empfiehlt sich die Teilnahme an einem Schnupperkurs. Dort bekommt ihr das Material sowie einen Neoprenanzug gestellt und macht unter fachkundiger Anleitung die ersten Erfahrungen mit Brett und Segel. Wer sich in einem Boot sicherer fühlt, als auf einem wackeligen Board kann als Kapitän eines **Optimisten** zur See fahren. Im Kurs lernt ihr neben der Praxis auch die wichtigsten theoretischen Grundbegriffe und Regeln.

***Optimisten** sind eine leichte und kleine Bootsklasse, in der Kinder und Jugendliche bis etwa 15 Jahre segeln lernen. Die Optis, wie sie auch genannt werden, haben nur ein Segel und sind leicht zu bedienen.*

Angeln an der Ostsee

Bürgerbüro, Zimmer 14, Bahnhofstraße 5, 23769 Fehmarn-Burg. ✆ 04371/506641, www.stadtfehmarn.de. **Bahn/Bus:** ↗ Burg auf Fehmarn. **Auto:** E47 auf L209 Landkirchener Weg bis Bahnhofstraße. **Rad:** Mönchsweg. **Zeiten:** Mo, Mi – Fr 8 – 12, Di 8 – 18 Uhr. **Preise:** Urlauberfischereischein 20 € pro Person; Kinder bis 11 Jahre in Begleitung eines Erw mit Schein frei.

▶ Fast überall an der Ostsee lässt sich gut angeln. Neben Aal, Hecht, Flunder, Meerforelle und Zander gibt es Heringe und Hornfische, die in großen Schwärmen die Küste entlangziehen. Dann stehen die Angler dicht an dicht auf Brücken und Stegen und fischen, was das Zeug hält. Doch bevor ihr euch in die Brandung stellt oder vom Boot aus angelt, braucht ihr einen gültigen *Bundesfischereischein.* Falls ihr keinen habt, ist das kein Beinbruch, denn im Bürgerbüro der Stadtverwaltung in Burg bekommt ihr eine Ausnahmegenehmigung, den sogenannten **Urlauberfischereischein.** Mit ihm dürft ihr für max. 40 Tage am Stück euer Anglerglück versuchen. Kinder ab 12 Jahre bekommen bei Vorlage ihres Kinder- oder Personalausweises eine eigene Genehmigung. Jüngere Kinder fischen zusammen mit einem Erwachsenen, der die Erlaubnis besitzt.

Angeln geht ihr auf jeden Fall? Dann beantragt den **Urlauberfischereischein** bereits schriftlich von zu Hause aus. Den Schein bekommt ihr, wenn euer Antrag und die Zahlung vorliegen, zugeschickt. Praktisch!

Surfer-Kult bei den Surfzwillingen

Windsurfing und Kite-Schule Charchulla, Manfred Charchulla, Strandallee 27, 23769 Fehmarn-Burgtiefe. ✆ 04371/3400, Handy 0160/4586011. www.surf-charchulla-kite.de. **Bahn/Bus:** ↗ Fehmarn-Burgtiefe. **Rad:** Ostseeküsten-Radweg. **Zeiten:** Ostern – Ende Okt ab 10 Uhr. **Preise:** Windsurfen Grundkurs 3 Tage 139 €, Schnuppertag 59 €, Schnupperstunde 14 €, Kitekurs 1 Tag 99 €, 2 Tage 199 €, Ausleihe Surf- und Stand Up Paddling Boards 1 Std 10 €, 5 Std 40 €.

▶ Sie sind die Pioniere des Surfsports: *Manfred* und *Jürgen Charchulla,* bekannter als die Surfzwillinge. 1975 gründeten sie die erste Surfschule Deutsch-

Surfshop an der Windsurfing-Schule, Strandallee 27, Fehmarn-Burgtiefe. ✆ 04371/3400. www.surf-charchulla-kite.de. Ostern – Ende Okt täglich ab 10 Uhr. Surfermode, Kiteschirme, Segel, Bretter.

*Beim **Kitesurfen** steht ihr auf dem Brett und lasst euch von einem Lenkdrachen ziehen.*

lands und sorgten dafür, dass aus einem »Sport für Verrückte« ein Breitensport wurde. Selbst heute stehen sie noch ab und zu auf dem Brett und zeigen, dass sie nichts verlernt haben. Wenn sie nicht auf dem Wasser sind, treten sie mit ihrer Band unter dem Namen *Steeltwins* in ihrer Karibik-Bar auf. In ihrer Surf- und **Kite**schule lernt ihr den Sport von der Pike auf. In den Kursgebühren sind die Kosten für das gesamte Material bereits enthalten. Segel und Bretter sind in allen Größen vorhanden, sodass auch die Kleinen gut mit der Ausrüstung zurechtkommen. Seid ihr lieber ohne Segel unterwegs, leiht ihr euch ein Brett zum Stand-Up-Paddeln. Dafür braucht ihr keinen Kurs. Nach einer kurzen Einweisung geht ihr allein aufs Wasser und macht eure ersten Stehversuche.

Probe stehen: Finja will surfen lernen

Surfspot Lemkenhafen

Yogi Christ, Königstraße 10, 23769 Fehmarn-Lemkenhafen. Handy 0176/47071562. www.surfspot-lemkenhafen.de. **Bahn/Bus:** Bus 5754, 5756 bis Lemkenhafen. **Auto:** L209 bis Lemkendorf, dort nach Lemkenhafen abbiegen, über Neuhof und Am Hafen in Königstraße. Gebührenfreie Parkplätze am Hafen und an der Mühle. **Rad:** Ostseeküsten-Radweg. **Zeiten:** Ostern – Okt 9.30 – 19 Uhr. **Preise:** Schnupperkurs 2 Std 29 €, Grundkurs Surfen 10 Std 139 €, Stand Up Paddling 45 Min 19 €; Rabatt für Gäste des Jugendlandheims.

▶ Seid ihr gut im Balancieren? Habt ihr Lust auf Wassersport? Dann versucht euch doch einmal im Windsurfen oder Stand Up Paddling. Dabei steht ihr auf einem Surfbrett und bewegt euch mit Hilfe eines Paddels auf dem Wasser vorwärts. Wie das geht, müsst ihr nicht alleine rausfinden. Ihr bekommt eine gründliche Einweisung in das Material und seine Handhabung, bevor ihr euch auf das Wasser wagt und in Begleitung des Trainers die ersten Meter zurücklegt. Das Wasser ist hier übrigens ganz flach und ideal für Anfänger. Im Übungsgebiet könnt ihr stehen,

Für Surfer mit eigenem Material ist die Surfwiese **Westerbergen,** 800 m südlich von Lemkenhafen, der ideale Einstieg.

deshalb seid ihr, falls ihr mal vom Brett fallt, auch schnell wieder oben. Habt ihr bereits Erfahrung und wollt auf eigene Faust los, findet ihr hier alles, was ihr für eure Tour braucht, zum Ausleihen.

Schiffstouren

Mit der Fähre nach Dänemark

Scandlines Deutschland GmbH, Fährhafenstraße, 23769 Fehmarn. ✆ 01802/116699, www.scandlines.de. **Bahn/Bus:** ICE, RB bis Puttgarden. **Auto:** A1 bis Puttgarden. **Zeiten:** ganzjährig alle 30 Min, Check-in für reservierte Fahrzeuge 15 Min vor Abfahrt. **Preise:** Tagesticket (Hin- und Rückfahrt) Juni – Aug 11 €, sonst 6 €, Pkw 67 – 83 €; Kinder 4 – 11 Jahre Tagesticket 4 €; Familien-Tagesticket (2 Erw, 3 Kinder) 16 – 26 €. Info: An Bord herrscht Maulkorb- und Leinenzwang für euren Hund, für Dänemark braucht er einen internationalen Impfausweis.

Fahrradfahrer zahlen nichts extra. Euch wird lediglich der Preis für ein Fußgängerticket berechnet, das Rad wird kostenlos transportiert.

▶ Von Fehmarn bis nach Dänemark ist es nur ein Katzensprung. In 45 Min habt ihr auf der **Vogelfluglinie** den *Fehmarnbelt* überquert. Die Reederei bietet preisgünstige Tagestickets an. Beste Voraussetzungen für einen erlebnisreichen Tag bei den dänischen Nachbarn. In Dänemark gibt es nicht nur flaches Land, das ideal zum Radfahren geeignet ist, sondern auch viele interessante Ausflugsziele auf Lolland, die sich für einen Tagesbesuch eignen. Schon die Überfahrt ist ein Erlebnis. Auf Deck weht euch der Wind um die Nase, während die Möwen neugierig das Schiff umkreisen. Auch

Vogelfluglinie: Mit der Fähre geht es mindestens ebenso flugs wie per Flügelschlag

@ Einen Link zu den Zollbestimmungen findet ihr unter www.connexions.de.

unter Deck vergeht die Zeit wie im Flug. In den Bistros bekommt ihr Snacks und warme Mahlzeiten, in den Geschäften gibt es Getränke und Süßigkeiten.

Mit dem Tümmler auf Kutterrundfahrt

Gunnar Gerth-Hansen, 23769 Fehmarn-Burgstaaken. Handy 0171/9916822. www.gerth-hansen.de. **Lage:** Am Hafen. **Bahn/Bus:** Bus 5781 bis Burgstaaken Ha-

VOGELFLUGLINIE

2013 feierte Fehmarn das 50-jährige Bestehen der **Vogelfluglinie.** Sie verbindet das ostholsteinische Festland mit der Insel Fehmarn und Fehmarn wiederum mit dem dänischen Hafen Rødby. Die Anbindung an das Festland wurde durch die 963 m lange **Fehmarnsundbrücke** geschaffen, über die der Auto- und Eisenbahnverkehr die Insel Fehmarn erreicht. Von dort aus geht es ab *Puttgarden* mit der Fähre 19 km über den **Fehmarnbelt** nach *Rødby.* Die Einweihung beider Strecken erfolgte kurz hintereinander. Im April 1963 wurde zuerst die Brücke über den Fehmarnsund freigegeben, im Mai nahmen die Fähren ihren Betrieb auf. Die *Kong Frederik* fuhr als erste von Rødby nach Puttgarden und durchtrennte bei ihrer Ausfahrt aus dem Hafen ein Band, das dort zwischen den Molen gespannt war. Seitdem hat sich die Verbindung beider Länder zu einer viel befahrenen Strecke entwickelt und soll weiter ausgebaut werden. In Planung ist ein Eisenbahn- und Straßentunnel, der die Fahrzeiten zwischen Puttgarden und Rødby weiter verkürzen würde. Zu ihrem Namen kam die Vogelfluglinie übrigens, weil sie parallel zu den Flugrouten der Zugvögel verläuft.

Fehmarnsundbrücke © pmv, Torsten Rink

fen. **Auto:** B207, E47 Ausfahrt Burg, Landkirchen. Weiter Richtung Burg, dort an der St.-Nikolai-Kirche Richtung Hafen Burgstaaken. Parkplätze am Hafen. **Zeiten:** Juli – Aug täglich 11, 12.30, 14, 15.30 Uhr, Mo, Mi, Fr zusätzlich 17 Uhr, April – Juni, Sep – Okt keine Fahrt um 17 Uhr. **Preise:** 8 €, Piratenfahrt 12 €; Kinder 6 – 12 Jahre 5 €, Piratenfahrt 9 €.

▶ Ihr fahrt mit dem Fischkutter *Tümmler* raus auf die Ostsee. Dort wird das Netz ausgeworfen, nach einiger Zeit wieder eingeholt und der Fang begutachtet. Was wohl diesmal darin ist? Von Krabben über Seenadeln bis Schollen und Dorsch kann die Ausbeute reichen. Jedes Tier wird ausführlich erklärt, bevor es wieder zurück in die Ostsee darf, schließlich soll auch beim nächsten Mal wieder etwas im Netz sein.

Kapitän Gunnar geht mit euch Juni – Sep Di und Do auf Piratenfahrt. Dort sucht ihr den verborgenen Schatz. Anmeldungen und Infos unter ✆ 04371/506300.

Radeln & spazieren

Radtour auf dem Deich zum Markelsdorfer Huk

23769 Fehmarn-Petersdorf. **Strecke:** Petersdorf – Kopendorf – Bojendorf – Westermarkelsdorf – Wenkendorf – Dänschendorf – Schlagsdorf – Petersdorf. **Länge:** 23 km, Halbtagestour, mit Ausflug nach Wallnau als Tagestour planen. **Bahn/Bus:** ➚ Bürgerbus Tour 6 oder Bus 5756 bis Petersdorf. **Auto:** E47 auf L209 bis Petersdorf.

▶ Diese schöne Radtour führt euch in einer Rundtour von Petersdorf über den Deich und durch das Landesinnere zurück zum Ausgangspunkt.

Ihr startet am Dorfteich in **Petersdorf** und fahrt über gut befahrbare Wirtschaftswege nach **Kopendorf** und von dort Richtung Bojendorf. Wenn ihr für die Tour einen ganzen Tag eingeplant habt, könnt ihr von hier aus noch einen Abstecher zum ➚ *Wasservogelreservat Wallnau* machen. Von **Bojendorf** geht es erst Richtung Westen und dann auf dem Deich Richtung Norden bis nach **Westermarkelsdorf.** Fahrt am Leucht-

*Ein **Huk** ist ein Haken, eine Ecke oder ein Vorsprung im Küstenverlauf.*

Strandcamping Wallnau, Wallnau 1, Fehmarn. ✆ 04372/456. www.strandcamping.de. März – Okt. Direkt am Meer, Supermarkt, Restaurant, Reiten, Wassersport, Kinderanimation, Mietwohnwagen, WLAN.

Börke & Sohn Inselbäckerei, Hauptstraße 24, Petersdorf. ✆ 04372/1014. www.kreuzbrot.de. Ostern – Okt Mo – Fr 6 – 18, Sa 6 – 17, So 6.30 – 16 Uhr, Nov – Ostern Mo – Fr 7 – 18, Sa 7 – 15, So 7.30 – 11 Uhr. Brot, Brötchen (auch belegt), Kuchen, Kaffee.

Der ***Leuchtturm Flügge*** *hat es bis auf eine Briefmarke geschafft. Ihr könnt ihn auf einer der 45-Cent-Marken der Leuchtturm-Serie bewundern.*

Hunger & Durst

Die Villa, Am Hafen 4, Orth. ✆ 04372/806288. Ostern – Okt 8.30 – 20 Uhr. Kuchen und Torten, schöne schattige Plätze unter alten Bäumen, direkt am Hafen.

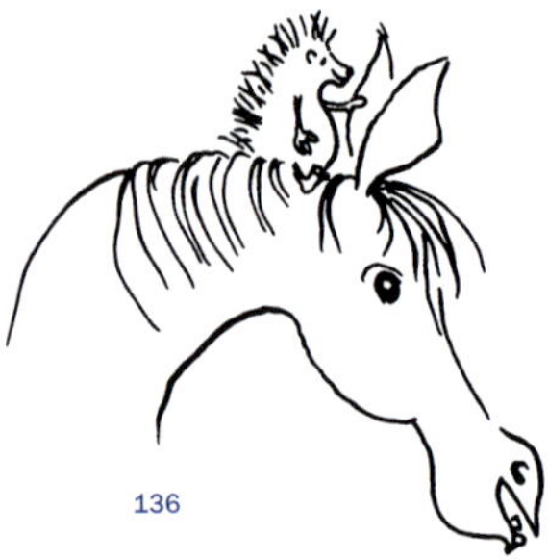

feuer vorbei und werft einen Blick auf den nördlichsten Punkt der Insel, den **Markelsdorfer Huk.** Im weiteren Verlauf des Weges passiert ihr mehrere Campingplätze und den nördlichen Binnensee und wendet euch schließlich nördlich von Wenkendorf wieder südwärts. Radelt durch **Wenkendorf** weiter Richtung **Dänschendorf** und von dort nach **Schlagsdorf.** Von hier aus ist es nur ein kurzes Stück nach Süden, bis ihr euren Ausgangsort **Petersdorf** erreicht.

Spaziergang zum Leuchtturm Flügge

23769 Fehmarn-Orth. **Länge:** 2,4 km eine Strecke. **Bahn/Bus:** Bus 5754 bis Orth. **Auto:** L209 bis Orth, Parkplätze am Hafen. **Rad:** Ostseeküsten-Radweg. **Zeiten:** April – Okt Di – So 10 – 17 Uhr. **Preise:** 2 €; Kinder bis 14 Jahre 1 €.

▶ Am Hafen von Orth beginnt ein Wanderweg, der euch direkt zum **Leuchtturm Flügge** führt. Linker Hand immer die Ostsee, geht es entspannt auf dem Deich die 2,4 km bis zum Turm. Ihr wandert entlang der *Sulsdorfer Wiek* durch das Naturschutzgebiet, dessen Schönheit sich erst erschließt, wenn ihr von hoch oben einen Blick darauf werft. Dazu müsst ihr allerdings zuerst die Wendeltreppe im Turm erklimmen. 162 Stufen sind zu steigen, bis ihr einen wundervollen Rundumblick über die Insel, die Orthert Reede und die Fehmarnsundbrücke bis zum Festland habt. Bevor ihr den Rückweg auf gleicher Strecke antretet, könnt ihr euch im Leuchtturmgarten am Kiosk mit Kuchen und Getränken versorgen. Ein kleiner Spielplatz ist vorhanden.

Pony reiten

Ponyhof Wallnau

Gunnar Mehnert, Wallnau 2, 23769 Fehmarn. Handy 0152/53985111. www.reiten-auf-fehmarn.de. **Bahn/Bus:** Bus 5754 bis Bojendorf. **Auto:** B207, E47 Ausfahrt Landkirchen, Petersdorf. Über Landkirchen nach Petersdorf, dort rechts ab nach Bojendorf. Ponyhof am Ortsausgang links. **Rad:** Ostseeküsten-Radweg. **Zeiten:** ganzjährig, Anmeldung während der Ferien täglich 9 – 10 und 14.30 – 17 Uhr, sonst Mo, Di, Sa, So 15 – 17 Uhr. **Preise:** Ausritt für Fortgeschrittene 2 Std 30 €, Reitunterricht ab 20 €; Kinder Ponyreiten (geführt) ab 3,50 €, Miniausritt 30 Min 8 €.

▶ In unmittelbarer Nähe zum Wasservogelreservat Wallnau und zur Westküste Fehmarns findet ihr den Ponyhof Wallnau. Hier haben Kinder ab 3 Jahre die Möglichkeit, sich mit Ponys vertraut zu machen. Im Pony-Kindergarten lernen sie den Umgang mit dem Pferd, streicheln, putzen und reiten es. Größere Kinder und Eltern können Ausritte an den Strand unternehmen oder ihr Können in Einzelreitstunden verbessern. Der Ponyhof bietet neben einzelnen Reitstunden auch Reiterferien an.

Kontrollblick nach hinten: Das Pony scheint Finja veräppeln zu wollen …

Golfen, trimmen, klettern

Löchrige Angelegenheit: Minigolf

Adventure-Golf Fehmarn, Meeschendorf 39, 23769 Fehmarn. ✆ 04371/8888574, www.adventure-golf-fehmarn.de. **Bahn/Bus:** Bus 5753 bis Meeschendorf Dorf. **Auto:** L209 Meeschendorf. **Zeiten:** Juni – Aug täglich 10 – 21 Uhr, sonst Di – Do, So 10 – 18, Fr – Sa 10 – 19 Uhr. **Preise:** 7,50 €; Kinder bis 17 Jahre 5,50 €; Familienkarten: 2 Erw, 1 Kind 19 €, 2 Erw, 2 Kinder 24 €, 2 Erw, 3 Kinder 27,50 €, jedes weitere Kind 3,50 €.

▶ Kann man einen Minigolfball über die Fehmarnsundbrücke spielen? Mit ein bisschen Übung schon. Zumindest hier auf der 18-Loch-Anlage, wo die nach-

gebaute Brücke im Miniformat das Hindernis auf Bahn 1 ist. Eine Runde Adventure-Golf ist wie eine kleine Reise durch Ostholstein. Den Oldenburger Wall müsst ihr ebenso bezwingen wie Graswarder und den Bungsberg. Es gibt Sand- und Wasserhindernisse, Abschlagplätze auf dem Bootsdeck und dem Surfbrett sowie Tunnel und Steilkurven.

Auf und nieder – Sport im Park

Bewegungsplatz im Burger Stadtpark, Umweltrat Fehmarn, Bahnhofstraße, 23769 Fehmarn-Burg. ✆ 04371/506654, www.stadtfehmarn.de. **Lage:** Im Stadtpark. **Bahn/Bus:** ↗ Burg auf Fehmarn. **Auto:** E47, B207 bis Burg Landkirchener Straße, der Park liegt links. **Rad:** Mönchsweg. **Zeiten:** ganzjährig frei zugänglich.

▶ Wenn euch plötzlicher Bewegungsdrang überkommt, ihr aber kein Sportgerät dabei habt, findet ihr im Stadtpark von Burg hochwertigen Ersatz. Im Park stehen euch verschiedene Geräte zur Verfügung, an denen ihr eure Muskeln in Form bringen könnt. Ihr trainiert Koordination, Beweglichkeit und Ausdauer am Biker und am Stepper. Das ist ähnlich wie Fahrradfahren und Treppensteigen auf der Stelle. Ein Gerät weiter lasst ihr die Arme kreisen, anschließend kommen die Hüften in Schwung. Zu guter Letzt kommt der Bauch an die Reihe. Den Oberkörper aus der Liegeposition aufzurichten, kann ganz schön anstrengend sein. Spaß macht es trotzdem. Die Geräte sind für alle Altersgruppen – vom Kind bis zum Senior – konzipiert. Eine Anleitung, wie die Übungen ausgeführt werden, befindet sich bei den Geräten.

Siloclimbing Fehmarn

Burgstaaken 50, 23769 Fehmarn-Burgstaaken. ✆ 04371/503102, Handy 0170/5331764. www.siloclimbing.de. **Bahn/Bus:** Bus 5781 bis Burgstaaken Hafen. **Auto:** B207, E47 bis Ausfahrt Burg, Landkirchen. Weiter Richtung Burg, dort an der St. Nikolai Kir-

Hunger & Durst

Café im Adventure-Golf Fehmarn, Meeschendorf 39, Fehmarn. ✆ 04371/8888574. www.adventure-golf-fehmarn.de. Geöffnet wie Golfplatz. Snacks, frisch gebackener Kuchen, Eis.

Im Park befindet sich auch eine Boulebahn. Die Kugeln für das Spiel könnt ihr in der Bibliothek im Stadtpark leihen.

Da könnte man glatt die Wände hochgehen: Bei Siloclimbing ist das nicht bloß eine Redensart

che Richtung Hafen Burgstaaken. Staakensweg bis zum Ende. **Zeiten:** April – Okt 10 – 18 Uhr. **Preise:** 1 Std 6 € pro Person, Kletterausrüstung 6 €, Sicherungsausrüstung 3 € pro 1 Std.

▶ Berge gibt es auf Fehmarn nicht. Auf eine Klettertour müsst ihr deshalb aber noch lange nicht verzichten. 40 m ragen die Silos im Hafen Burgstaaken in die Höhe und so hoch ist auch die höchste der 14 Routen, die ihr klettern könnt. Die senkrechten Wände sind schon ein wenig respekteinflößend, aber nach einer fachkundigen Einweisung in die Kletter- und Sicherungstechnik gewinnt ihr sicher schnell an Höhe. Die Griffe sind so angebracht, dass sich bereits Knirpse ab 4 Jahre auf den einfachen Routen in der Wand wie Geckos bewegen. Voraussetzung dafür ist lediglich eine Körpergröße von 1,10 m und ein erwachsener Sicherungspartner. Die benötigte Ausrüstung bekommt ihr leihweise vor Ort.

Wie wird Fisch geräuchert und was ist dazu außer dem Fisch nötig? In der ***Hafenräucherei*** *erfahrt ihr es. Sie befindet sich ein paar Schritte vom Silo entfernt Richtung Hafen.*

Fisch-Lädchen, Burgstaaken 81, Fehmarn. ✆ 04371/86010. www.fehmarn-fisch.com. Mai – Aug Mo – Sa 9 – 19, Sep – April Mo – Sa 9 – 18, So jeweils 11 – 18 Uhr. Fischbrötchen, Räucherfisch, Fischgerichte.

Tiere kennen lernen & beobachten

Krokodille Zoo

Ovstrupvej 9, DK-4863 Eskilstrup. ✆ 0045/5445/4242, www.krokodillezoo.dk. **Auto:** E47 Ausfahrt 44, auf E55 Nykobingsvej Richtung Eskilstrup, dort vor der Kirche links auf Tarngade und Gundslevmaglevej, rechts in Ovstrupvej (etwa 45 Fahrzeit ab Rodby). **Zeiten:** Feb – 14. Juni, Sep – Nov Di – So 12 – 16 Uhr, 15. Juni – 31. Aug täglich 10 – 17 Uhr. **Preise:** 80 – 90 DKK; Kinder 3 – 11 Jahre 45 – 50 DKK.

▶ 23 Krokodilarten gibt es weltweit. 21 davon findet ihr im dänischen Krokodil-Zoo und das macht ihn zu einem der größten Zoos dieser Art weltweit. Große und kleine Krokodile, einzelne und ganze Haufen. Warum haben die eigentlich das Maul so oft sperrangelweit offen? Hier lernt ihr einiges über die faszinierenden Reptilien und ihre Arten. Wenn ihr miterleben möchtet, wie lebendig und enorm schnell die eben noch dösenden Tiere sein können, nehmt ihr an den Schaufütterungen teil, die täglich um 14 Uhr stattfinden.

Achtung: Umrechnungskurs **dänische Kronen:** 1 € = 7,46 DKK, 10 DKK = 1,34 € (Stand: Mai 2014).

Aug in Aug mit dem Tiger: Knuthenborg Safaripark

Maglemerporten, Knuthenborg Allé, DK-4930 Maribo. ✆ 0045/54/788089, www.knuthenborg.dk. **Lage:** Etwa 20 km von Rødby. **Auto:** E47, Ausfahrt 48, Maribo Vest, rechts auf Vestre Landevej, rechts auf Skibevej, rechts auf Skolevej, links abbiegen auf Knuthenborgvej, dann links in Knuthenborg Allé. **Zeiten:** 26. April – 8. Sep, 12. – 20. Okt täglich ab 10 Uhr, 9. Sep – 6. Okt Sa, So ab 10 Uhr. **Preise:** 190 DKK; Kinder 3 – 11 Jahre 105 DKK.

▶ Vor 300 Jahren begann die Grafenfamilie *Knuth* mit dem Aufbau des Parks. Im Laufe der Jahre kamen viele seltene Tiere und Pflanzen zusammen. Auf dem riesigen Gelände mit schönen historischen Gebäuden gibt es die meisten der Tiere fast wie in freier Wildbahn zu bestaunen. Nashörner, Kamele, Zebras, Tiger oder Kängurus erlebt ihr hautnah, denn im Park fahrt ihr in den nach Kontinenten eingeteilten Gebieten dicht an den Tieren vorbei. Da passiert es schon mal, dass eine neugierige Giraffe euer Auto spannend findet oder eine Herde Bisons die Straße blockiert. Einige der großzügig angelegten Gehege dürft ihr auch zu Fuß betreten. Im Park gibt es reichlich Picknickplätze für eure Mittagsmahlzeit, ein großer Spielplatz und Restaurants bieten sich ebenfalls für eine Pause an.

Haie hautnah: Meereszentrum Fehmarn

Gertrudenthaler Straße 12, 23769 Fehmarn-Burg. ✆ 04371/4416, www.meereszentrum.de. **Bahn/Bus:** ↗ Burg auf Fehmarn, 5 Min Fußweg. **Auto:** E47, B207 Ausfahrt Burg, Kreisverkehr 3. Ausfahrt, bis zum Ende der Straße, Parkplatz kostenfrei. **Zeiten:** Nov – Feb 10 – 16 Uhr, März – Okt 10 – 18 Uhr. **Preise:** 11 €; Kinder 4 – 15 Jahre 7 €; Senioren, Schüler, Studenten, Behinderte 9 €.

▶ Lustige Clownfische, grimmige Muränen, giftige Stein- und Feuerfische, Seeigel mit gefährlich langen Stacheln, Rochen und bedrohlich wirkende **Haie** seht ihr im Meereszentrum. Für Farbe sorgen aber nicht nur die Fische, sondern auch die prächtigen Korallen. Sind das eigentlich Tiere? Wenn ihr es nicht wisst: Schaut unter den kleinen Klappen nach, die ihr im Aquarium unter jeder Frage findet. So findet ihr auch heraus, warum Drückerfische heißen wie sie heißen und was Kugelfische machen, wenn sie Angst haben. Apropos Angst: In der

__Haie__ müssen immer schön in Bewegung bleiben, sonst sinken sie auf den Meeresgrund. Wieso das denn? Sie haben keine Schwimmblase, die ihnen Auftrieb gibt.

Blickt freundlicher als ein Hai: Der zitronengelbe Zitronenfisch verzieht die Schnute, als wenn er auf was Saures bisse

Kerzenwerkstatt Fehmarn, Osterstraße 49, Fehmarn-Burg. ✆ 04371/87766. www.kerzenwerkstatt-fehmarn.de. Mo – Sa 10 – 18 Uhr. Riesige Auswahl an Kerzen, täglich 14 – 17 Uhr könnt ihr selbst Kerzen ziehen.

Hunger & Durst

Café im Schmetterlingspark, Mummendorfer Weg 11, Fehmarn. ✆ 04371/8893363. www.schmetterlingspark-fehmarn.de. Geöffnet wie Schmetterlingspark. Kuchen und Eis.

Haiwelt erfahrt ihr alles über die interessanten Tiere und könnt die Haie hinter der dicken Panzerglasscheibe in Ruhe und Sicherheit beobachten.

Flatterhaft: Im Schmetterlingsgarten

Schmetterlingspark Fehmarn GmbH, Carsten Paulsen, Mummendorfer Weg 11, 23769 Fehmarn-Burg. ✆ 04371/8893363, Handy 0177/7773300. www.schmetterlingspark-fehmarn.de. **Lage:** Am Ortseingang von Burg. **Bahn/Bus:** ↗ Burg auf Fehmarn, Bus 5811 bis Amalienhof. **Auto:** E207, L207 Ausfahrt Burg, Richtung Ort fahren. **Zeiten:** März – Nov täglich 10 – 18 Uhr. **Preise:** 7,50 €; Kinder 4 – 16 Jahre 5,50 €; Familienkarte 2 Erw und 2 Kinder 24 €.

▶ Feucht-warm und schön bunt ist es im Schmetterlingspark. In einer großen Freiflughalle tummeln sich bis zu 1000 Falter. Die unterschiedlichsten Arten und Farben sind zu sehen. Sie flattern zwischen den exotischen Pflanzen herum, naschen an den für sie aufgestellten Obstschalen und Futterplätzen oder benutzen euch als Rastplatz. Näher dran geht nicht. Neben den Schmetterlingen leben auch Leguane, Kois, Zebrafinken und Zwergwachteln unter dem Glasdach. Während die anderen Tiere zum Betrachten angeschafft wurden, sind die Zwergwachteln zum Arbeiten dort. Sie sind die Gesundheitspolizei, denn sie fressen die toten Schmetterlinge. Deren Lebenszeit ist kurz und schon nach max. vier Wochen abgelaufen. Deshalb werden ständig neue Puppen aus Costa Rica importiert, die dann im Park schlüpfen. Vielleicht seid ihr sogar dabei, wenn ein neuer Schmetterling das erste Mal seine Flügel ausbreitet.

Beinahe zutraulich: Brauner Waldvogel

Vögel beobachten & Lehrpfad

Wasservogelreservat Wallnau

NABU, Wallnau 4, 23769 Fehmarn. ✆ 04372/1002, www.nabu-wallnau.de. **Länge:**1 km. **Bahn/Bus:** Bus 5754 bis Bojendorf, von dort etwa 30 Min Fußweg. **Auto:** B207, E47 bis Ausfahrt Landkirchen, Petersdorf. Über Landkirchen nach Petersdorf, dort rechts ab nach Bojendorf. Ab hier ist ausgeschildert. **Rad:** Ostseeküsten-Radweg. **Zeiten:** täglich 10 – 17 Uhr, Führung täglich 11, 13 und 15 Uhr. **Preise:** 7 €; Kinder 6 – 18 Jahre 3 €; 4,50 € für Studenten, FÖJ, FSJ, Arbeitslose, Azubis, Schwerbehinderte, BFD, freier Eintritt für NABU-Mitglieder, Kinder Mo Eintritt frei.

▶ Ente, Schwan oder Graugans? Diese Vögel erkennt ihr sicher sofort. Wie sieht es aber aus mit Blessralle und Säbelschnäbler? Schon schwieriger! Um alle 250 Vogelarten zu bestimmen, die das Wasservogelreservat auf ihrem Weg nach Süden bzw. Norden ansteuern, kann Unterstützung nicht schaden. Macht am Besten eine **Führung** mit. Dort erfahrt ihr alles Wissenswerte über das Gebiet und den Vogelzug, der anschaulich in der begleitenden Ausstellung dargestellt ist. Die Experten kennen auch die Vogelarten, die ihr aus den Verstecken, den sogenannten *Hides,* heraus beobachtet. Oder ihr erkundet auf eigene Faust das Gelände, wie den **Pfad der Sinne.** Er verbindet die Hides miteinander und lädt zum Spielen und Ausprobieren ein. Wie viel Kraft ist nötig, um einen riesigen Stein zu bewegen? Wieso klingen Hölzer, die gleich lang sind, unterschiedlich? Auf dem Tast- und Schnupperpfad lasst ihr euch mit verbundenen Augen über unterschiedliche Untergründe führen. Mat-

Hunger & Durst

NABU-Café, geöffnet wie Wasservogelreservat. Suppen, Kuchen, Eis und Kaffee aus Bio-Produkten.

Experimentiergarten: Hier könnt ihr einen Wasserstrudel produzieren

© pmv, Karolin Küntzel

Welche Feder gehört zu welchem Vogel? Einhard Bezzel, *Vogelfedern, Federn einheimischer Vögel nach Art und Farbe bestimmen.* blv, ISBN 978-3-8354-0710-7, 12,95 €.

schige Füße garantiert! Den besten Blick über das Gebiet habt ihr vom 10 m hohen Aussichtsturm.

HANDWERK UND GESCHICHTE

Türme, Gräber & Museen

Das 60-Meter-Grab: Langbettgrabanlage in Wulfen

Schönes Wulfen e. V., 23769 Fehmarn-Wulfen. www.fehmarn.de. **Bahn/Bus:** Bus 5752 bis Wulfen Dörpstraat. **Auto:** E47, B207 hinter Fehmarnsundbrücke 1. Abfahrt, von dort K43 Blieschendorf bis Burg. Im 1. Kreisel rechts, Ausschilderung nach Wulfen folgen. Grabanlage im Ort ausgeschildert. **Rad:** Ostseeküsten-Radweg. **Zeiten:** ganzjährig frei zugänglich.

▶ War Fehmarn in der Steinzeit dicht besiedelt? Das könnte man fast meinen, wenn man die Riesen-**Grabanlage** betrachtet, die auf dem Wulfener Berg nachgebaut wurde. Ihre Rekonstruktion erfolgte anhand von Zeichnungen, die der Pastor *Diederich Harries* 1836 von der arg in Mitleidenschaft genommenen Langbettanlage machte. Sie befand sich damals am Fuße des Wulfener Berges. Die Steine der ursprünglichen Anlage verbaute man nach und nach in den Deichanlagen. 2010 wurde das neue Langbett, diesmal auf dem Berg, eingeweiht. Die Steine dafür wurden auf der ganzen Insel zusammengetragen. Mit 60 m Länge und 7 m Breite ist die Anlage gewaltig. So gewaltig, dass alle 125 Einwohner von Wulfen darin bequem Platz finden würden. Wenn ihr möchtet, könnt ihr durch das Langbett spazieren oder auf den Steinen sitzen und auf das Wasser und die Fehmarnsundbrücke schauen.

*Am Wulfener Berg gab es vor 5000 Jahren insgesamt fünf solcher **Großgrabanlagen.** Das größte Langbett war um die 140 m lang.*

Mittelalterzentrum Nykøbing

Ved Hamborgskoven 2 – 4, Sundby L., DK-4800 Nykøbing Falster. ✆ 0045/5486/1934, www.middelaldercentret.dk. **Lage:** Ab Rødby 40 Min Fahrzeit. **Auto:** E47, E55 Richtung Kopenhagen bis Ausfahrt 46, Richtung

Nykøbing F. Im 2. Kreisel 2. Ausfahrt Richtung Guldborgsund und Middelaldercentret. **Zeiten:** Juni – Aug täglich ab 10 Uhr, Mai und Sep Di – So 10 Uhr. **Preise:** 110 – 125 DKK; Kinder 3 – 11 Jahre 55 – 65 DKK.

▶ Wie weit schleudert eine Steinschleuder den Stein? Wohin sind die Ritter auf ihren Pferden so schnell unterwegs? Klar, auf den Turnierplatz. Schnell hinterher, und ihr erlebt spannende Kämpfe. Ist euch das zu aufregend, besucht ihr den Markt. Dort treibt ihr Handel wie im Mittelalter oder seht einfach zu, wie die Waren ihren Besitzer wechseln. Ihr erlebt mit, wenn die Seefahrer heimkehren, ihr schaut den Handwerkern bei ihrer Arbeit über die Schulter und bewundert die Kleider der edlen Frauen. Es ist viel los im Mittelalterzentrum, wenn die Zeit vor Hunderten von Jahren für euch wieder zum Leben erweckt wird!

Hunger & Durst

Den Gyldne Svane, Ved Hamborgskoven 2 – 4, Sundby L., Nykøbing Falster. ✆ 00455486/1934. www.middelaldercentret.dk. Juni – Aug täglich ab 10 Uhr, Mai und Sep Di – So ab 10 Uhr. Gasthaus im Mittelalterzentrum. Hier tafelt ihr zünftig und vor allem (mittelalter)zeitgemäß.

Freilichtmuseum Katharinenhof *

Josephine Jadzejewski, Katharinenhof 15, 23769 Fehmarn. ✆ 04371/1230, www.museum-katharinenhof.de. **Bahn/Bus:** Bus 5753 bis Katharinenhof Wendeplatz. **Auto:** L209 abbiegen auf K44, durch Vitzdorf Richtung Katharinenhof. **Zeiten:** Osterferien, Mai – Okt Di – So 11 – 17 Uhr, während des großen Mittelalter-Sommerspektakels auch Mo geöffnet. **Preise:** 5 €; Kinder 2,50 €; mit Ostseecard 0,50 € günstiger.

▶ Im Katharinenhof findet ihr historische Werkstätten, die zu den regelmäßig stattfindenden Veranstaltungen, wie den historischen Märkten, wieder in Betrieb genommen werden. Darunter sind eine Schmiede und eine Schreinerei, es wird auf einem Webstuhl aus dem Jahr 1648 gewebt, im Backhaus Steinofenbrot gebacken oder in der Rauchkate aus dem 16. Jahrhundert Wildschwein-Lamm-Salami geräuchert. Seht zu, wie unter den Händen des Töpfers Keramik entsteht oder der Buchdrucker eine Buchseite setzt. Zu bewundern sind außerdem Spielzeug aus drei Jahrhunderten, darunter Marionetten, aber auch me-

Hunger & Durst

Museums-Café, Katharinenhof 15, Fehmarn. ✆ 04371/1230. www.museum-katharinenhof.de. Geöffnet wie Freilichtmuseum. Leckerer Streuselkuchen aus dem Steinofen.

chanische Musikspielapparate, alte Schlitten und Kutschen sowie Geräte, die in der Landwirtschaft und im Haushalt zum Einsatz kamen. Während des **Mittelalter-Sommerspektakels** sind Ausprobieren und Selbstmachen ausdrücklich erwünscht. Schmiedet euer eigenes Messer, prägt ein Armband, schöpft Papier, drechselt oder schnitzt. Alle Produkte, die auf dem Hof hergestellt werden, sind käuflich zu erwerben.

Nach dem Museumsbesuch bietet sich ein Spaziergang zur Steilküste an, die nur 500 m entfernt ist.

Museum zum Anfassen: Galileo Wissenswelt

Mummendorfer Weg 11b, 23769 Fehmarn-Burg. ✆ 04371/864446, www.galileo-fehmarn.de. **Lage:** Am Ortseingang von Burg. **Bahn/Bus:** ➚ Burg auf Fehmarn, Bus 5811 bis Amalienhof. **Auto:** E207, L207 Ausfahrt Burg, Richtung Ort. **Zeiten:** täglich 10 – 18 Uhr, letzter Einlass 17 Uhr. **Preise:** Kombiticket für beide Themenwelten 13,50 €, Einzelpreis 8 €; Kinder ab 4 Jahre 11,50 bzw. 7 €; Familienkarte (2 Erw, 2 Kinder) 50 €.

▶ Die Galileo-Themenwelten gliedern sich in die Wissensbereiche Erde & Leben sowie Technik & Logik. Beide Welten lassen sich unabhängig voneinander besuchen. Was erwartet euch? Im Bereich **Erde & Leben** unternehmt ihr eine spannende Zeitreise. Wie ist die Erde entstanden und wie hat sie sich entwickelt? Bestaunt Fossilien und Dinosaurier, blickt riesigen Insekten furchtlos ins Auge, lasst euch im Erdbebensimulator durchrütteln und lernt den menschlichen Körper von innen kennen. Ihr findet heraus wie Stinkkalk riecht, schürft auf dem Außengelände nach Gold oder grabt nach Edelsteinen. Im Bereich **Technik & Logik** ist an jeder Station Mitmachen angesagt. Findet heraus, warum das Schiff im sprudelnden Wasser sinkt, wie Brückenbogen funktionieren und ertastet Buchstaben in Blindenschrift. Wie arbeitet ein Rückstoßantrieb, wie baut sich eine Welle auf und hat das **Möbius-Band** wirklich nur eine einzige Seite? Die Erwachsenen haben in diesem Museum genauso viel

Schneidet einen Streifen aus Papier aus. 30 cm lang und 2 cm breit. Verdreht den Streifen in der Mitte um 180 Grad und klebt dann die Enden zusammen. Die verschlungene Form, die dabei entsteht, nennt man ***Möbius-Band.*** *Fahrt mit dem Finger das Band entlang. Wie viele Seiten hat eure Möbius-Schleife?*

Spaß wie die Kinder. Um alle Stationen zu probieren, solltet ihr auf jeden Fall genügend Zeit einplanen. Wenn ihr eine Kombikarte löst, habt ihr die Möglichkeit, die Themenwelten an zwei aufeinander folgenden Tagen zu besuchen.

Goldfieber: Um ein paar Körnchen Gold zu finden, braucht es Geduld!

© pmv, Karolin Küntzel

Einmal um die Welt: Expeditions Museum

Hafenstraße 69, 23769 Fehmarn-Burgstaaken. ✆ 04371/864446, www.abenteuer-uebersee.de. **Bahn/Bus:** Bus 5781 bis Burgstaaken Hafen. **Auto:** E207, L207 Ausfahrt Burg, durch Burg Richtung Bugstaaken, dort am Hafen rechts. **Zeiten:** März, April, Okt 10.30 – 16.30 Uhr, Mai, Juni, Sep 10.30 – 17 Uhr, Juli, Aug 10.30 – 18 Uhr. **Preise:** 5,50 €; Kinder ab 4 Jahre 4,50 €; Senioren, Studenten, Behinderte 5 €.

▶ Zu Beginn des 20. Jahrhunderts war Reisen beschwerlich und die Entdeckung ferner Länder gefährlich. Die Ausrüstung war schwer und unhandlich, andere Kulturen noch wirklich fremd und manchmal vielleicht sogar furchteinflößend. Begebt euch auf die Reise um die Welt in einer längst vergangenen Zeit. Erforscht Kontinente, die dort lebenden Stämme und ihre Rituale. Es gibt Waffen, Masken, Schmuck und allerlei Alltagsgegenstände zu sehen. Wie wurde gejagt, was ist ein Terrakottakrieger und gab es wirklich Kannibalen? Was brauchte ein Taucher an Ausrüstung und war die Seefahrt damals lustig? Zusätzlich gibt es verschiedene Sonderausstellungen, wie zum Beispiel die größte deutsche Sammlung von Streichholzmodellen zu bestaunen.

Hunger & Durst

Café Kontor, Burgstaaken 59, Fehmarn-Burgstaaken. 0173/6164247. www.cafe-kontor.de. Täglich 12 – 18 Uhr. Selbst gebackene Torten und Kuchen nach alten gesammelten Rezepten. Mit Garten.

Auf Tauchstation im U-Boot

U-Boot Museum Fehmarn, Eduard Beneken, 23769 Fehmarn-Burgstaaken. ✆ 04371/501142, Handy 0172/8711228. www.ostsee-u-boot.de. **Lage:** Im Hafen Burgstaaken. **Bahn/Bus:** Bus 5781 bis Burgstaaken Hafen. **Auto:** B207, E47 bis Ausfahrt Burg, Landkirchen. In Burg an der Kirche Richtung Hafen Burgstaaken. Parkplätze am Hafen. **Zeiten:** März – April 10 – 17, Mai – Okt 10 – 18 und Nov – 6. Jan 10 – 15 Uhr. **Preise:** 6 €; Kinder 4 – 14 Jahre 4 €; Schüler, Studenten 5 €, Familienkarte 2 Erw und 2 Kinder 17 €.

LEUCHTTÜRME

▶ Obwohl Fehmarn gar nicht sehr groß ist, gibt es dort fünf Leuchttürme. An jedem *Huk,* jeder Landzunge, einen. Mit gerade einmal 5 m Höhe ist **Strukkamphuk** der kleinste Turm. Seit 2003 steht das strahlend weiße Betonbauwerk unter Denkmalschutz. Der höchste Leuchtturm Fehmarns ist ↗ **Flügge** mit 37,5 m. Er ist zugleich auch der einzige Turm, der besichtigt werden kann. **Westermarkelsdorf** war ursprünglich nur 10 m hoch, wurde 1902 dann aber auf 17,7 m, seine heutige Größe, erhöht. Der gelb gestrichene, achteckige Backsteinbau hat ein angebautes Wohnhaus und steht an der Nordwestecke der Insel. Dort weist er den Schiffen den Weg in den Fehmarnbelt. Der älteste Leuchtturm der Insel ist **Marienleuchte** im Nordosten. Er wurde 1832 eingeweiht. Heute steht ein Stück nördlich vom alten Standort ein neuer, schlanker Stahlbetonturm, der rot-weiß gestreift ist. Er wurde 1964 gebaut und ist 33,1 m hoch. Der Neubau wurde notwendig, weil der alte Turm zu klein war, sich aber nicht aufstocken ließ. Besonderes Kennzeichen von **Staberhuk** sind die zweifarbigen Ziegel des runden Turms. Auf der Ostseite sind noch die gelben Originalziegel zu sehen. Im Westen, auf der Wetterseite, wurden die stark beanspruchten Ziegel durch neue, rote ersetzt. ◀

Marienleuchte

▶ Wie ein gestrandeter Wal liegt das ausgemusterte **Marine-U-Boot** auf dem Trockenen. Den Hafen hatte es vor Jahren – wie es sich gehört – schwimmend angesteuert. Dann hoben zwei Kräne den Koloss an Land, damit es seinen Dienst als Museum antreten konnte. Bei der Besichtigung sind die Kleinen klar im Vorteil, denn innen ist es eng, sehr eng. Jedes bisschen Platz ist voll gepackt mit Instrumenten: Tiefenruder, Druckölstation, Generatoren und jede Menge Wasserventile. Wie lange es wohl braucht, bis man alle Hebel, Knöpfe und Räder korrekt bedienen kann? Wer möchte, darf in den klappbaren Schlafkojen Probe liegen und einen Blick durch das Periskop, ein Sehrohr, werfen. Wenn ihr mehr über die Geschichte von U-Booten erfahren wollt, bietet sich anschließend der Besuch der benachbarten Ausstellung an.

*Wieso können **U-Boote** tauchen? Sie besitzen Ballasttanks. Sind sie mit Luft gefüllt, ist das U-Boot leichter als Wasser und schwimmt oben. Wird Wasser in die Tanks gepumpt, ist das Tauchboot schwerer als Wasser und sinkt.*

Mühlenmuseum Lemkenhafen *

Verein zur Sammlung Fehmarnscher Altertümer e.V., Mühlenweg 45, 23769 Fehmarn-Lemkenhafen. ✆ 04372/1894, www.museum-fehmarn.de. **Bahn/Bus:** Bus 5754, 5756 bis Lemkenhafen. **Auto:** L209 bis Lemkendorf, dort nach Lemkenhafen abbiegen, über Neuhof und Am Hafen in Mühlenweg. **Rad:** Ostseeküsten-Radweg. **Zeiten:** Osterferien, Juni – Okt Do – Di 10 – 17 Uhr. **Preise:** 4,50 €; Kinder bis 14 Jahre 1 €; Erw mit Ostseecard 4 €, Schüler, Studenten 2 €.

▶ Wollt ihr wissen, wie früher Korn gemahlen wurde? Dann stattet der Segelwindmühle *Jachen Flünk* einen Besuch ab. Woher der Name kommt? Ihr früherer Besitzer hieß so. Bis 1954 war die Mühle in Betrieb, ganz schön lange, wenn man bedenkt, dass sie bereits 1787 gebaut wurde. Bis zu ihrer Stilllegung mahlte sie das auf Fehmarn angebaute Getreide zu Grütze und Graupen. Das qualitativ hochwertige Mahlgut erzielte gute Preise und wurde hauptsächlich in die nordischen Länder exportiert. Heute gehört die Mühle zu den ältesten noch vollständig er-

Hunger & Durst

Café Meerblick, Am Hafen 20, Fehmarn-Lemkenhafen. ✆ 04372/1815. www.meerblick-lemkenhafen.de. Ostern – Okt täglich 13 – 18 Uhr. Eis, selbst gebackene Kuchen und Torten, Terrasse direkt am Jachthafen.

An der See dreht sich alles um den Wind: Die Mühle Jachen Flünk dreht sich mit Hilfe von aufgespannten Segeln auf den Flügeln, deswegen heißt sie Segelwindmühle

© wiki, Andreas Geick

*Die verschiedenen Stockwerke einer **Mühle** nennt man Böden. So gibt es beispielsweise einen Sternrad- und einen Lorriboden.*

haltenen und funktionstüchtigen Windmühlen von Schleswig-Holstein. Wenn genügend Wind weht, könnt ihr sie sogar in Aktion sehen. Ihr erfahrt, wie eine **Mühle** technisch funktioniert und wer sie über die Jahre betrieben hat. Neben dem Müllerhandwerk informiert die Ausstellung über das bäuerliche Leben und Handwerk.

BÜHNE, LEINWAND & AKTIONEN

Kino & Spieletreff

Plüschkino

Burg-Film-Theater, Florian Bliesch, Breite Straße 13a, 23769 Fehmarn-Burg. ✆ 04371/6728, 9555. www.burg-film-theater.de. **Bahn/Bus:** ↗ Burg auf Fehmarn. **Auto:** L209 bis Burg Zentrum, dort in Am Markt/Breite Straße. **Rad:** Mönchsweg. **Zeiten:** täglich 14 – 23 Uhr. **Preise:** 7,50 – 13 €; Kinder 4,50 – 8 €.

▶ Hinein in die Plüschsessel und ins Vergnügen. Das Burg-Film-Theater schmückt sich selbst mit dem Titel *Das schönste Kino im Norden* was sicherlich an

Jeden Mi ist auf dem Marktplatz in Burg 7 – 14 Uhr Wochenmarkt.

den roten plüschigen Sitzen und den kleinen Lampen liegt, die den Kinosaal in romantisch-schummeriges Licht tauchen. Die 70er-Jahre-Atmosphäre verfliegt spätestens bei Filmbeginn, denn die Kinotechnik ist neu, sodass ihr auch Filme in 3D erleben könnt. Gezeigt wird das aktuelle Kinoprogramm.

Sport, Spiel, Spaß *

Tourismus-Service Fehmarn, Südstrandpromenade 1, 23769 Fehmarn-Burgtiefe. ✆ 04371/506-346, www.fehmarn.de. **Lage:** Veranstaltungsraum, bei gutem Wetter draußen. **Bahn/Bus:** ↗ Fehmarn-Burgtiefe. **Auto:** ↗ Fehmarn-Burgtiefe. **Zeiten:** 11.30 – 13 Uhr. **Preise:** Kinder 2 €; mit Ostseecard kostenlos.

▶ Spielen, toben, gemeinsame Unternehmungen starten? Bei den Veranstaltungen des Tourismus-Service für Kinder habt ihr dazu reichlich Gelegenheit. Beim Sackhüpfen, Stelzen- oder Eierlauf kommt ihr richtig in Bewegung. Wer es ruhiger mag, kann Brettspiele ausprobieren, puzzeln oder sich als Baumeister versuchen.

Hunger & Durst

Ristorante Don Camillo e Peppone, Am Markt 12, Fehmarn-Burg. ✆ 04371/4257. www.doncamillo-fehmarn.de. Juli – Aug 12 – 24 Uhr, Sep – Juni 12 – 14.30 und 17 – 23 Uhr. Pizza ab 5,50 €, Kindergerichte ab 3 €, große Außenterrasse.

Für Bücherwürmer

Vorlesestunde im Café

Café liebevoll & Kulturlabor, Marco Eberle, Bahnhofstraße 17, 23769 Fehmarn-Burg. ✆ 04371/8895898, Handy 0177/2409690. www.kulturlabor.biz. **Bahn/Bus:** ↗ Bhf Fehmarn. **Auto:** E47 auf L209 Landkirchener Weg bis Bahnhofstraße. **Zeiten:** 27. Mai – 21. Okt, Di ab 16.30 Uhr Vorlesestunde, Café täglich 9 – 18 Uhr, wenn Veranstaltungen stattfinden auch länger. **Preise:** Vorlesestunde kostenlos.

▶ Was ist das? Ein Café, eine Bühne, ein Konzerthaus? Irgendwie ein bisschen von allem. Hier bekommt ihr nicht nur wunderbare Käsetorte, sondern gleich auch noch eine Portion Kultur. Das können Tanzkurse sein, Auftritte von Straßenmusikern, Solo-

Stadtbücherei Fehmarn*, Bahnhofstraße 47, Fehmarn-Burg. ✆ 04371/506144. www.stadtbuecherei-fehmarn.de. Mo – Fr 9.30 – 12, Mo, Di, Do, Fr auch 14.30 – 18.30 Uhr. Kinderbücher, Spiele, CDs, Ostseecardbesitzer zahlen keine Leihgebühren, regelmäßige Lesungen für Kinder.

künstlern, Schauspielern oder eben einer Vorleserin. Für Kinder ab 4 Jahre gibt es eine wöchentliche Vorlesestunde. Taucht ein in die Geschichten und lasst euch in ihren Bann schlagen!

FESTKALENDER FEHMARN & LOLLAND

Februar:	Kanevalsamstag ab 20.11 Uhr **Inselkarneval Fehmarn,** Burger Marktplatz.
Ostern:	Ostersamstag, **Osterfeuer** brennen in Petersdorf, Vadersdorf und Bannesdorf.
Mai:	**Rapsblütenfest:** Petersdorf, 3 Tage, mit Wahl der Rapsblütenkönigin und -prinzessin, Wahl eines Kinderkönigshauses.
	Surf & Kite Festival, Wulfener Hals.
Juni:	**Johannimarkt,** Burg, Altstadtfest, Jahrmarkt.
	Fehmarn-Marathon, Wallnau.
	Fehmarn-Pferdefestival, Turnierplatz Burg.
Juli:	**Hafenfest in Burgstaaken** in allen ungeraden Jahren.
	Altstadtfest in Burg in geraden Jahren.
	Künstlerfest, Marktplatz Burg.
	Stand Up Paddling & Beachsports Festival, Südstrand Burgtiefe, ausgetragen wird dort auch die Deutsche Meisterschaft im Slackline.
	Juli – Aug **Mittelalter-Sommerspektakel,** Katharinenhof.
August:	**Mittelaltermarkt,** Burg.
September:	**Erntefest,** Meeschendorf.
	Fehmarn-Lauf, Burg.
	Fischmarkt, Hafen Burgstaaken.
	Deutsche Meisterschaft im Speedsurfen, Orth.
Oktober:	**Herbstzeit-Kreativmarkt,** Altjellingsdorf.
	Drachenfestival, Fehmarn, Südstrand Westmole.
Dezember:	31. **Silvesterparty** Burgtiefe Südstrand.

HOHWACHTER BUCHT

BUCHT MIT ZWEI GESICHTERN

Die Hohwachter Bucht bietet im Osten trubeliges Strandleben und Massentourismus am Weißenhäuser Strand. Im Westen ist die Bucht beschaulicher. Hier dominieren Naturstrand und unverbaute Küste. Das Naturschutzgebiet bei Behrensdorf mit Großem und Kleinem Binnensee lockt Naturliebhaber und Vogelbeobachter und auch am Sehlendorfer Binnensee sieht man weit mehr Vögel als Menschen.

Neben Strandtrubel und Natur gibt es genug für euch zu erleben und entdecken. Radelt ein Stück auf dem Ostseeküsten-Radweg, erkundet eine mittelalterliche Turmhügelburg oder lasst euch im Eiszeitmuseum zurück in die Eiszeit versetzen.

LVA SH *Wanderkarte Fehmarn – Lütjenburg (Hohwachter Bucht bis Grömitz),* 1:50.000, ISBN 978-3-89130-290-3, 5,90 €.

Schwimmen & Wassersport

TIPPS FÜR WASSERRATTEN

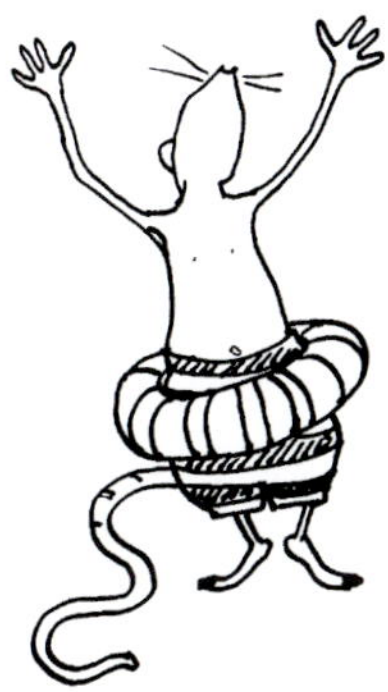

Subtropisches Badeparadies

Weißenhäuser Strand GmbH & Co. KG, Seestraße 1, 23758 Wangels-Weißenhäuser Strand. ✆ 04361/ 552716, www.subtropisches-badeparadies.de. **Bahn/ Bus:** Bus 5603 bis Weißenhäuser Strand Ferienpark. **Auto:** A1 Ausfahrt 10 Oldenburg-Mitte, über K48 Strandstraße bis Seestraße. **Rad:** Ostseeküsten-Radweg. **Zeiten:** ganzjährig täglich 9.30 – 20.30 Uhr. **Preise:** 3 Std 16 €, Tageskarte 19 €, in den Ferien, Sa, So, Fei 3 Std 19 €, Tag 22 €; Kinder 3 – 14 Jahre 3 Std 9 €, Tageskarte 12 €, Ferien, Sa, So, Fei 3 Std 12 €, Tag 15 €; Familienkarte (2 Erw, 2 Kinder) 3 Std 35 €, Tageskarte 42 €, Ferien, Sa, So, Fei 3 Std 40 €, Tag 49 €.

▶ Wer hat die Nase vorn beim wilden Rennen durch den Aqua Racer? Wenn aus der breiten Röhre eine schmale wird, kann es nur noch einen Sieger geben. Auf der Wellenrutsche könnt ihr sogar zu dritt gegeneinander antreten. Natürlich geht es auch ohne Wettkampfpartner. Schnappt euch einen Reifen und stürzt euch ins Vergnügen. Neben den vielen Rutschen ist die Water World Publikumsmagnet. Auf

Hängepartie: Schöne Spielmöglichkeiten gibt es am Weißenhäuser Strand

Hunger & Durst

Grandma's Coffee & Candy, Seestraße 1, Weißenhäuser Strand. ✆ 04361/ 5540. www.weissenhaeuser-strand.de. Täglich 10 – 18.30 Uhr. In der Galeria im Ferienpark, Kaffee, Crêpes, Waffeln.

Kessals Gartengolf, Am Brackstock 2, Hohwacht. ✆ 04381/8620. www.kessals-gartengolf.de. April – Mitte Okt, Di – So ab 12 Uhr. 18-Loch-Anlage mit Kiosk, 3,50 €, Kinder 4 – 14 Jahre 2,50 €.

Botschaft der Vorgänger: Steinmännchen am Strand

© pmv, Karolin Küntzel

mehreren Etagen sprudelt, spuckt und schießt es aus Kanonen. Vorsicht Wasserscheue! Haltet euch von dem riesigen Eimer fern. Außerdem gibt es Whirlpools, Kleinkinderbereich, Dampfbäder und Saunalandschaft.

Vor Hohwacht kreuzen

Ostwind Segelsport, Am Brackstock, 24321 Hohwacht. ✆ 04381/90510, www.ostwind.com. **Bahn/Bus:** Bus 350 bis Hohwacht Strandstraße. **Auto:** Von B202 auf L164 Richtung Hohwacht, Straßenverlauf bis Abzweig Am Brackstock folgen, dort rechts. **Rad:** Ostseeküsten-Radweg. **Zeiten:** Ende März – Ende Okt Mo – Sa. **Preise:** Segelkurs oder Surfen 1 Woche halbtags 120 €, ganztags 220 €, 2 Wochen halbtags 220, ganztags 320 €, Prüfungsgebühren 35 €; Kindersegeln 1 Woche halbtags 12 Std 120 €, 1 Woche ganztags 24 Std oder 2 Wochen halbtags 220 €, 2 Wochen ganztags 48 Std 480 €, Prüfungsgebühr 35 €, inkl. Ausrüstung, Surfen 1 Woche halbtags 120 €, ganztags 190 €, 2 Wochen halbtags, 199 €, ganztags 270 €, Prüfungsgebühr 35 €. **Infos:** Neoprenanzüge können gemietet werden.

▶ Wie wäre es, im Urlaub segeln oder surfen zu lernen? Wahlweise verbringt ihr einen halben oder einen ganzen Tag auf dem Wasser, lernt die Grundbegriffe, übt, probiert aus und gewinnt von Stunde zu Stunde mehr Sicherheit. Schon nach 24 Stunden können Kinder die *Jüngstensegelscheinprüfung* ablegen. Da werden die Freunde zu Hause aber staunen! Ihr lernt im geschützten Stehrevier mit erfahrenen Trainern. Die Schwimmweste ist natürlich immer mit dabei und gehört zur Ausrüstung.

Surf and Sail

Sehlendorf Strandstraße, 24327 Blekendorf-Sehlendorf. ✆ 04381/9768, Handy 0177/4106396. www.surfandsail.de. **Bahn/Bus:** ↗ Blekendorf/Sehlendorf. **Auto:** B202 in Kaköhl Richtung Sehlendorf abbiegen, noch mal rechts, in Sehlendorf Parkplatz links.

Rad: Ostseeküsten-Radweg. **Zeiten:** Mai – Sep. **Preise:** Mitsegeln 1 Std 30 €, Jollen-Grundkurs 10 Std 150 €, Jolle mieten ab 20 €, Surfen: Schnupperstunde 14 €, Grundkurs 125 €.

▶ Raus aufs Wasser! Hier könnt ihr einfach nur mitsegeln und die Hohwachter Bucht gemütlich vom Wasser aus betrachten oder selbst zur Pinne greifen. Segel- und Windsurfkurse werden für alle Altersgruppen angeboten. Nach dem Kurs besteht die Möglichkeit, eine Prüfung abzulegen. In diesem Fall kommen zu den Kursgebühren noch Prüfungsgebühren in Höhe von 30 € (Surfen) bzw. 35 € (Segeln) hinzu.

Radeln & wandern

Auf dem Ostseeküsten-Radweg von Hohwacht zum Weißenhäuser Strand

24321 Hohwacht. www.ostsee-schleswig-holstein.de. **Länge:** Eine Strecke etwa 12 km. **Bahn/Bus:** Bus 350 bis Hohwacht Nixenweg. **Auto:** Über L164 Am Buchholz. **Rad:** Ostseeküsten-Radweg.

▶ Von Flensburg bis nach Lübeck führt der Ostseeküsten-Radweg durch Schleswig-Holstein, insgesamt 430 km an der Küste entlang. Herrliche Aussichten auf die Ostsee sind garantiert. Die Strecke ist größtenteils eben und deshalb besonders familienfreundlich. Allerdings ist es an der Küste manchmal windig, sodass auch eine kurze Strecke, wenn ihr sie gegen den Wind strampelt, anstrengend sein kann. Der Radweg ist durchgängig gekennzeichnet. Ihr erkennt ihn am Blauen Schild mit der stilisierten leicht hügeligen Landschaft. Um ein Teilstück zu radeln, bietet sich die Strecke **Hohwacht** bis Weißenhäuser Strand an. Dazu verlasst ihr den Ort in östlicher Richtung und fahrt am *Sehlendorfer Binnensee* und am Campingplatz vorbei nach **Sehlendorf.** Hier biegt ihr links ab und nun geht es ein Stück durch das Hinterland. Noch einmal links geht es neben der B202 an **Döhns-**

FRISCHE LUFT & SPORT

Fahrradverleih Kloth*, Strandesberg 1, Hohwacht. ✆ 04381/5214. April – Mitte Okt 9 – 19 Uhr. Fahrräder, Kinderanhänger, Tret-Mobile, Bollerwagen. Ab 6 € pro Tag, Kinderrad ab 3 € pro Tag, ab 3 Tage 10 % Rabatt mit Ostseecard auf alle Räder.

@ Auf www.sh-radroutenplaner.de könnt ihr euch eine eigene Radtour mit Kilometer- und Zeitangabe zusammenstellen.

*Für 45 Cent gibt es den **Leuchtturm** Neuland als Briefmarke zu kaufen.*

*Eine **Untiefe** ist eine nicht tiefe Stelle, wo Schiffe auf Grund laufen könnten.*

dorf vorbei. Ein Stück hinter dem Ort verlasst ihr die Bundesstraße und fahrt nach links Richtung Meer. Auf der Strandstraße biegt ihr rechts ab. Kurze Zeit später seid ihr bereits in **Weißenhäuser Strand.**

Wanderung zum Leuchtturm Neuland

Hohwachter Bucht Touristik GmbH, Strandstraße, 24321 Behrensdorf. ✆ 04381/90550, www.hohwachterbucht.de. **Länge:** Hin und zurück ca. 2 km. **Bahn/Bus:** Bus 312 bis Behrensdorf. **Auto:** L26 bis Behrensdorf Strandstraße. **Rad:** Holsteinische-Schweiz-Radtour, Ostseeküsten-Radweg.

▶ Wenn ihr von der Behrensdorfer Strandstraße aus ein Stück Richtung Westen am Strand entlang lauft, erreicht ihr den **Leuchtturm Neuland.** Er steht seit 1916 an dieser Stelle. Früher leuchtete er den Schiffen auf der Hohwachter Bucht und warnte vor **Untiefen**. Seit 1998 ist der achteckige Backsteinturm im Besitz der Bundeswehr. Jetzt leuchtet er nur noch, wenn in der Bucht Schießübungen stattfinden. Dann seht ihr rote und gelbe Lichtsignale. Zu besteigen ist der Turm nur selten. Falls ihr Glück habt und hinauf dürft, habt ihr nach 210 Stufen und 40 Höhenmetern eine prima Aussicht über die Bucht. Zurück nach Behrensdorf lauft ihr entweder wieder direkt am Strand oder auf dem parallelen Küstenweg.

Gut zu Fuß – Laufen und Walken

24321 Lütjenburg. www.hohwachterbucht.de. **Lage:** Verschiedene Startpunkte. **Länge:** 4,7 – 11,2 km. **Bahn/Bus:** Bus 4310 bis Lütjenburg Westring Abzw. **Auto:** Anfahrt zur Kieler Straße in Lütjenburg über B202 und L165.

▶ Im **Lauf- & Walkingpark** gibt es insgesamt vier Walkingstrecken unterschiedlicher Länge. Die Strecken durch das *Nienthal,* in die *Streetzer Berge* und zum *Hessenstein* beginnen an der **Kieler Straße,** die Tour rund um den *Eetzwald* startet am **Vogelberg.** Eine weitere Laufstrecke, die *Flunderroute,* befindet

Sturmerprobt: Silbermöwe im Winterkleid

© pmv, Karolin Küntzel

sich in **Hohwacht.** Die Strecken sind nicht nur für Walker geeignet. Nutzt sie für einen schönen Spaziergang durch eine abwechslungsreiche Landschaft. Eine genaue Routenbeschreibung bzw. Karten mit dem Tourenverlauf erhaltet ihr bei der Tourist-Info.

Die Hohwachter Bucht ist Teil des 800 km langen Streckennetzes der **Ostsee-Laufküste.** Die Wege sind mit Grünen Pfeilen gekennzeichnet. Infos unter www.laufkueste.de.

Reiten & Esel-Kutschfahrten

Happy Horse Farm

Jan-Oliver Becker, Blekendorfer Berg 10d, 24327 Blekendorf. ✆ 04381/9560, Handy 0174/9193919. www.happy-horse-farm.de. **Bahn/Bus:** Bus 313 bis Graskamp. **Auto:** B202 Lütjenburger Straße auf K27 Richtung Blekendorf. Im Ort rechts auf Blekendorfer Berg abbiegen. **Rad:** Holsteinische-Schweiz-Radtour. **Zeiten:** ganzjährig, Di 15, 16 Uhr Reiterspiele, Reiten nach Vereinbarung. **Preise:** Reiterspiele 8 €, Erlebnistag inklusive Verpflegung 40 €.

▶ Der Stutenmilch-Hof bietet für Kinder ab 4 Jahre Reiterspielgruppen an. Die Kinder werden spielerisch an die Pferde herangeführt und machen erste Erfahrungen mit den Tieren. An den Erlebnistagen seid ihr 10 – 16 Uhr auf dem Hof, reitet, bastelt, spielt und erfahrt ganz nebenbei viel über das Leben auf einem Bauernhof.

Der Hofladen der Farm hat jeden Tag 10 – 18 Uhr geöffnet.

Happy Horse Farm, Blekendorfer Berg 10d, Blekendorf. ✆ 04381/9560. www.happy-horse-farm.de. Ganzjährig geöffnet. Übernachten im Strohhotel, Ü 11 € pro Person, Frühstück 5 €.

Jeden Sa gibt es für 2 – 3 Kinder in Begleitung eines zahlenden Erw freien Eintritt.

Eselpark Nessendorf

Familie August, Wiesengrund 3, 24327 Blekendorf-Nessendorf. ✆ 04382/748, Handy 01802/214646. www.eselpark.de. **Bahn/Bus:** Bus 4310 bis Nessendorf Bungsbergstraße. **Auto:** B202 bis Kaköhl, dann links auf L258 bis Nessendorf, kostenloser Parkplatz. **Zeiten:** März – Nov täglich 10 – 18 Uhr, Einlass bis 17 Uhr. **Preise:** 5 €; Kinder bis 16 Jahre 4 €.

▶ Über 100 Esel leben im Eselpark Nessendorf. Esel, wie ihr sie sicher kennt, aber auch seltene Arten wie Barock- und Riesenesel. Ihr dürft die Tiere aber nicht nur anschauen und streicheln, sondern auch auf ihnen reiten, sofern ihr nicht schwerer als 50 kg seid. Weiterer Höhepunkt des Parks sind die Esel-Kutschfahrten durch die Holsteinische Schweiz. Nach einer Einweisung bekommt ihr euer eigenes kleines Gespann. Zuerst führt ihr den Esel und wenn sich alle aneinander gewöhnt haben, trabt der Esel mit euch auf dem Kutschbock und im Wagen munter zurück in den Eselpark. Sind Esel wirklich so störrisch wie ihr Ruf? Manchmal kommt es euch vielleicht so vor. Dann lasst ihn ein wenig verschnaufen und Gras fressen. Kurz darauf setzt er sich ganz von selbst wieder in Bewegung. Nach dem Ausritt ist noch Zeit, um auf dem Spielplatz oder in der Spielscheune zu toben. Erfrischungen und eine kleine

Haben viele Namen: Eselchen, Grautier, Hans Langohr, aber auch Trottel, Sturkopf oder Dummkopf – zurecht?

Stärkung bekommt ihr im **Eselpark-Restaurant** mit Kaffeegarten.

Reiten auf Welsh Cobs

Welsh Cob Gestüt Llaun, Claudia Gerling, Hasenberg, 24327 Nessendorf. ✆ 04382/920267, Handy 0171/6461198. www.welshcob-gerling.de. **Bahn/Bus:** Bus 4310 bis Nessendorf Bungsbergstraße, 20 Min Fußweg. **Auto:** A1 Ausfahrt 11 Oldenburg in Holstein-Süd, links auf B202 bis Kaköhl, dann links auf L258 bis Nessendorf. Am Ortsende rechts ab, Ausschilderung Hasenberg folgen. **Zeiten:** ganzjährig, Termine auf Anfrage. **Preise:** Reiten in der Gruppe 20 €, Einzelstunde 30 €, Ausritte 22,50 €; Kinderreiten in der Gruppe 10 – 12,50 €, geführte Ausritte 22,50 €; Familienreiten: das 2. Familienmitglied zahlt nur 15 €.

▶ Auf dem Gestüt werden die robusten und umgänglichen *Welsh Cobs* gezüchtet. Das sind etwa 1,35 m hohe Ponys, die ursprünglich aus dem britischen Wales stammen. Auf ihnen veranstaltet ihr Reiterspiele, lernt reiten und den Umgang mit dem Pferd. Anfänger sind ebenso willkommen wie Wiedereinsteiger oder Urlaubsreiter, die einfach nur an einem schönen Ausritt durch Wald und Feld teilnehmen möchten. Therapeutisches Reiten und Heilpädagogisches Voltigieren werden ebenfalls angeboten.

Erlebniswelten

Abenteuer Dschungelland

Weißenhäuser Strand GmbH & Co. KG, Seestraße 1, 23758 Wangels-Weißenhäuser Strand. ✆ 04361/ 550, www.weissenhaeuserstrand.de. **Bahn/Bus:** Bus 5603 bis Weißenhäuser Strand Ferienpark. **Auto:** A1 Ausfahrt 10 Oldenburg-Mitte, über K48 Strandstraße bis Seestraße. **Rad:** Ostseeküsten-Radweg. **Zeiten:** Juni – Aug täglich 10 – 22 Uhr, Sep – Mai So – Do 10 – 21 Uhr, Fr, Sa 10 – 22 Uhr. **Preise:** Erw und Kinder ab 3 Jahre 9 €,

Hunger & Durst

Café und Restaurant im Eselpark, Wiesengrund 3, Blekendorf-Nessendorf. ✆ 04382/748. www.eselpark.de. März – Nov täglich 10 – 18 Uhr. Kaffee und Kuchen, warme Gerichte.

Welsh Cob Gestüt Llaun, Hasenberg, Nessendorf. ✆ 04382/920267. www.welshcob-gerling.de. 60-qm-FeWo für 2 – 5 Pers, HS 60 €, NS 48 €.

Happy Birthday!

Ab 5 Kindern kann hier gefeiert werden. Das Geburtstagskind ist eingeladen, die Gäste zahlen mit Essen und Getränken 17,50 €.

Hunger & Durst

Dschungel-Restaurant, im Dschungelparadies, Wangels-Weißenhäuser Strand. ✆ 04361/ 552759. www.weissenhaeuserstrand.de. Täglich 10 – 22 Uhr. Steaks, Burger, Salate in Dschungelatmosphäre, verschiedene Kindergerichte.

in den Schulferien sowie Sa, So, Fei 11 €; Erw ab 65 Jahre 7 €, Familienkarte (2 Erw, 2 Kinder) 32 €, in den Schulferien sowie Sa, So, Fei 38 €.

▶ Ab in den Dschungel! Im Dschungelland erwarten euch neben exotischen Tieren wie Kaimanen und Echsen auch ein Hochseilklettergarten und eine Kletterwand. In der Spiellandschaft darf getobt werden und im verbotenen Tempel erlebt ihr waschechte Abenteuer. Doch Vorsicht! Verfallt nicht dem Goldrausch, wenn ihr an der Goldwaschanlage El Dorado euer Glück versucht. Schließlich gibt es noch mehr zu erleben. Findet den Weg aus dem Labyrinth, besucht die Grabkammer und lasst euch im 4D-Kino von den Effekten in den Bann ziehen.

Auf ins Piratenlager!

Gemeinde Hohwacht, Seestraße 14, 24321 Hohwacht. ✆ 04381/90550, www.hohwachterbucht.de. **Bahn/ Bus:** ↗ Hohwacht. **Auto:** Von B202 Richtung Hohwacht auf L164 Am Buchholz, von dort links in Seestraße. **Zeiten:** ganzjährig frei zugänglich.

▶ Klar zum Entern? Klar! Das ist das Signal und schon schwingen sich haufenweise kleine Piraten vom Leuchtturm auf den Seetiger, ein auseinander gebrochenes Schiffswrack. Was es da wohl zu holen

Hunger & Durst

Restaurant Seaside, Seestraße 14, Hohwacht. ✆ 04381/ 414860. www.seaside-hohwacht.de. Nov – März Fr – So ab 10 Uhr, April – 14. Juni täglich ab 10 Uhr, 15. Juni – 15. Sep täglich ab 9.30 Uhr. Ausgezeichnet als familienfreundliche Gaststätte, Frühstück, deutsche und internationale Küche, Kindergerichte, Spielecke.

Warten auf den nächsten Ansturm: Tretboote am Hohwachter Strand

© pmv, Karolin Küntzel

gibt? Auf jeden Fall ist es hart umkämpft. Solche Szenen spielen sich mehrmals täglich ab, denn der wunderschön gestaltete Spielplatz oder besser, die Spielerlebniswelt, ist bei den Kindern sehr beliebt. Hier ist immer was los und ruckzuck ist eine neue Piratenbande gegründet. Wer genug vom wilden Leben hat, kann einfach bloß klettern, buddeln, rutschen oder mit Wasser matschen.

Im Kurpark von Hohwacht befindet sich eine Bouleanlage. Lust auf ein Spiel?

Rodeln auf dem Bungsberg

Abgefahren: Skifahren auf dem Bungsberg

Ferienhof Schnoor, Familie Schnoor, 23744 Schönwalde am Bungsberg. ✆ 04528/846, www.ski-bungsberg.de. **Bahn/Bus:** Bus 5602 bis Bungsberg. **Auto:** A1 Ausfahrt 13 Neustadt in Holstein, Pelzerhaken, über L216 Milchstraße bis Schönwalde, weiter auf L178 Lütjenburger Straße, nach 3 km rechts. **Rad:** Holsteinische-Schweiz-Radtour. **Zeiten:** Dez – April, je nach Schneeverhältnissen. **Preise:** Tageskarte 15 €, 20 Fahrten 10 € pro Person.

Rodel- und Skistrecke sind am Bungsberg räumlich voneinander getrennt, sodass man sich nicht ins Gehege kommt.

▶ Deutschlands nördlichster Skilift befindet sich am *Bungsberg.* Mit 168 m über dem Meeresspiegel ist er die höchste Erhebung in Schleswig-Holstein. Bestes Rodelrevier also. Aber nicht nur das. Auf dem Berg befindet sich sogar ein Skilift, der bei ausreichender Schneedecke in Betrieb genommen wird. Also nix wie los, die Bretter untergeschnallt und ab auf die Piste. Die ist mit 300 m nicht lang, aber für Anfänger ideal. Probiert auf Ski oder Snowboard eure ersten Schwünge aus oder lauft euch schon mal warm für den Skiurlaub. Spaß macht es allemal und die Stimmung am Bungsberg ist immer prima, wenn es heißt: Ski und Rodel gut! Erkundigt euch telefonisch, ob der Lift in Betrieb ist.

Ferienhof Schnoor, Kirchnücheler Weg 9, Mönchneversdorf. ✆ 04528/846. www.ferienhof-schnoor.de. Ganzjährig, FeWo für 2 – 6 Pers ab 40 €. Ponyreiten, Treckerfahren, Kinderspielplatz, Tiere streicheln, im Stroh toben.

Natur erleben

Obst-Erlebnis-Garten

Hohwachter Bucht GmbH & Co. KG, Blekendorfer Berg 1a, 24327 Blekendorf-Futterkamp. ✆ 04381/418801, www.obst-erlebnis-garten.de. **Bahn/Bus:** Bus 4310 bis Blekendorf Futterkamp. **Auto:** B202 Lütjenburger Straße bis Futterkamp, im Ort auf Blekendorfer Berg abbiegen. **Zeiten:** Hofladen, Café und Garten Ende März – Anfang Nov täglich 9 – 19.30 Uhr, Selbstpflücken ab circa 10. Juni täglich ab 8 Uhr. **Preise:** 5 €, Juni – Aug 6 €.

▶ Toben, Obst pflücken, Tiere streicheln, aus dem Labyrinth herausfinden, Trampolin springen, mit der Fähre über den See setzen, den Garten erkunden oder klettern. All das ist im Obst-Erlebnis-Garten möglich. Auf dem Obsthof wachsen fast alle heimischen Früchte. Ein Besuch lohnt sich deshalb besonders, wenn eure Lieblingsfrucht reif ist. Zum Beispiel im Frühjahr, wenn es die ersten Erdbeeren gibt oder im Herbst zur Apfelernte. Neben dem Obst gibt es hier Spielmöglichkeiten für die ganze Familie. Auch schlechtes Wetter muss das Vergnügen nicht trüben, denn im **Indoorbereich** gibt es Klettermöglichkeiten, Strohburgen und allerlei andere spannende Beschäftigungen. Genug getobt? Dann nichts wie raus in den weitläufigen Garten. Streift durch die Obstwiese, den Rosengarten und die Staudenbeete. Welche Kräuter duften im Kräuterbeet, welche Tomaten sind schon reif? Im **Hofcafé** erwarten euch leckere Kuchen und im **Hofladen** gibt es neben den Produkten des Hofes weitere regionale Erzeugnisse. Regelmäßig finden Veranstaltungen für alle statt, zum Beispiel Obstgehölze schneiden oder Bastelnachmittage.

Wird ein schöner, roter Apfel: Apfelbaumblüte

Was wächst, fliegt, kriecht denn da?

Im Behrensdorfer Naturschutzgebiet, Strandstraße, 24321 Behrensdorf. ✆ 04381/404279, www.schleswig-holstein.nabu.de. **Lage:** Zwischen Behrensdorf und Lippe. **Bahn/Bus:** Bus 312 bis Behrensdorf. **Auto:**

L165 auf K26, über Matzwitz nach Behrensdorf, dort Richtung Strand, Parkplatz am NSG. **Rad:** Ostseeküsten-Radweg.

▶ Im NSG Behrensdorf findet ihr viele verschiedene naturnahe Lebensräume. Dünen, Wälle, Spülsaum, Seegraswiesen und Lagunen unterscheiden sich nicht nur stark voneinander, sie bieten auch ganz unterschiedlichen Pflanzen und Tieren Nahrung und Schutz. Macht euch auf einen Naturentdeckungsspaziergang dorthin. Schnappt euch Fernglas, Kescher, Becherlupe, ein Notiz- und ein Bestimmungsbuch. Los geht's! Findet heraus, wie die Pflanzen heißen, die dort wachsen. Ist das Meerkohl oder Mauerpfeffer? Sammelt Muscheln und Schnecken am Strand zum Bestimmen, gebt dem Tang seinen richtigen Namen. Schaut genau hin, was im Wasser kreucht und fleucht und welche Vögel sich am kleinen Binnensee oder dem Strand einfinden. Gänsesäger oder Teichhuhn, Strandläufer oder Schnepfe? Lasst euch überraschen, wie viele Arten ihr entdeckt. 5, 10, 20 oder mehr?

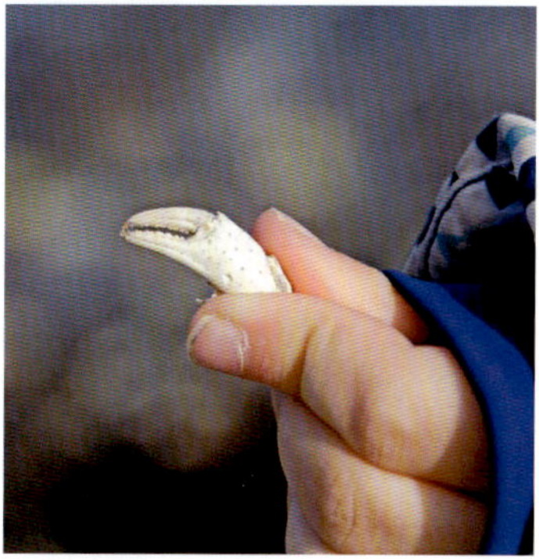

Nicht viel größer als dein kleiner Finger: Krebsschere

Ein übersichtliches und handliches Bestimmungsbuch sollte mit in euer Gepäck. Dirk Schories, Ute Wilhelmsen, *Die Ostsee, 190 Tiere und Pflanzen,* Kosmos Verlag Stuttgart 2012, ISBN 978-3-440-13202-9, 9,99 €.

Naturerlebnisraum: Stauchmoränen am Hessenstein

Stadt Lütjenburg, Nienthal, 24321 Lütjenburg. **Bahn/Bus:** Bus 260 bis Darry Karkkamp. **Auto:** Von Lütjenburg auf L165 bis Nienthal, dort links.

▶ Der **Naturerlebnisraum** befindet sich nordwestlich von Lütjenburg im **Nienthal.** Die Landschaft wurde durch die Eiszeit geformt und ist abwechslungsreich und hügelig. Senken, Bäche, Weiden und Wald befinden sich auf eurem Weg. Es gibt schöne Ausblicke in die Landschaft und eine Menge zu entdecken. Highland-Rinder grasen hier, Frösche quaken in der Froschkonzertlaube und immer wieder führt euer Weg

Durch das Gebiet führen gekennzeichnete Nordic-Walking-Routen.

über Bohlenwege, Stege und Brücken. Es gibt einen Grillplatz und Insektenhotels. Schaut nach, ob schon jemand eingezogen ist.

HANDWERK UND GESCHICHTE

Betriebsbesichtigungen

In der Räucherkate

Braaschs Schinkenräucherei, Hauptstraße 25, 23738 Harmsdorf. ✆ 04363/1643, www.schinken-braasch.de. **Bahn/Bus:** Bus 4310 bis Harmsdorf Alte Schule. **Auto:** A1 Ausfahrt 12 Lensahn Richtung Kiel über L258, in Harmsdorf an der Hauptstraße links. **Zeiten:** Mo – Fr 9 – 18, Sa 9 – 13 Uhr, im Winter jeweils 1 Std kürzer, Besichtigungen bis 1 Std vor Geschäftsschluss. **Preise:** kostenlos.

▶ Hier hängen die Schinken von der Decke. Seit 1663 werden in der alten Kate Schinken geräuchert, traditionell immer 15. Oktober – 15. Mai. Grund dafür ist die Abwesenheit von Fliegen im Winter. Der Schinken wird erst in Salz eingelegt und anschließend im kalten Buchenrauch bei 16 – 18 Grad für vier Monate geräuchert. Die ganze Kate hängt dann voller Schinken. Besichtigt die Kate, zählt, wenn ihr wollt, die Schinken und kostet ein Stück. Holsteiner Schinken ist eine regionale Spezialität und echt lecker.

Holsteiner Katenschinken schmeckt gut auf Brot und passt hervorragend zu Spargel.

Wäre ohne Fernsehturm kaum als Berg zu erkennen (behaupten Alpinisten): Der Bungsberg

© pmv, Karolin Küntzel

Fernsehturm auf dem Bungsberg

Deutsche Funkturm (DFMG), Bungsberghof, 23744 Schönwalde am Bungsberg. www.dfmg.de. **Bahn/Bus:** Bus 5602 bis Bungsberg. **Auto:** A1 Ausfahrt 13 Neustadt in Holstein, Pelzerhaken, über L216 Milchstraße bis Schönwalde, weiter auf L178 Lütjenburger Straße, nach circa 3 km rechts ab. **Rad:** Holsteinische-Schweiz-Radtour. **Zeiten:** täglich 10 – 17 Uhr.

▶ Auf dem höchsten Berg Schleswig-Holsteins, dem *Bungsberg,* steht ein **Fernmeldeturm,** der noch in Betrieb ist. Er ist mit 179 m sogar noch 11 m höher als der Berg selbst. Ungefähr 40 m über dem Boden befindet sich eine Aussichtsplattform, die für Besucher zugänglich ist. Fast 200 Stufen müsst ihr steigen, um von dort bis nach Travemünde oder zum Binnenwasser bei Hohwacht zu schauen.

Der kleine ***Elisabethturm*** *daneben steht unter Denkmalschutz, ist aber so baufällig, dass er nicht betreten werden darf.*

Gräber, Türme & Burgen

Turmhügelburg Lütjenburg

Gesellschaft der Freunde der mittelalterlichen Burg in Lütjenburg e.V., Nienthal, 24321 Lütjenburg. ✆ 04381/918847, Handy 0162/4238167. www.turmhuegelburg.de. **Bahn/Bus:** Bus 4310 bis Lütjenburg Panker Straße. **Auto:** B202 Schönberger Straße, Kreisel 3. Ausfahrt Richtung Panker, 1. Straße Bunendorp links abbiegen, dann bis Parkplatz. **Zeiten:** ganzjährig. **Preise:** Besichtigung kostenlos, 5 € bei Veranstaltungen, Führung 3 €; Kinder ab 6 Jahre bei Veranstaltungen 3 €, Führung 2 €.

▶ Im Zuge der Christianisierung ließen sich Landadelige auch in Ostseenähe nieder. Sie befestigten ihren Rittersitz zum Schutz vor Angriffen. Eine sehr häufige Bauform der damaligen Zeit war die **Turmhügelburg.** Sie wurde auf einem Burghügel errichtet, der von einem Graben umgeben war. Im Mittelalter gab es viele dieser Kleinburgen, elf sind es allein im Umkreis von Lütjenburg gewesen. Die Turmhügelburg, die ihr hier besichtigen könnt, ist die Rekonstruktion einer solchen Burg. In enger Zusammenarbeit mit dem Archäologischen Landesamt in Schleswig soll die gesamte Burganlage historisch korrekt aufgebaut werden. Für den Bau werden ausschließlich Baumaterial und Techniken verwendet, die damals zur Verfügung

In der Turmhügelburg: Das schöne Fachwerkhaus ist eine Kapelle

Gute Aussicht: Vom Holzturm der Burg konnte man mögliche Angreifer von Weitem sehen

*Eine andere Bezeichnung für **Turmhügelburgen** ist Motte. Das französische Wort bedeutet Klumpen oder Erdsode. Gemeint sind künstlich aufgeschüttete Erdhügel, auf denen die Holzburgen errichtet wurden.*

standen. Die Anlage besteht inzwischen aus mehreren Gebäuden. Erkundet Wohn- und Stallgebäude, die Hauptburg mit Hügel, Burggraben, Kapelle, Speicher, Brunnen, Backhaus und den Turnierplatz. Spätestens wenn hier Veranstaltungen wie die Mittelalterey oder das Wikingerlager stattfinden, wird die Zeit des Mittelalters wieder lebendig.

Hunger & Durst

Pur Café-Bistro-Manufaktur, Neuwerkstraße 9, Lütjenburg. ✆ 04381/404147. www.einfachpurgeniessen.de. Mo – Do 11 – 22, Fr – So 9 – 22 Uhr, Frühstück bis 12 Uhr. Bistro mit Ladenlokal. Produkte aus der Region, Bio-Weine.

*Ihr könnt den **Bismarckturm** besteigen, ohne im Restaurant zu essen.*

Auf dem Bismarckturm Lütjenburg

Restaurant Bismarckturm, Am Bismarckturm 1, 24321 Lütjenburg. ✆ 04381/7921, www.restaurant-bismarckturm.com. **Lage:** Am Restaurant Bismarckturm, Zugang über Gaststätte. **Bahn/Bus:** ↗ Lütjenburg. **Auto:** B202 bis Lütjenburg, über L165 Schönberger Straße rechts in Pankerstraße, dann links in Bergstraße bis Hotel Ostseeblick. **Zeiten:** Di – So 11 – 14.30 und 17.30 – 21.30 Uhr. **Preise:** 1 €; Kinder 0,50 €.

▶ Das Wahrzeichen von Lütjenburg, der **Bismarckturm,** steht auf dem 60 m hohen *Vogelberg.* 18,5 m ragt er in die Höhe. Um da hinauf zu kommen, müsst ihr 96 Stufen erklimmen, dann aber habt ihr einen wunderbaren Ausblick über die Hohwachter Bucht und Lütjenburg. Vorausgesetzt, das Wetter spielt mit.

Langbetten auf dem Ruserberg

24327 Futterkamp. **Bahn/Bus:** Bus 4310 bis Blekendorf Futterkamp. **Auto:** B202 Lütjenburger Straße bis Futterkamp.

▶ In der Nähe von Futterkamp, auf einer Anhöhe mit dem Namen *Ruserberg,* befinden sich fünf Grabanlagen aus der Jungsteinzeit (3500 – 2800 v.Chr.). Drei dieser Langbetten sind so weit freigelegt, dass ihr gut an sie herankommt. Zwei von ihnen sind mehr als 50 m lang. Wie breit schätzt ihr sie? Messt mit großen Schritten nach, dann bekommt ihr die ungefähren Maße heraus. Kleiner Tipp: Ein Kinderschritt sind ungefähr 80 cm. Auf die Anlage wird in Futterkamp mit Schildern hingewiesen.

Bei den Langbetten ist ein Cache versteckt. Findet ihr ihn?

Museen & Stadtrundgänge

»Hände falten – Schnabel halten«: Ein Besuch im Dorfmuseum Schönwalde

Förderverein Dorfmuseum Schönwalde a.B. e.V., Am Ruhsal, 23744 Schönwalde am Bungsberg. ✆ 04528/ 910775, www.dorfmuseum-schoenwalde.de. **Bahn/ Bus:** Bus 5508 bis Schönwalde Schule. **Auto:** A1 Ausfahrt 13 Neustadt in Holstein, Pelzerhaken, über L216 Milchstraße links auf L57 Oldenburger Straße, dann rechts in Am Ruhsal. **Zeiten:** 15. Mai – Sep Di, Fr 16 – 18 Uhr, Juli – Aug auch So 16 – 18 Uhr. **Preise:** 1,50 €, Führung 2 € (ab 10 Pers); Kinder bis 18 Jahre 1 €.

▶ Das kleine Dorfmuseum gestattet euch einen Einblick in eine längst vergangene Zeit. Wie lebten die Menschen im frühen 20. Jahrhundert? Wie sah das bäuerliche Leben aus, welche Gerätschaften erleichterten das Leben und wie wurde unterrichtet? Im alten Klassenzimmer hängen Tafeln in deutscher Schrift. In den engen Bänken wurden früher die Hauptschüler unterrichtet. Wenn ihr die harten Bänken selbst einmal ausprobieren möchtet, ist das Museumsangebot *Hände falten - Schnabel halten* wie für euch gemacht. Mit Griffel und Schiefertafel ausgerüstet, dürft ihr euch dann u.a. in deutscher Schrift versuchen. Weiterhin werden auf Anfrage angeboten: *Alte Kinderspiele, Märchenstunde, Von Mäusen und Mausefallen, Beim Schuhmacher* oder *Arbeit von Kindesbeinen an.* Weiterführende Informationen zu den

@ Im Dorfmuseum dürft ihr mit den Museumsdetektiven auf Spurensuche in der Vergangenheit gehen. Mehr Informationen dazu im Museumsblog: www.detektive-gesucht.blogspot.de.

museumspädagogischen Angeboten bekommt ihr im Museum.

Zurück in die Eiszeit: Das Eiszeitmuseum

Nienthal 7, 24321 Lütjenburg. ✆ 04381/415210, www.eiszeitmuseum.de. **Bahn/Bus:** Bus 260 bis Darry Karkkamp. **Auto:** B202 bis L165 Schönberger Straße, links in Hauptstraße, von dort links in Nienthal abbiegen. Kostenlose Parkplätze am Museum. **Zeiten:** Mai – Sep täglich 10 – 18 Uhr, Okt – April Di – So 11 – 17 Uhr. **Preise:** 4 €; Kinder 6 – 16 Jahre 2 €.

▶ Was genau ist eine Eiszeit und wann war die letzte? Wie veränderte sie die Lebensbedingungen und die Landschaft? Wo sind die Auswirkungen dieses dramatischen Ereignisses heute noch sichtbar? Die Antworten findet ihr im Eiszeitmuseum. Anfassen ist hier erlaubt. Fühlt sich ein Mammutbackenzahn an wie ein normaler Zahn? Wie rau sind Muschelschalen, wie glatt vom Gletscher geschliffene Steine? Ihr dürft am Stinkkalk kratzen und werdet plötzlich wissen, wie der zu seinem Namen kam. Spielt mit dem Steinpuzzle, schätzt das Gewicht von Findlingen oder malt euer eigenes Eiszeitbild mit Mammuts, Rentieren und Steinzeitmenschen. Das Museum führt regelmäßig Veranstaltungen durch. Dann stehen z.B. Bernstein schleifen, Fossilien gießen oder Speckstein schnitzen auf dem Programm.

Hunger & Durst

Café im Eiszeitmuseum, Nienthal 7, Lütjenburg. ✆ 04381/415210. www.eiszeitmuseum.de. Geöffnet wie Museum. Süße Kuchen und Torten.

Stadtrundgang durch Lütjenburg

Tourist-Information Lütjenburg, Markt 4, 24321 Lütjenburg. ✆ 04381/419941, www.hohwachterbucht.de. **Länge:** Etwa 1 Std, mit Abstecher zur Turmhügelburg min. doppelt so lange. **Bahn/Bus:** ↗ Lütjenburg. **Auto:** ↗ Lütjenburg.

▶ Startet den Spaziergang an der **St.-Michaelis-Kirche** in der Niederstraße. Die spätromanische Backsteinkirche besitzt einen schönen Flügelaltar und hölzerne Logen. Wenn sie offen ist, werft ruhig einen Blick hinein. Gegenüber der Kirche am **Markt** stehen schöne alte Bürgerhäuser. In einem davon befindet sich seit 1704 eine Apotheke, in den anderen Häusern waren früher eine Schmiede, ein Arztpraxis und ein Büro untergebracht. Ebenfalls am Markt steht das **Färberhaus.** Es ist das älteste Haus der Stadt. Färber waren hier allerdings nie tätig. Auf dem Bürgerbrunnen davor verkündet das Denkmal von *Hein Lüth* die neuesten Nachrichten. Durch die Markttwiete gelangt ihr zum **Rathaus,** das 1790 als Handwerkerhaus gebaut wurde. Geht durch die Rosenstraße zur Plöner Straße und biegt 100 m weiter rechts ab. Jetzt geht es 100 Stufen die Mühlentreppe bergauf. Bis 1929 stand auf dem **Mühlenberg** eine Windmühle. Von hier habt ihr einen wunderbaren Blick über die Landschaft bis zum *Bungsberg.* Weiter geht es nach rechts in die Oberstraße und dann nach links in den **Amakermarkt,** die alte Zunftstraße der Ofenmacher. Ihr kommt am Bäckerhaus von 1790 vorbei und erreicht dann den Alten Posthof. Lauft rechts ein Stück die Neuwerkstraße, die ehemalige Färberstraße, entlang und biegt dann links auf einen Parkplatz ein. Von hier führt ein kleiner Weg in einem rechten Bogen am

*Falls ihr ein Gebäude mit einem Holzfässchen über der Tür entdeckt, habt ihr die alte **Kornbrennerei** gefunden. Im Haus befindet sich immer noch eine Probierstube.*

HEIN LÜTH, DER LETZTE STADTAUSRUFER

Wenn ihr heute wissen wollt, was in eurer Gegend los ist, schaut ihr in die Zeitung. Früher informierten Stadtausrufer die Bürger über alles Wissenswerte. **Hein Lüth**, geboren 1850, war einer davon, der letzte in Lütjenburg; sein Denkmal steht am Marktbrunnen. Ursprünglich war er Schuhmacher und Schuldiener. Dann übernahm er die Aufgabe als Stadtausrufer. Er läutete eine Handglocke und anschließend las er die Neuigkeiten vor. Außerdem war er als Nachtwächter unterwegs. Und wer sowieso schon wach ist und aufpassen muss, kann auch gleich ein Auge für die Polizei aufhalten. Gedacht, getan! Hein wurde Polizeidiener. Er starb 1919. Zu Festen kann es allerdings passieren, dass er euch in Uniform und Pickelhaube über den Weg läuft. Mal hören, was es Neues gibt ...

Hunger & Durst

Eiscafé Wede, Teichtorstraße 7, Lütjenburg. ✆ 04381/7819. Mi – Mo 9 – 20 Uhr. Eis aus eigener Herstellung.

Wasser entlang. Geht links um den Stadtteich herum, quert die Pankerstraße und besteigt den **Vogelberg.** Wer noch mehr Aussicht möchte, erklimmt zusätzlich den ↗ **Bismarckturm.** Von hier geht ihr entweder zurück zum Markt oder ihr macht noch einen Abstecher zur ↗ **Turmhügelburg.** Dorthin kommt ihr, wenn ihr der Panker Straße in westlicher Richtung bis kurz hinter dem Ortsausgang folgt.

FESTKALENDER HOHWACHTER BUCHT

Januar:	**Hohwachter Strandleuchten,** Hohwacht, Fackelwanderung über die Steilküste, Feuerakrobatik.
Mai:	**Wikingerlager,** Turmhügelburg Lütjenburg.
Juni:	**Sommerleuchten,** Hohwacht, rund um die Flunder, Strandparty mit Elfen und Fackelschwimmern.
Juli:	**Mittelalterey,** Turmhügelburg Lütjenburg, Falknerei, Ritter- und Reiterspiele, Musikanten, Tanz.
	Piratentage, Hohwacht.
	Stadtfest, Lütjenburg.
	Sommerfest, Sehlendorfer Strand, mit Feuerwerk.
August:	**Piratentage,** Hohwacht.
	1. So, **Seefest,** Mönchneversdorf.
September:	**Lütjenburger Aufbruch,** Lütjenburg Turmhügelburg, Lager mit Markt, Musik und Gaukelei.
	Ende Sep **Traditionelles Erntedankfest,** Lensahn, Museumshof.
Dezember:	**Adventsmarkt,** Turmhügelburg Lütjenburg.
	1. Advents-Wochenende **Weihnachtsmarkt,** Lensahn, Kirchplatz.

EUTIN & PLÖN

Nakskov
Nykøbing
Sakskøbing
E47
Ostsee
1 cm
20 km
LOLLAND
Femer Bælt
FEHMARN
Burg auf Fehmarn
Heiligenhafen
Hohwachter Bucht
Lütjenburg
Oldenburg i. Holstein
Holsteinische Schweiz
1
Eutin
Plön
Grömitz
Neustadt i.H.
Mecklenburger Bucht
Rostock
Scharbeutz
Timmendorfer Strand
Ahrensbök
Poel
Neubukow
Bad Segeberg
Travemünde
Wismar
Bad Schwartau
LÜBECK

WÄLDER, SEEN UND HÜGEL

Malerische Landschaft, sanfte Hügel, romantische Seen. Bei fast 200 Seen führen in der Holsteinischen Schweiz viele Touren ans Wasser. Baden, Paddeln, Seen zu Fuß oder per Rad umrunden, mit dem Kanu und dem Schiff überqueren oder einfach nur aufs Wasser schauen – jeder findet hier sein Wasserplätzchen.

Meistens ist der Wald dann auch nicht weit. An vielen Stellen rahmt er den See ein und prägt die Landschaft des Naturparks. Schlösser, Herrenhäuser und Güter, aber auch kleine Katen oder Mühlen laden zum Entdecken und Besichtigen ein. Vielleicht habt ihr Lust, uns eure eigenen Entdeckungen zu schreiben? Z.B. auf www.facebook.com/PeterMeyerVerlag.

LVA SH *Wanderkarte Holsteinische Schweiz: Das wald- und seenreiche Hügelland zwischen Kiel und Lübeck,* 1:25.000, ISBN 978-3-89130-295-8, 5,40 €.

TIPPS FÜR WASSERRATTEN

See- & Strandbäder

Baden wie in alten Zeiten

Historische Badeanstalt am Großen Eutiner See, Bebensundweg, 23701 Eutin-Fissau. ✆ 04521/70970, www.eutin.de. **Bahn/Bus:** Bus 5502 bis Fissau Am Seeschaarwald. **Auto:** B76 bis Eutin, über L176 Plöner Straße links in Riemannstraße, rechts in Bleekergang, rechts in Heinrich-Lüth-Weg, links in Bebensundweg. **Rad:** Mönchsweg, Holsteinische-Schweiz-Radtour. **Zeiten:** Mai – Aug Mo – Fr 10 – 20, Sa, So 10 – 18 Uhr, bei gutem Wetter bewacht. **Preise:** kostenlos.

▶ Die alte hölzerne Badeanstalt ist wunderschön und schon mehr als 100 Jahre Ausflugsziel für Familien. Das Baudenkmal liegt idyllisch, ist aber trotzdem gut zu erreichen. Vom Schloss aus sind es nur 10 Min zu Fuß und auch mit dem Auto ist sie gut zu erreichen. Für Wasserspaß sorgen Rutsche und Sprungturm. Wem der See zum Schwimmen zu frisch ist, der hält nur die Füße vom Badesteg hinein. Seid ihr müde geworden, laden die beschattete Liegewiese und der kleine Strand zur Pause ein. Zusätzlich gibt es ein Beachvolleyballfeld und Spielgeräte.

Idylle mit Wasserturm im Hintergrund: Der Große Eutiner See

Wenn das Wetter während der Sommerferien mitspielt, ist jeden Do ab 14 Uhr Familientag mit Bratwurst und Getränken.

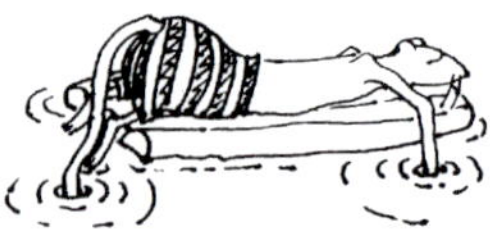

Camping Bosau, Strandweg 10, Bosau. ✆ 04522/ 9490. www.camping-bosau.de. März – Okt. Erw 3,80 – 4,80 €, Kinder 2 – 14 Jahre 1,80 €, Caravan 6 €, Zelt 3 – 5 €, Auto 2 – 2,50 €, Miet-WoWa 35 – 48 €.

Strandbad am Dieksee

Reiner Coen, Diekseegehege 99, 23714 Malente-Gremsmühlen. ✆ 04523/1633, Handy 0171/ 9323005. www.bad-malente.de. **Lage:** Am Dieksee. **Bahn/Bus:** ↗ Malente, 10 Min Fußweg an der Bahn entlang Richtung Wildgehege. **Auto:** L174 Bahnhofstraße, links auf Markstraße, links in K2 Godenbergstraße, links zum Strandbad. **Rad:** Mönchsweg. **Zeiten:** Juni – Aug 10 – 18 Uhr, in den Ferien ab 9 Uhr, Mai und Sep wetterabhängige Öffnungszeiten. **Preise:** kostenlos.

▶ Was macht ein gutes Strandbad aus? Ein schöner, großer Strand, eine Liegewiese mit sonnigen und schattigen Plätzen, Steg, Umkleiden, Duschen, Toiletten und natürlich ein Kiosk für die Verpflegung zwischendurch? Dann findet ihr hier alles, was ihr für einen entspannten Tag am Wasser braucht. Zusätzlich gibt es Sprungturm, Spielplatz und Volleyballnetz. Es werden Schwimmkurse und Wassergymnastik angeboten und ihr könnt euer Schwimmabzeichen ablegen. Ein geprüfter Schwimmmeister ist während der Öffnungszeiten vor Ort.

Strandfeeling in Bosau

Strandweg 6, 23715 Bosau. **Lage:** Am Campingplatz Bosau. **Bahn/Bus:** Bus 7722 bis Bosau Sandlid. **Auto:** B76 bis Ausfahrt Bosau, Beschilderung Bosau folgen. Im Ort 1. Kreuzung links, nach 300 m rechts in Strandweg. **Rad:** Mönchsweg. **Zeiten:** frei zugänglich.

▶ Der Strand am *Großen Plöner See* ist bei Familien wegen seines flachen Einstiegs in das Wasser beliebt. Nichtschwimmer können im flachen Wasser planschen und Kleckerburgen bauen. Sanitäranlagen sind vorhanden. Während der Badesaison ist die Badestelle außerdem von der DLRG überwacht und damit recht sicher. Auf der großen Liegewiese habt ihr die Wahl zwischen einem Platz an der Sonne oder einem schattigen Fleckchen unter den Bäumen. Es besteht die Möglichkeit, Beachvolleyball zu spielen, zusätzlich gibt es einen Kinderspielplatz und einen

Bolzplatz. Am Strand gibt es einen Kiosk, an dem ihr Getränke, Eis und Snacks bekommt.

My home ist my castle: Das Sandburgenbauen erfordert alle Konzentration

© pmv, Kirsten Wagner

Baden im Plöner See

Badestelle Fegetasche, 24306 Plön-Fegetasche. ✆ 04522/50950, www.holsteinische-schweiz.de. **Bahn/Bus:** Bus 331 bis Plön Fegetasche. **Auto:** B76 bis Plön Fegetasche, abbiegen in Fegetasche Strand. **Rad:** Mönchsweg. **Zeiten:** ganzjährig frei zugänglich. **Preise:** kostenlos.

▶ Der lange Sandstrand am *Großen Plöner See* fällt flach ab und ein eigener Nichtschwimmerbereich ist abgetrennt. Habt ihr genug geplanscht könnt ihr auf dem Schwimmponton eine Rast einlegen oder ihr ruht auf der beschatteten Liegewiese aus. Umkleiden und sanitäre Anlagen sind vorhanden. Die Badestelle ist nicht bewacht. Seid ihr nach dem Schwimmen noch fit genug, könnt ihr in direkter Nähe zum Bad **Minigolf** oder Beachvolleyball spielen. Auch Verpflegungsmöglichkeiten befinden sich in unmittelbarer Nähe.

Minigolf- und Bouleanlage

Plön Fegetasche, Fegetascher Strandweg 4, ✆ 04522/746880. www.minigolf-ploen.de. Juni – Aug 11 – 18 Uhr, Sep Fr 14 – 18, Sa, So 11 – 18 Uhr. Minigolf 3 €, Kinder bis 16 Jahre 2 €, Boule 3 €/Person.

Paddeln & segeln

Kanuverleih Boote Keusen

Karl Heinrich Keusen, Sielbecker Landstraße 17, 23701 Eutin. ✆ 04521/4401, www.boote-keusen.de. **Lage:** Kanuverleih am Anfang der Schwentine, Fissauer Mühle. **Bahn/Bus:** Bus 5507 bis Fissau Fährhaus. **Auto:** B76 auf L174, rechts in Malenter Landstraße bis Sielbecker Landstraße. **Rad:** Mönchsweg, Holsteinische-Schweiz-Radtour. **Zeiten:** Mai – Sep Mo – Fr 8 –

RICHTIG WASSER-WANDERN

© pmv, Karolin Küntzel

Zum Schutz der Natur sollten beim Wasserwandern einige Dinge beachtet werden:

- Setzt das Boot nur an dafür vorgesehenen Stellen ein und fahrt offizielle Rastplätze oder Badestellen an. Uferzonen mit Schilf und Wasserpflanzen sowie Brutzonen sind tabu!
- Fahrt bei geringem Wasserstand nicht zu dicht ans Ufer.
- Im Naturpark Holsteinische Schweiz ist das Betreten der Inseln untersagt. Haltet einen Sicherheitsabstand von 75 m ein.
- Wasservögel, die sich auf dem See oder am Ufer zu Gruppen zusammengefunden haben, sollten großräumig umfahren werden.
- Vermeidet unnötigen Lärm.
- Lasst an Rastplätzen keinen Müll zurück und werft keine Essensreste über Bord.

12.30, 14 – 18, Sa 8.30 – 12.30 Uhr, Okt – April Mo, Di, Do, Fr 8 – 12.30, 14 – 18, Mi, Sa 8 – 12.30, Bootsausgabe Mo – Sa 9 – 18 und So 9.30 – 12.30 Uhr.
Preise: 1er-Kajak 15 €, 2er Kajak, Kanadier für 2 – 3 Pers 24 €, Kanadier für 4 Pers 32 €, Kanadier für 5 Pers 40 €.

▶ Die seenreiche Landschaft der Holsteinischen Schweiz ist ideal zum Paddeln. Touren auf dem *Eutiner See* oder auf der **Schwentine** startet ihr bequem von Eutin aus. Eure Boote sind mit Paddel, Schwimmhilfen, Gepäcktonne, Pütz (kleiner Eimer) mit Schwamm und Festmacherleine ausgestattet. Falls ihr mehrere Tage Wasserwandern wollt, mietet ihr noch größere Gepäcktonnen dazu. Ein Rücktransport kann optional gebucht werden, wenn ihr nur eine Strecke paddeln möchtet. Der Preis dafür richtet sich nach der Entfernung zur Station.

*Die **Schwentine** zählt zu den schönsten Wasserwanderwegen im Norden. 55 km sind zwischen dem Eutiner See und der Kieler Förde befahrbar. Auf dieser Strecke durchfließt sie 17 Seen.*

See-Piraten unter Segel

Segelschule Plön, Helge Wiederich, Ascheberger Straße 70, 24306 Plön. ✆ 04522/4111, www.segelschule-ploen.de. **Bahn/Bus:** Bus 362 bis Plön Ascheberger Straße. **Auto:** B76 Plön abbiegen auf B430 bis Ascheberger Straße, Höhe JH. **Zeiten:** Mai – Okt täglich 9 – 19 Uhr. **Preise:** Segelgrundkurs 1 Woche 195 €, Prüfungsgebühr 25 €, Schnuppersegeln 2 Tage 80 €, Stand Up Paddling 2 Std 15 €, 4 Std 25 €, 1 Tag 40 €; Kinder ab 8 Jahre Jollensegeln 1 Woche 165 €, Prüfung 15 €, Katamaran-Segeln ab 10 Jahre und mit Jüngstenschein 175 €, Prüfung Junior-Katschein 15 €, Surfen ab 11 Jahre 1 Woche 145 €, Prüfung 25 €.

▶ Hier wird im Team gesegelt. Die ersten Stunden sitzt ihr zusammen mit dem Trainer in einem Boot. So lernt ihr die wichtigsten Handgriffe und Knoten und gewinnt Sicherheit, bevor ihr allein auf große Fahrt geht. Wenn ihr schon segeln könnt, dürft ihr auch an einem Katamarankurs teilnehmen. Außerdem: Surfen, Stand Up Paddling, betreute Segelfreizeiten, Drachenbootausflüge.

Die Segelschule Plön vermietet außerdem Ruder-, Segel- und Tretboote.

Hunger & Durst

Brasserie am Schloss, Schlossberg 1 – 2, Plön. ✆ 04522/1837. www.brasserie-ploen.de. Täglich ab 17.30 Uhr. Italienische Küche mit frischen Zutaten, gut besucht, Reservierung empfohlen.

Schiffsfahrten

Eutiner Seerundfahrt

Markus Frick, Parkweg 12, 23701 Eutin. ✆ 04521/3344, Handy 0172/4141136. www.eutiner-seerundfahrt.de. **Lage:** Anlegestelle Stadtbucht, Bleekergang, Dauer: 1 Std. **Auto:** B76 über Plöner Landstraße und Plöner Straße, gebührenpflichtiger Parkplatz in Plöner Straße/Ihlpool. **Rad:** Holsteinische-Schweiz-Radtour, Mönchsweg. **Zeiten:** Abfahrt ab Stadtbucht 1. Mai – 10. Okt 12.15, 13.30 und 14.45 Uhr, 16. Juni – 31. Aug auch 11 und 16 Uhr. **Preise:** Rundfahrt 7 €, Einfachfahrt von/bis Redderkrug 5 €; Kinder 3 – 15 Jahre 3,50 bzw. 2,50 €.

▶ Mit dem Schiff fahrt ihr ganz bequem über den Eutiner See. Entweder in einer einstündigen Rundfahrt oder in Verbindung mit einer Wanderung als Einfachtour von bzw. bis **Anleger Redderkrug.** Bei schönem Wetter genießt ihr die Fahrt auf dem Sonnendeck, ist es dagegen mal zu heiß oder zu windig, verkriecht ihr euch nach drinnen. An Bord bekommt ihr Getränke, Kaffee und Kuchen sowie kleine Gerichte.

Schippern über 5 Seen

5-Seen-Fahrt und Kellersee-Fahrt GmbH, Bahnhofstraße 5, 23714 Bad Malente-Gremsmühlen. ✆ 04523/2201, www.5-seen-fahrt.de. **Bahn/Bus:** ➚ Malente, 5 Min Fußweg. **Auto:** B76 und L56 bis Frahms Allee. Anleger an der Diekseepromenade ausgeschildert. **Rad:** Mönchsweg. **Zeiten:** April – Okt täglich 10, 12, 14, 16 Uhr ab Malente. **Dauer:** 2 Std. **Preise:** Rundfahrt 10 €, Einfachfahrt 7 €, Teilstrecken 4,50 €; Kinder 4 – 15 Jahre Rundfahrt 5, Einfachfahrt 3,50, Teilstrecken 2,20 €.

Hunger & Durst
An Bord bekommt ihr Getränke, Kuchen und Eis sowie kleine Gerichte.

▶ Mit gemütlichen 15 Stundenkilometern schippert ihr über fünf Seen. Die Fahrt dauert etwa zwei Stunden, sodass ihr genügend Zeit habt, die Holsteinische Schweiz vom Wasser aus zu betrachten. Start der Rundfahrt ist in Bad Malente am *Dieksee.* Von dort lauft ihr die Anleger in Niederkleveez, Timmdorf und Plön-Fegetasche an und überquert dabei den *Langensee, Behlersee, Höftsee* und *Edebergsee.* Vom Schiff aus seht ihr Buchenwälder, schilfumsäumte Ufer und Wasservögel. Besonders eindrucksvoll ist die Fahrt, wenn es durch die See-Engen geht. Auf den ersten Blick ist dort kein Durchkommen, doch dann passt das Schiff gerade noch so hindurch. Erstaunlich!

Mit dem Schiff über den Kellersee

Rund um den Kellersee verläuft ein wunderbarer Wanderweg.

5-Seen-Fahrt und Kellersee-Fahrt GmbH, Bahnhofstraße 5, 23714 Bad Malente-Gremsmühlen. ✆ 04523/2201, www.5-seen-fahrt.de. **Bahn/Bus:** ➚ Malente. **Auto:** L174 Rosenstraße, Bahnhofstraße, von dort in Janusallee, Parkplatz am Ende der Sackgasse. **Rad:** Mönchsweg, Holsteinische-Schweiz-Radtour. **Zeiten:** April – Okt täglich 10, 12, 14, 16 Uhr. **Dauer:** 2 Std. **Preise:** Rundfahrt 10 €, Einfachfahrt 7 €, Teilstrecken 4,50 €; Kinder 4 – 15 Jahre Rundfahrt 5 €, Einfachfahrt 3,50 €, Teilstrecken 2,20 €; Familienkarte (Eltern mit eigenen Kinder unter 16 Jahre) 23,50 €.

▶ Rund zwei Stunden seid ihr auf dem Kellersee unterwegs. Vom Wasser aus habt ihr einen wunderbaren Blick auf die waldreiche Gegend. Ihr kommt am ↗ *Gut Rothensande* vorbei, wo die Immenhof Filme gedreht wurden und schippert an herrlichen Villen vorüber. Stationen der Fahrt sind Malente-Lindenallee, das Fährhaus in Fissau, Sielbeck-Uklei und Malente-Fischerei, bevor ihr wieder am Startpunkt ankommt. Die Fahrt könnt ihr zwischendurch einmal unterbrechen und anschließend einfach mit dem nächsten Schiff weiterfahren. Wenn ihr unterwegs Lust auf einen kleinen Spaziergang habt, bietet sich dafür die Station Uklei an. Von dort sind es nur ein paar Minuten bis zum *Ukleisee,* der verwunschen und romantisch im Wald liegt.

Auch bei Regenwetter schön: Fahrt über den See

Radeln, wandern & Geo-Caching

FRISCHE LUFT & SPORT

Holsteinische Schweiz Radtour

23714 Malente. www.holsteinischeschweiz.de. **Länge:** Malente – Eutin 11 km, leichter Streckenabschnitt. Markierung: Blauer Radfahrer vor Grüner Landschaft. **Bahn/Bus:** ↗ Malente. **Rad:** Holsteinische-Schweiz Radtour, Mönchsweg.

▶ Auf einer Länge von 204 km führt euch die Rundtour durch Wälder und an Seen entlang bis zur Küste. Stationen sind Eutin, Malente, Plön, Preetz, Hohwacht und der Bungsberg. Wie der Name schon andeutet, kann es zwischendurch mal etwas hügeliger werden. Oft führt der Radweg aber auch ohne nennenswerte Steigungen am Ufer zahlreicher Seen entlang. Neben der Wasserlandschaft sind es vor allem die Gutshäuser und Schlösser, die die Landschaft

Mannis Fahrrad-Laden, Bahnhofstraße 13, Bad Malente-Gremsmühlen. © 04523/202969. www.mannis-fahrraeder.de. Ostern – Okt Mo – Sa 9 – 18, So, Fei 9.30 – 17 Uhr, Okt – April Mo – Fr 9 – 13 und 15 – 18, Sa 9 – 13 Uhr, Mi Nachmittag geschlossen. Damen-, Herren- und Kinderfahrräder. Verleih von Anhängern und Kindersitzen. Verkauf von Gebrauchträdern. 7 € pro Tag.

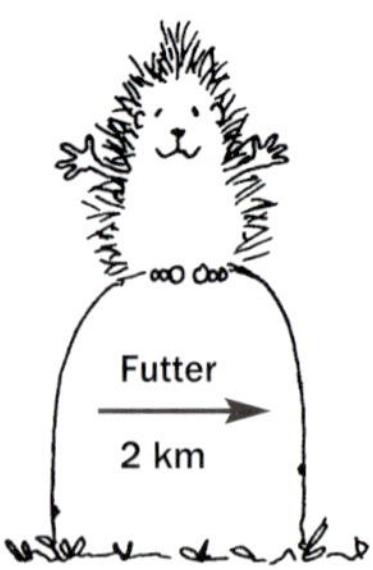

prägen. Picknickdecke und Badehose solltet ihr deshalb immer im Gepäck haben. Der Radweg ist durchgehend mit Kilometer- und Ortsangabe ausgeschildert. In die Tour könnt ihr an jeder beliebigen Stelle einsteigen. Preetz, Malente, Plön und Eutin haben einen Bahnanschluss, eine Fahrradmitnahme im Zug ist möglich. Ein schönes Teilstück führt euch zum Beispiel von **Malente** nach **Eutin.** Der Streckenabschnitt ist nur 11 km lang und auch für kleinere Kinder gut zu bewältigen. Von Malente fahrt ihr am *Kellersee* entlang über *Krummsee, Sielbeck* und *Fissau* bis nach Eutin. Von dort nehmt ihr den Zug zurück nach Malente.

Spaziergang von Eutin zum Anleger Redderkrug

Seepromenade, 23701 Eutin. **Länge:** Eine Strecke etwa 3,5 km. **Bahn/Bus:** ↗ Bhf Eutin, 10 Min Fußweg. **Auto:** B76 bis Eutin, weiter über Plöner Landstraße und Plöner Straße. Parkplatz am Ende der Plöner Straße nutzen. **Rad:** Mönchsweg.

▶ Der Spazierweg führt euch die ganze Strecke am See entlang. Zurück geht es dann, wenn ihr nicht mehr laufen wollt, mit dem Schiff. Ihr startet an der **Seepromenade** und wandert in östlicher Richtung zum ↗ **Schloss Eutin.** Durch den Schlossgarten mit der schönen Lindenallee geht es immer weiter am Eutiner See entlang. Nach kurzer Zeit zweigt der Philosophenweg links ab und ihr verlasst an dieser Stelle den Schlossgarten. Ihr erreicht die *Freilichtbühne,* die direkt am Seeufer liegt. Hier werden im Sommer vor traumhafter Kulisse Opern aufgeführt. Folgt dem Weg weiter entlang kleinen Buchten, in denen Enten, Schwäne und im Herbst auch jede Menge Graugänse zu sehen sind. Nach kurzer Zeit erreicht ihr den **Anleger Redderkrug.** Von hier aus nehmt ihr entweder denselben Weg zurück oder besteigt den nächsten Dampfer der ↗ *Eutiner Seerundfahrt,* der euch zurück an die Eutiner Promenade bringt.

Wanderung rund um den Ukleisee

Zum Ukleisee 19, 23701 Eutin. ✆ 04521/85612, www.jagdschloesschen.stispaho.de. **Länge:** Etwa 4 km, 1 Std. Markierung: Weiße 5 auf Rotem Grund. **Bahn/ Bus:** Bus 5507 bis Sielbeck Zum Ukleisee. **Auto:** B76 bis Eutin, Ausschilderung Malente, Sielbeck folgen. Am Ukleier Fährhaus rechts, Waldparkplatz nach 500 m. **Rad:** Mönchsweg, Holsteinische-Schweiz-Radtour. **Zeiten:** Besichtigung Jagdschlösschen 15. Mai – 14. Sep Di – So 11 – 16 Uhr. **Preise:** kostenfrei. **Infos:** Waldspielplatz am Parkplatz.

▶ Der dunkle See liegt verwunschen mitten im dichten Buchenwald. Ihr wandert entlang den steilen Hängen vom Parkplatz am Ukleier Fährhaus einmal rund um den 17 m tiefen See. Der Wanderweg ist bequem zu gehen und gut ausgeschildert. Ihr braucht nur der Markierung mit der Weißen 5 auf Rotem Grund zu folgen. Auf eurem Weg kommt ihr am **Jagdschlösschen Ukleisee** und an der **Waldgaststätte Forsthaus** vorbei. Vielleicht nehmt ihr euch Zeit für eine kleine Besichtigungstour oder eine Rast? Das Jagdschlösschen wurde 1776 erbaut. *Friedrich August,* Fürstbischof von Lübeck und Herzog von Oldenburg, gab den Bau in Auftrag. Das Lusthaus am höchsten Punkt zwischen Kellersee und Ukleisee sollte der Frau des Großherzogs ursprünglich als Tee-

Hunger & Durst

Hotel am See Redderkrug, Am Redderkrug 5, Eutin. ✆ 04521/2232. www.redderkrug.de. Täglich 11.30 – 22 Uhr. Hotel und Restaurant, schöne Sonnenterrasse mit Blick über den Eutiner See, regionale Küche, Wildspezialitäten.

DIE SAGE VOM UKLEISEE

▶ Der rundum bewaldete Ukleisee ist sagenumwoben. Es wird erzählt, dass hier einst ein hübsches Tal war, in dem eine Kapelle stand. Ein Ritter verliebte sich dort in ein armes Bauernmädchen und versprach, es zu heiraten. Er brach sein Versprechen und verlobte sich mit einer anderen. Das Bauernmädchen starb daraufhin vor Kummer. Auch der untreue Ritter samt der Hochzeitsgesellschaft kam ums Leben, als die Kapelle während seiner Hochzeit in den Regenfluten eines Unwetters versank. Heute hört man manchmal noch die Glocken tief im See läuten ... ◀

pavillon dienen, wurde dann aber von Jagdgesellschaften des Eutiner Hofes genutzt. Vom Schlösschen aus habt ihr einen wunderbaren Blick hinunter auf den Ukleisee.
Die Wanderung ist zu jeder Jahreszeit schön. Im Frühjahr, wenn sich das erste frische Grün an den Bäumen zeigt, im Sommer, wenn euch der dichte Wald Schatten spendet, im Herbst, wenn sich die bunten Blätter im stillen See spiegeln oder auch im Winter, denn zu keiner anderen Zeit habt ihr so einen freien Blick auf den See.

Hunger & Durst
Forsthaus am Ukleisee, Zum Ukleisee 23, Eutin-Sielbeck. ✆ 04521/9705. www.forsthaus-ukleisee.de. Täglich 10 – 22 Uhr. Waldgaststätte, Kaffeegarten.

Auf GPS-Schatzsuche an den Spiegelteichen

Diekseepromenade, 23714 Bad Malente-Gremsmühlen. www.geocaching.com. **Lage:** Spiegelteiche am Ende der Diekseepromenade. **Länge:** Rundweg etwa 2 km. **Bahn/Bus:** ↗ Malente. **Auto:** L56 Plöner Straße in Bad Malente bis Parkplatz Ecke Frahms Allee, Fußweg zum See, Diekseepromande in südliche Richtung gehen.

▶ Spazieren gehen oder doch lieber einen Schatz suchen? Hier müsst ihr euch nicht entscheiden, denn beides lässt sich prima verbinden. Wo? An den Spiegelteichen in Bad Malente. Die Teiche wurden ursprünglich für die Fischzucht angelegt, aber schnell wieder aufgegeben, weil sie nicht rentabel waren. Heute stehen die Becken für Kneippsche Anwendungen zur Verfügung. Spannender ist aber sicherlich der **Multi-Cache,** der hier versteckt ist. 7 Stationen sind es bis zum Cache und bis dahin habt ihr so manche Nuss zu knacken. Und nun immer schön der Spürnase nach!

*Ein **Multi-Cache** führt über mehrere Stationen, an denen jeweils Rätsel oder Aufgaben zu lösen sind, um die nächsten Wegpunkte zu erhalten. Habt ihr alle Rätsel geknackt, findet ihr mit den Koordinaten des Zielpunktes hoffentlich den Schatz.*

Hunger & Durst
Landgasthof Kasch, Dorfstraße 60, Malente-Timmdorf. ✆ 04523/3383. www.landgasthof-kasch.de. Mai – Sep Di – So 12 – 21 Uhr, Okt – April Mi – Fr 12 – 14 und 18 – 21, Sa, So, Fei 18 – 21 Uhr. Fleisch aus eigener Galloway-zucht, Fisch, Fingerfood, Kaffee und Kuchen, Spielplatz, Tiere zum Streicheln, Kanuverleih.

Zum Aussichtsturm auf dem Holzberg

Verschönerungsverein Neversfelde, Grebiner Weg, 23714 Malente-Neversfelde. ✆ 04523/98999, www.bad-malente.de. **Länge:** Eine Strecke 2 km, etwa 40 Min. **Bahn/Bus:** ↗ Malente, 25 Min Fußweg, ausgeschildert. **Auto:** K57 ab ↗ Malente ausgeschildert. **Zeiten:** ganzjährig frei zugänglich.

▶ Vom **Bahnhof** Bad Malente aus haltet ihr euch rechts und lauft die Hindenburgallee bis zum Abzweig Sebastian-Kneipp-Straße entlang. Dort biegt ihr links ab und folgt der Straße, die in den Grebiner Weg übergeht, immer bergauf bis zum **Parkplatz am Holzberg.** Von hier führt ein Weg auf den Berg. Der Turm aus Lärchenholz ist ein imposantes Bauwerk. Früher stand an dieser Stelle schon einmal ein Aussichtsturm. Er war allerdings so marode, dass er 1918 abgerissen wurde. Erst 2005 errichtete man diesen neuen Turm. 90 m ist der Holzberg in Neversfelde hoch. Noch einmal 28,5 m und 140 Stufen höher habt ihr vom Aussichtsturm einen fantastischen Blick über die Holsteinische Schweiz bis zur Ostsee. Glaubt man den oben angebrachten Schildern, ist es bei klarer Sicht möglich, den Bungsberg, Kiel, das Plöner Schloss und Travemünde zu sehen. Probiert es selbst aus.

Nehmt ein Fernglas und einen Kompass mit auf den Turm. Findet heraus, wie weit ihr damit schauen könnt und in welcher Himmelsrichtung Bungsberg & Co. liegen

Parks & Picknickplätze

Spaziergang durch den Eutiner Schlossgarten

Stiftung Schloss Eutin, Schlossplatz 5, 23701 Eutin. ✆ 04521/70950, www.schloss-eutin.de. **Bahn/Bus:** ↗ Bhf Eutin, 10 Min Fußweg durch Fußgängerzone zum Schlossplatz. **Auto:** B76 Richtung Eutin, Ausschilderung Schloss folgen. **Rad:** Mönchsweg, Holsteinische-Schweiz-Radtour. **Zeiten:** ganzjährig von Sonnenauf- bis Sonnenuntergang. **Preise:** kostenlos.

▶ Angelegt wurde der Garten als Barockgarten mit strengen Linien. Ab 1787 ließ Herzog *Peter Friedrich Ludwig* (1755 – 1829) den Garten in einen englischen Landschaftsgarten umgestalten, der mit seiner naturnahen Anmutung heute zu den schönsten seiner Art in Norddeutschland zählt. Ihr erreicht ihn entweder direkt vom Schloss aus oder über die Eingänge am Jungfernstieg und Am Schlossgarten. Zahlreiche Wege führen durch den Garten mit seinem alten Baumbestand. Am schönsten ist sicherlich die alte Lindenallee. Über kleine Brücken und Teiche, an Wasserfällen und dem Eutiner See entlang, durch den alten Küchengarten und an der Orangerie vorbei, flaniert ihr wie zu alten Zeiten. Immer wieder gibt es schöne Sichtachsen auf das Schloss.

Picknick am See

➚ Tourismus-Service Malente, 23714 Malente. ✆ 04521/70970, www.picknick-holsteinische-schweiz.de.

▶ Die Holsteinische Schweiz eignet sich hervorragend für ein Picknick. Zahlreiche Seen mit Strand oder Badebucht, Wiesen, Wald, Parks und Gärten sind wie geschaffen für eine Mahlzeit im Freien. Kuchen, Brötchen, Obst und Getränke sind schnell besorgt und zusammengestellt. Teller, Becher, Besteck und eine Decke geschnappt, dann kann es losgehen. Selbst wenn der Picknickkorb fehlt, muss die Freiluftmahlzeit nicht ausfallen. Zahlreiche **Picknick-Partner,** das sind bestimmte Gastronomie-Betriebe der Region, bieten Picknick-Rucksäcke an, die alles beinhalten, was ihr für das Picknick braucht. Regionale Spezialitäten von süß bis rustikal sind buchbar. Schöne Picknickplätze findet ihr z.B. am ➚ *Jagdschlösschen Uklei,* auf der Halbinsel Seeschaarwald bei der ➚ *Historischen Badeanstalt,* an der ➚ *Bräutigamseiche,* im ➚ *Eutiner Schlossgarten,* am ➚ *Holzbergturm Neversfelde* oder an der ➚ Grebiner Mühle.

Nehmt einen Picknickkorb mit in den Schlossgarten. Auf der Wiese oder einer der zahlreichen Bänke findet ihr schöne Plätze mit einem tollen Blick auf Schloss oder See für eure Schmause-Pause.

Wyndham Garden Bad Malente Dieksee, Diekseepromenade 13 – 15, Bad Malente-Gremsmühlen. ✆ 04523/9950. www.wyndhamgarden-badmalente.de. **Picknick-Partner:** Familienpicknick am See. Käse-Schinken-Sandwiches, Obst, Eier, Saft-Schorle, Kuchen/Gebäck, Frisbee, Malsachen und Spielzeug. 9 € pro Person, Kinder frei, 24 Std vor Abholung bestellen.

Klettern

In luftiger Höhe: Hochseilgarten Malente

Heino Kruse, Ferienhof Radlandsichten, 23714 Malente-Bad Malente-Gremsmühlen. ✆ 04523/984705, www.hochseilgarten-malente.de. **Bahn/Bus:** Bus 5510 bis Neversfelde, Fußweg 25 Min. **Auto:** K57 bei Malente-Neversfelde, Hinweisschildern folgen. **Zeiten:** Ostern – Okt Sa, So nach Absprache. **Preise:** 49 € pro Person für einen halben Tag.

▶ Im Hochseilgarten Malente geht es sehr hoch hinaus. Deshalb werden Klettertouren auch nur unter fachkundiger Anleitung und Begleitung eines Trainers durchgeführt. Außerdem müsst ihr mindestens 11 Jahre alt sein und dürft nur in Begleitung eurer Eltern klettern.

Hunger & Durst

Hofcafé Bauernstübchen, Ferienhof Radlandsichten. ✆ 04523/1622. www.radlandsichten.de. 14 – 18, So, Fei ab 12 Uhr. Eis, Rote Grütze, belegte Brote. Gartenterrasse, Spielplatz und Blick auf den Hochseilgarten.

Tiere erleben

Mit dem Hirsch auf Tuchfühlung: Wildgehege Bad Malente

Tourismus-Service Malente, Bahnhofstraße 3, 23714 Malente-Bad Malente-Gremsmühlen. ✆ 04523/98990, www.bad-malente.de. **Bahn/Bus:** ↗ Malente, 5 Min Fußweg, hinter Bhf in den Wald. Gehege ausgeschildert. **Auto:** L56 über Plöner Straße und Bahnhofstraße. **Rad:** Mönchsweg, Holsteinische-Schweiz-Radtour. **Zeiten:** ganzjährig frei zugänglich.

▶ Im 200.000 qm großen Wildgehege könnt ihr Hirsche, Rehe und Wildschweine beobachten. Besonders spannend ist das im Frühjahr, wenn sich im

NATUR & UMWELT

Ganz schön neugierig: Der kleine Hirsch kommt immer näher – er hofft, dass Finja Futter dabei hat

Schwarzwildgehege die Frischlinge tummeln. Das Damwildgatter ist begehbar. **Füttern** ist übrigens erlaubt, allerdings solltet ihr darauf achten, dass das Futter auch für die Tiere geeignet ist. Die Tiere sind sehr zutraulich und nähern sich, wenn sie bei euch Leckereien vermuten.

Mais, Getreide, Wurzeln und Äpfel eignen sich zum ***Füttern*** *für Rot- und Damwild. Die Wildschweine dürft ihr auch mit altem Brot füttern.*

Naturphänomene

Bräutigamseiche: Ein Baum mit Postadresse

↗ Tourist-Info Eutin, Dodauer Forst, 23701 Eutin. ✆ 04521/70970. **Auto:** B76 Richtung Plön, ab dort ausgeschildert. Parkplatz gegenüber am Forstamt. **Zeiten:** frei zugänglich.

▶ 5 m Stammumfang, 25 m hoch und 500 Jahre alt. Das sind die Daten einer knorrigen Eiche im *Dodauer Forst,* die regelmäßig Besuch vom Postboten bekommt. Er klettert eine Leiter rauf und steckt die an den Baum adressierten Briefe in ein postgelb umrandetes Astloch. Wieso das denn? Weil einst einer Försterstochter die Heirat mit einem Schokoladenfabrikantensohn verboten worden war. Die zwei Liebenden schrieben sich daraufhin heimlich Briefe, die sie in dem Astloch der Eiche versteckten. Solange, bis die Eltern ein Einsehen hatten und die beiden 1891 endlich heiraten durften. Das taten sie natürlich unter der Eiche. Es gibt sogar ein Foto davon. Seitdem schreiben Menschen, die sich verlieben möchten, Briefe an die Eiche. Wer vorbeikommt, kann auf die Leiter klettern, die Briefe herausnehmen und durchlesen. Fühlt er sich von einem angesprochen, nimmt er Kontakt mit dem Absender auf. So sollen bereits mehrere Ehen zustande gekommen sein.

@ www.himmelgeister-kastanie.de. In der Kastanie in Düsseldorf lebt ein Baumgeist, der ebenfalls Post bekommen kann. Die Kastanie und die Bräutigamseiche sind seit 2009 symbolisch verheiratet.

Findlingsgarten

Kies- und Schotterwerk Kreuzfeld, Neumann & Co KG, Plöner Straße, 23714 Malente-Kreuzfeld. ✆ 04523/

Hunger & Durst

Schlachterei und Schinkenräucherei Petersen, Bahnhofstraße 23, Bad Malente-Gremsmühlen. ✆ 04523/2296. www.schlachterei-petersen.de. Di – Sa 7.30 – 18, So und Fei 11 – 18 Uhr. Verkauf von Schinken und Wurst, täglich wechselndes Tagesgericht, das urig unter dem Schinkenhimmel verzehrt werden kann.

99490, www.bad-malente.de. **Bahn/Bus:** ↗ Malente, 20 Min Fußweg. **Auto:** L56 an der Ecke zum Kieswerk, Parkplatz etwa 100 m Richtung Malente. **Zeiten:** ganzjährig frei zugänglich.

▶ Im Findlingsgarten führt euch ein kleiner Pfad an Felsblöcken aus unterschiedlichen Gesteinsarten vorbei. Erstarrungs- oder Tiefengesteine gibt es dort ebenso wie Umwandlungs- und Ablagerungsgesteine. Auf den dort angebrachten Tafeln könnt ihr lesen, woher wie Steine kamen und wie alt sie sind. Am beeindruckendsten ist aber sicherlich der **126 Tonnen** schwere Wandhoff-Findling, der 1983 in der nahe gelegenen Kiesgrube gefunden wurde. Er ist einer der größten Findlinge in Schleswig-Holstein und ein begehrtes Fotomotiv. Wie klein seht ihr neben ihm aus?

__126 Tonnen__ sind ganz schön schwer. Dieser eine Stein wiegt so viel wie 45 Elefanten zusammen. Das ist eine ganze Menge!

Spielerisch Natur kennen lernen

Naturerlebnisraum Koppelsberg

Ev. Jugend-, Freizeit- und Bildungsstätte, Koppelsberg 12, 24306 Plön-Koppelsberg. ✆ 04522/507200, www.jfbs.koppelsberg.de. **Lage:** Auf dem Gelände der Ev. Jugend-, Freizeit- und Bildungsstätte. **Bahn/Bus:** Bus 362 bis Plön Koppelsberg. **Auto:** B430 Plöner Chaussee, auf Koppelsberg abbiegen. **Zeiten:** ganzjährig frei zugänglich.

▶ Der Naturerlebnisraum Koppelsberg liegt malerisch am *Großen Plöner See* umgeben von Wald. Natur pur erwartet euch hier. Unberührte Bruchwälder und Uferbereiche mit Badestellen, Steilhänge und hoher Buchenwald finden sich auf dem Areal. Hinweistafeln machen euch mit Fauna und Flora vertraut. Euer Wissen könnt ihr anschließend gleich auf dem Vogelbeobachtungsturm anwenden, wenn es darum geht, Tiere zu bestimmen. Der Eisvogel hat hier zum Beispiel irgendwo seinen Nistplatz, es kommen aber sicher auch eine Menge anderer Vögel in euer Blickfeld. Am See darf gegrillt oder ein Lagerfeuer ge-

Nehmt auf jeden Fall Badesachen und ein Fernglas mit.

Evangelische Jugend-, Freizeit- und Bildungsstätte, Plön-Koppelsberg, www.jfbs.koppelsberg.de. ÜF ab 25,90 €, Ausstattung für Kleinkinder, Spielzimmer, großes Außengelände mit Spielplatz.

Kräftig kurbeln! Das Wasserrad muss erst in Schwung gebracht werden
© pmv, Karolin Küntzel

macht werden. Die Badestelle am Koppelsberg ist unbewacht, verfügt aber über Sanitäranlagen.

Naturerlebnisraum Eutin

Erlebnis Natur e.V. (ERNA), Werner Sach, Beuthiner Straße 48, 23701 Eutin. ✆ 04521/70790, www.erna-eutin.de. **Länge:** 2 km Rundweg, etwa 1,5 Std. **Bahn/Bus:** ↗ Eutin, Bus 5502 Richtung Malente bis Hubertushöhe, circa 500 m Fußweg. **Auto:** B76 auf L174 abbiegen, rechts in Beuthiner Straße, Parkplatz am Festplatz. **Zeiten:** ganzjährig frei zugänglich.

▶ Rund um den Eutiner *Vogelberg* führt euch der **Naturlehrpfad** durch abwechslungsreiches Gelände. Trockenrasen, Sumpfgebiete, ein Teich und ein Bach ziehen sich durch das Gebiet. Viel gibt es dort zu entdecken und auszuprobieren! Taucht ein in den Weidentunnel oder baut einen Staudamm am Bach. Besteigt den Aussichtsturm neben dem Totempfahl, balanciert über Rundhölzer, setzt das Wasserrad in Bewegung und dreht an der *Archimedischen Schraube.* Das ist ein Gerät, mit dem sich ohne große Kraftanstrengung Wasser aus einem Bachbett nach oben befördern lässt. Erfunden wurde dieser Wasserfahrstuhl bereits im 3. Jahrhundert v.Chr. von dem griechischen Mathematiker *Archimedes.* Der Verein führt regelmäßig Erlebnistage und Ferienpassaktionen im Naturerlebnisraum durch.

Happy Birthday!
Ihr könnt im Naturerlebnisraum Geburtstag nach Wunsch feiern, z.B. Nistkästen bauen, im Teich keschern, Tierspuren lesen oder Obst pressen. Je nach Aktivität sind die Preise unterschiedlich. Sie können unter ✆ 04521/70790 erfragt werden.

Im Baumgarten: Das Arboretum

Godenbergstraße, 23714 Bad Malente-Gremsmühlen. ✆ 04523/992036, www.bad-malente.de. **Länge:** Rundweg ca. 20 Min. **Bahn/Bus:** ↗ Malente, 5 Min Fußweg über Bahnhofstraße, links in Sebastian-Kneipp-Straße. **Auto:** L56 über Plöner Straße, Bahnhofstraße in Sebastian-Kneipp-Straße. **Rad:** Mönchsweg, Holsteinische-Schweiz-Radtour. **Zeiten:** ganzjährig frei zugänglich.

▶ Das Arboretum liegt direkt neben dem ↗ *Wildgehege.* Der Eingang ist in der Sebastian-Kneipp-Straße. Hier findet ihr eine Sammlung von circa 100 seltenen Bäumen, die alle mit Namenstafeln versehen sind. Besonders schön ist der Baumgarten, wenn ein bisschen Wind weht. In den Ästen der Bäume sind verschiedene Windspiele angebracht, die dann läuten oder klingeln. Sie geben eurem Spaziergang durch den Garten eine ganz eigene Stimmung.

Mit Adleraugen durch die WunderWeltWasser

Naturerlebnispfad, Tourismus-Service Malente, Janusallee, 23714 Bad Malente-Gremsmühlen. ✆ 04523/ 98990, www.bad-malente.de. **Gehzeit:** 1 Std. **Bahn/ Bus:** ↗ Malente. **Auto:** L174 Rosenstraße, Bahnhofstraße, von dort in Janusallee, Parkplatz am Ende der Sackgasse. **Rad:** Mönchsweg, Holsteinische-Schweiz-Radtour. **Zeiten:** täglich 8 – 16 Uhr. **Preise:** kostenlos.

▶ Über eine feuchte Niedermoorwiese, durch einen Erlenbruch und zwischen Schmetterlingswiesen hindurch führt euch der Weg. Zuerst über Holzbohlen, später dann auf weichem Wald- und Wiesenuntergrund. Vorbei geht es an riesigen Libellen, bunten Blumen, Totholzzäunen mit interessanten Ausblicken bis zu einer Kräuterspirale, die so groß ist, dass ihr sie begehen könnt. An jeder Ecke gibt es etwas Neues zu entdecken. Infotafeln in-

Am Schiffsanleger befindet sich auf dem Boden eine große **Sonnenuhr.** 5 m misst sie im Durchmesser. Nur wo ist der Zeiger? Das seid ihr! Stellt euch auf den aktuellen Monat und die Uhr zeigt euch bei Sonnenschein die Stunde an.

Wunderbar anschaulich: So liegen Regentropfen auf einem Eichenblatt

formieren über Lebensräume, Tier- und Pflanzenarten.

Handarbeit: Bei der Kasseedorfer Fähre zieht ihr euch selbst über den See

Spiel- und Lernort Kiesgrube

Naturschutzverein Kasseedorf e.V., Eutiner Straße 1, 23717 Kasseedorf. ✆ 04528/439, www.naturschutzverein-kasseedorf.de. **Länge:** Rundweg etwa 45 Min, zum Spielen entsprechend mehr Zeit einplanen. **Bahn/Bus:** Bus 5508 bis Kasseedorf Försterei. **Auto:** L57 Richtung Lensahn, Schönwalde bis Kasseedorf. In Zum Oberteich abbiegen (vor dem Ortsschild rechts), Hinweisschild Naturhaus Eule, Parkplatz am Naturerlebnisraum. **Zeiten:** ganzjährig frei zugänglich.

▶ Durch ein hölzernes Tor betretet ihr den **Naturerlebnisraum Kasseedorf.** Früher wurde hier Kies abgebaut, jetzt gedeihen und leben hier zahlreiche seltene Pflanzen und Tiere. Kinder finden reichlich Platz zum Toben, Planschen und Entdecken: Auf dem **Barfußpfad** testet ihr eure Sinne. Welcher Untergrund ist weich, welcher piekst und wann kitzelt es sogar ein bisschen? Besucht die Maulwurfsburg und den Spechtgang, erklimmt die Indianertreppe, versteckt euch im Tipi und probiert die vielen Spielgeräte aus. Setzt mit der Fähre am See über, moddert euch auf der Sandrutsche ein und spült euch anschließend im Teich wieder sauber. So viel Aktivität macht sicher hungrig. Höchste Zeit, um ein Picknick am großen Grillplatz zu veranstalten!

Hunger & Durst

Die Prinzeninsel, Große Insel, Plön. ✆ 04522/508700. www.prinzeninsel-ploen.de. Jan, Feb, Sa, So, März Fr – So und April Di – So 11.30 – 17, Mai – Aug täglich 11.30 – 21, Sep Di – So 11.30 – 21, Okt Sa, So und Nov, Dez Di – So 11.30 – 17 Uhr. Altes Haus mit schönen Gartenplätzen, Kinderspielplatz und Streichelzoo. Regionale Küche, Spezialität: Fleisch vom Wasserbüffel.

Mit 10-facher Lichtgeschwindigkeit durch das Sonnensystem

Plöner Planetenpfad, Strandweg, 24306 Plön. www.ploener-planetenpfad.de. **Lage:** An der Marktbrücke. **Länge:** eine Strecke 2,6 km. **Bahn/Bus:** RB, RE Bhf Plön. **Auto:** A1 Ausfahrt 15 Eutin, B76 bis Plön, über Gänsemarkt in Bahnhofstraße. **Rad:** Mönchsweg, Holsteinische-Schweiz-Radtour.

▶ Der Plöner Planetenpfad bildet die **Planeten** im Maßstab 1:2 Milliarden ab. Das bedeutet, dass ihr mit einem Schritt auf dem Pfad zwei Mio Kilometer im Weltall zurücklegen würdet. Das ist so schnell wie 10-fache Lichtgeschwindigkeit. Startet euren Weltraumspaziergang an der Sonne. Sie ist in 4 m Höhe auf der Marktbrücke angebracht. Ein paar Schritte weiter erreicht ihr Merkur, Venus und die Erde. Es folgen Mars und Jupiter, Saturn, Uranus und schließlich Neptun, der am weitesten von der Sonne entfernt ist. Er befindet sich auf der Anlegebrücke auf der Prinzeninsel. Bei jeder Station findet ihr Schautafeln mit Texten, auf denen allerhand Interessantes zu den Planeten steht.

So merkt ihr euch die Reihenfolge der ***Planeten:*** *Mein (Merkur) Vater (Venus) erklärt (Erde) mir (Mars) jeden (Jupiter) Sonntag (Saturn) unseren (Uranus) Nachthimmel (Neptun).*

Bauernkaten & Mühlen

HANDWERK UND GESCHICHTE

Tews-Kate

Heimat- und Verschönerungsverein Malente-Gremsmühlen e.V., Sebastian-Kneipp-Straße, 23714 Bad Malente-Gremsmühlen. ✆ 04523/98990, www.heimatverein-malente.de. **Bahn/Bus:** ↗ Malente, 5 Min Fußweg über Bahnhofstraße, links in Sebastian-Kneipp-Straße. **Auto:** L56 über Plöner und Bahnhof- in Sebastian-Kneipp-Straße. Parkplätze vor der Kate. **Rad:** Mönchsweg, Holsteinische-Schweiz-Radtour. **Zeiten:** Ostern – Okt Di – So 14 – 17 Uhr. **Preise:** kostenlos.

▸ Die Tews-Kate ist die älteste noch erhaltene Räucherkate in Ostholstein. Schon während des Dreißigjährigen Krieges (1618 – 1648) soll sie gebaut worden sein. Ursprünglich stand sie ein Stück entfernt. Als an diesem Standort der Abriss drohte, machte sich ein Hei-

Kuschelig: Die Tews-Kate sieht urgemütlich aus

***Findlinge** sind große, einzelne und meist rund geschliffene Steine. Sie wurden während der Eiszeiten durch die Gletscher über weite Strecken transportiert. Die Findlinge, die ihr in Deutschland bestaunt, kamen meist aus Schweden und Norwegen.*

matforscher für sie stark. So wurde sie Ende der 1960er Jahre kurzerhand ab- und an ihrem jetzigen Standort wieder aufgebaut. In der Kate befindet sich heute ein kleines, eindrucksvolles **Heimatmuseum.** Ihr könnt Geräte besichtigen, die der Milchverarbeitung dienten, Werkzeuge, mit denen Holz bearbeitet wurde, es gibt Waschzuber, alte Bienenstöcke, Spinnräder, eine Schlafkammer und einen großen offenen Herd. Unter der hohen Decke der *Grootdeel,* der großen Diele, hängen Schinken und Wurst. Direkt neben der Tews-Kate befindet sich ein *eiszeitlicher Gesteinsgarten* mit **Findlingen.**

Nehmt euch ein Picknick mit. Im Garten befindet sich ein überdachter Rastplatz, wo sich herrlich Schmausen lässt.

Dunkersche Kate mit Bauerngarten

Bischof-Vicelin-Damm 11, 23715 Bosau. ✆ 04527/97044, www.holsteinischeschweiz.de. **Bahn/Bus:** Bus 5516 bis Bosau Hasenheide. **Auto:** L176 Hutzfeld Richtung Bosau über Hauptstraße und Eutiner Straße. Deren Verlängerung ist der Bischof-Vicelin-Damm. **Rad:** Mönchsweg, Holsteinische-Schweiz-Radtour. **Zeiten:** ganzjährig. **Preise:** Eintritt frei, Spende erbeten.

▶ Um 1690 wurde die Kate errichtet. Sie diente als Schmiede und als Leinenweber-Kate. Ihren Namen bekam sie von der Familie Dunker, die hier eine Zeitlang lebte und das umliegende Land bewirtschaftete. Seit 1990 finden in der Kate regelmäßig Kunstausstellungen, aber auch Oster-, Advents- und Kunsthandwerkermärkte statt. Besonderer Anziehungspunkt ist der schöne **Bauerngarten,** der die Kate umgibt. Obst, Gemüse, Kräuter, Gewürze und Blumen wachsen hier. Spaziert hindurch, schnuppert und lasst euch von Duft zu Duft durch den Garten leiten.

Neben der Mühle befindet sich eine Boule-Bahn, die von jedermann genutzt werden kann.

Mühle Wagria

Behler Weg 1, 24329 Grebin. ✆ 04522/50950, www.gemeinde-grebin.de. **Bahn/Bus:** Bus 350 bis Grebin Behler Weg. **Auto:** B430 Richtung Grebin, über K25 Hauptstraße rechts in Behler Weg. **Rad:** Holsteinische-Schweiz-Radtour. **Zeiten:** ganzjährig frei zugänglich.

▶ Seit 1851 steht die Kellerholländermühle auf dem 54 m hohen *Mühlenberg*. In Betrieb war sie bis 1957. Heute steht die reetgedeckte Mühle unter Denkmalschutz, gehört der Gemeinde und beherbergt eine Töpferei. Der Blick von der Mühle über den Schierensee lohnt einen Besuch. An der Mühle stehen Bänke, die zu einer Rast einladen, nebenan lockt das **Mühlen-Café.**

Hunger & Durst

Mühlen-Café, Behler Weg 1, Grebin. ✆ 04383/233. Mi – Mo 11 – 18 Uhr, Okt – April Do – So 14 – 18 Uhr.

Türme & Schlösser

Wasserturm mit bester Aussicht

Stadtwerke Eutin GmbH, Wilhelmstraße 12, 23701 Eutin. ✆ 04521/70970, www.holsteinischeschweiz.de. **Bahn/Bus:** ↗ Bhf Eutin, 10 Min Fußweg. **Auto:** B76 bis Eutin, über L176 Plöner Straße links in Langer Königsberg bis Ecke Bismarckstraße. **Rad:** Mönchsweg. **Zeiten:** 15. Mai – 14. Sep Di – So 11 – 16 Uhr. **Preise:** 1,50 €; Kinder ab 6 Jahre 0,50 €.

▶ Seit 1909 thront der **Wasserturm** 38 m über Eutin. Er wurde zur Versorgung der Stadt mit Trinkwasser gebaut. 250 Kubikmeter Wasser fasst der Behälter. Mit einer Pumpe wurde es heraufgepumpt, heraus floss es dann von alleine, wenn der Tank nachts an das Wassernetz angeschlossen wurde. 156 Stufen müsst ihr steigen, um von oben einen Blick über die Stadt und die Holsteinische Schweiz zu werfen. Kurios ist, dass die letzten 53 Stufen mitten durch den Tank führen. Auf der zinnenbewehrten Plattform sind Hinweistafeln angebracht. Auf ihnen steht, was es in der jeweiligen Himmelsrichtung zu sehen gibt.

*Im Turm befindet sich eine Dauer-Fotoausstellung, in der ihr alle **Wassertürme** Schleswig-Holsteins seht. Das sind erstaunlich viele.*

Stattlich: Das Eutiner Schloss

Zu Besuch bei Großherzogs im Eutiner Schloss

Stiftung Schloss Eutin, Schlossplatz 5, 23701 Eutin. ✆ 04521/70950, www.schloss-eutin.de. **Bahn/Bus:** ↗ Bhf Eutin, 10 Min Fußweg durch Fußgängerzone zum Schlossplatz. **Auto:** B76 Richtung Eutin, Ausschilde-

Happy Birthday!
Kinder 6 – 12 Jahre können an ihrem Geburtstag ein Höfisches Fest im Schloss feiern. Verkleidet als Prinzessinnen und Prinzen begebt ihr euch auf Zeitreise in den Barock. Spiele, Geschichten, Musik, Tanz, festlich gedeckte Kaffeetafel. 125 € für max. 12 Kinder, 3 Std.

rung Schloss folgen. **Rad:** Mönchsweg. **Zeiten:** Juni – Sep Di – So 11 – 17 Uhr, Okt, April, Mai Di – So 11 – 15 Uhr, Juli – Aug und Sa 10.30 Uhr Kinderführung. **Preise:** Führung 6 €; Kinder 6 – 18 Jahre 1,50 €, Schatzsuche: 2 Std, 90 € für max. 10 Kinder, Tour durch den Schlossgarten: 2 – 2,5 Std, 70 € für max. 10 Kinder; Behinderte 3 €, Familien (Eltern mit eigenen Kindern) 12 €.

▶ Die Geschichte des Eutiner Schlosses reicht bis ins 12. Jahrhundert zurück. Damals befand sich hier ein Bischofshof, der mit dem heutigen Bau wenig gemein hatte. 1270 wurde es um ein Gebäude aus Stein ergänzt, das mehrmals verändert immer noch Bestandteil des Ostflügels ist. Die heutige vierflügelige Form erhielt das Schloss 1727. Die Inneneinrichtung, mit der es damals ausgestattet wurde, ist noch in weiten Teilen erhalten. Lübecker Bischöfe wohnten hier ebenso wie der Großherzog von Oldenburg. Heute ist die denkmalgeschützte Anlage im Besitz einer Stiftung und kann im Rahmen einer **Führung** besichtigt werden. Auf Filzpantoffeln geht es durch ein Audienzzimmer, die Schlosskirche, das Schlafzimmer der Herzogin und durch vornehme Gästezimmer. Kunstvoll bemalte Wände, hohe Kachelöfen, alte Gemälde und stuckverzierte Decken erwarten euch. Zusätzlich gibt es Schiffsmodelle zu bewundern. Regelmäßig finden im Schloss und im Schlossgarten Veranstaltungen statt. Für **Kindergruppen** werden neben dem Geburtstagsfest zwei weitere Feiern für Kinder 8 – 11 Jahre angeboten: *Schatzsuche im Schloss* oder eine *Tour durch den Schlossgarten.*

Museen & Stadtführungen

Gut Immenhof

Tourismusservice Malente, Eutiner Straße, 23714 Malente-Bad Malente-Gremsmühlen. ✆ 04523/98990, www.bad-malente.de. **Führung:** etwa 1,5 Std. **Bahn/Bus:** ↗ Malente, 15 Min Fußweg. **Auto:** L174 Eutiner Straße, Tor zum Gut Rothensande. **Zeiten:** Führungen nach Voranmeldung: Mi 15 Uhr, Sa 10 Uhr. **Preise:** 5 €; Kinder bis 14 Jahre frei. **Infos:** Voranmeldung zur Führung unter immenhof-fuehrungen@t-online.de.

▶ Gut Immenhof ist vor allem den Liebhabern von Filmen aus den 1950er Jahren ein Begriff. Auf dem Gut, das eigentlich *Rothensande* heißt, wurden 1955 – 1957 die **Immenhof-Filme** mit *Dick* und *Dalli* und ihren Ponys gedreht. Nachdem das Gut lange Zeit nicht besichtigt werden konnte, finden jetzt wieder Führungen statt. Wenn ihr anschließend noch mehr über die Drehorte und ihre Darsteller erfahren wollt, könnt ihr das **Immenhof-Museum** besuchen.

Kinderstadtführung durch Plön

➚ Tourist Info Großer Plöner See. **Bahn/Bus:** ➚ Plön. **Zeiten:** 26. Juni – 21. Aug Mi 10.30 – 12 Uhr, gebuchte Führungen für Gruppen das ganze Jahr über. **Preise:** Erw in Begleitung ihrer Kinder kostenlos; Kinder 3,50 €.

▶ Wie lebte es sich zur Zeit der Slawen in Plön, wie zur Zeit der Herzöge? Die Kinderstadtführung ist wie eine Entdeckungsreise durch die Geschichte. Statt trockener Fakten aus Eiszeit und Mittelalter versetzt ihr euch im Rollenspiel in die jeweilige Epoche. Mit Krone auf dem Kopf sieht dann alles etwas anders aus. Anmelden müsst ihr euch nicht. Erscheint einfach rechtzeitig am Treffpunkt an der Touristen-Info.

Immenhof-Museum, Kampstraße 1, Gremsmühlen. ✆ 0151/10212951. www.immenhofmuseum.de. Mi, Fr – So, Fei 14 – 17 Uhr. 2 €, bis 16 Jahre 1 €.

Hunger & Durst

Pförtnerhaus Schloss Plön, Plön. ✆ 04522/7446460. www.pfoertnerhaus-schloss-ploen.de. April – Okt 12 – 24 Uhr, Nov – März Mo – Fr 18 – 24, Sa 12 – 24, So 12 – 19 Uhr. Restaurant mit Konditorei im Schlosspark, toller Blick über den See.

BÜHNE, LEINWAND & AKTIONEN

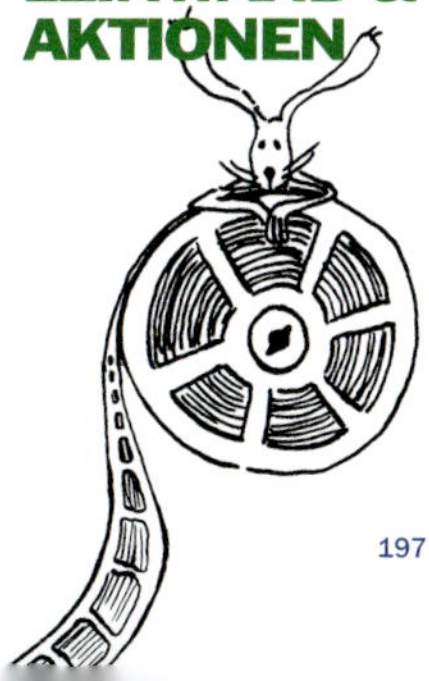

Kino für Kinder

CineRoyal Eutin

Königstraßenpassage 1, 23701 Eutin. ✆ 04521/72600, www.cinema-center-eutin.de. **Bahn/Bus:** ➚ Bhf Eutin. **Auto:** B76, über Plöner Landstraße in Plöner Straße, dann rechts in Albert-Mahlstedt-Straße und links in Am Stadtgraben. Dort kostenpflichtiger Parkplatz. **Rad:** Mönchsweg. **Zeiten:** ganzjährig, täglich. **Preise:** 5,50 – 10 €; Kinder bis 11 Jahre 4,50 – 10 €.

Di ist Kinotag im CineRoyal. Dann zahlt ihr nur den ermäßigten Preis.

▶ Großes Kino mit mehreren Sälen. Gespielt wird das aktuelle Programm inklusive der gerade angelaufenen Kinder- und Animationsfilme.

Film im Binchen

Kommunales Kino Eutin, Albert Mahlstedt-Straße 2a, 23701 Eutin. ✆ 04521/779538, www.koki-eutin.de. **Bahn/Bus:** ↗ Bhf Eutin. **Auto:** B76, über Plöner Landstraße in die Plöner Straße, dann rechts in Albert Mahlstedt-Straße. **Rad:** Mönchsweg. **Zeiten:** Fr 20 Uhr, Sa 17 und 20 Uhr, Schulvorstellungen auf Anfrage. **Preise:** 6 €; Kinder 4 €.

▶ Kleines nostalgisches Kino mit dem etwas anderen Programm. Ausgesuchte Filme zu bestimmten Themen, die ihr nicht (oder nicht mehr im Programm) der großen Kinos findet. Dokumentationen, Kinder- und Seniorenfilme.

FESTKALENDER EUTIN & PLÖN

Mai: Christi Himmelfahrt **Jazz Festival am See,** Plön, Konzerte, Sa große Jazz-Parade durch die Stadt.

Juni: Ende Juni – Mitte Aug **Eutiner Festspiele,** Open Air Oper, auch Vorstellungen für Kinder.

Picknick im Schlossgarten, Plön. Jeder kann sich etwas mitbringen, es gibt aber auch Gastronomen vor Ort.

Juli: **Malenter Folk-Night,** Kurpark, Irische Musik.

August: **Stadtfest,** Eutin, Altstadt.

Diekseelauf, Malente, Diekseepromenade, verschiedene Strecken für Groß und Klein am bzw. rund um den Dieksee.

September: **Vielerley Feierey,** Schloss Eutin, Mittelalterfest.

Bauernmarkt, Malente, Tews-Kate, regionale Produkte, Spiel- und Bastelaktionen.

Dezember: **Werkstatt der Engel,** Schloss Eutin, Engel, Kunsthandwerk, Weihnachtliches.

Malenter Weihnachtsdorf, Malente.

INFO & VERKEHR

GUT INFORMIERT STARTEN

Mit diesem Reiseführer im Gepäck seid ihr bestens gerüstet für eine Reise oder einen Ausflug nach Lübeck und an die Ostseeküste.

Wollt ihr euch vor Ort informieren, helfen euch die Tourist-Informationen gern weiter. Erkundigt euch dort über Ausflugsziele, Unterkünfte oder Veranstaltungen. Oft bekommt ihr dort auch Wander- und Radkarten der Umgebung sowie gute Tipps.

In dieser Griffmarke findet ihr die Adressen der Tourist-Infos aller wichtigen Orte, die im Buch erwähnt werden, inklusive Anfahrt mit öffentlichen Verkehrsmitteln und Auto. Außerdem gibt es zu jedem Ort eine kleine Beschreibung.

ORTE & INFOQUELLEN

Lübeck

Welcome Center, Touristbüro Lübeck, Holstentorplatz 1, 23552 Lübeck. ✆ 0451/8899700, www.luebeck-tourismus.de. **Bahn/Bus:** RB, RE, EC, IC, ICE bis Hbf Lübeck, 5 Min Fußweg. **Auto:** A1 Ausfahrt 22 Lübeck-Zentrum, Stockelsdorfer Straße, im Kreisel 1. rechts, dann links in die Fackenburger Allee, im Kreisel 3. rechts, Parkhaus in der Wallstraße nutzen. **Zeiten:** Mo – Fr 9.30 – 19, Sa 10 – 15, So, Fei 10 – 14 Uhr.

▶ Die geografisch günstige Lage der Stadt sorgte ab dem 12. Jahrhundert für den Aufstieg Lübecks zur Handelsmacht. An der Schnittstelle zwischen Ost und West florierten die Geschäfte. Lübeck war höchste Rechtsinstanz bei Streitigkeiten, die das Städtebündnis der Hanse betrafen und damit die *Königin der Hanse.* Mit dem Bau eines Europäischen Hansemuseums, das 2015 eröffnet werden soll, knüpft die Stadt an diese Geschichte an. Auch sonst wirkt die Altstadt wie ein lebendiges Museum. Die prachtvollen Kirchen und Altstadthäuser, die vielen Museen und kulturellen Angebote locken jährlich Hunderttausende von Touristen in die UNESCO-Weltkulturerbe-Stadt.

Hunger & Durst

Jensens Bøfhus, Holstenstraße 8 – 10, Lübeck. ✆ 0451/3003939. www.jensens.com. 11 – 23 Uhr. Kindermenüs ab 4,25 €, Kinderkarte zum Basteln und Ausmalen, große, gut ausgestattete Kinderspielecke.

Wo findet sich ein so schönes Karussellpferd? Auf den nächsten Seiten erhaltet ihr einen Überblick über die Orte – aber es sei verraten: Im Hansapark Sierksdorf

Wie viele andere Ostbäder auch, erhebt Travemünde eine ***Kurabgabe.*** *15. Mai – 14. Sep beträgt sie 2,80 € pro Tag, in der übrigen Zeit immerhin noch 1,40 € pro Tag. Zusätzlich wird in dieser Zeit eine Strandnutzungsgebühr erhoben: 2,60 € auf der Stadtseite, 1 € auf dem Priwall. Kinder zahlen keine Kurabgabe und keine Strandnutzungsgebühr.*

Travemünde – Timmendorfer Strand

Travemünde

Tourist-Information Travemünde, Bertlingstraße 21, 23570 Lübeck-Travemünde. ✆ 0451/8899700, www.travemuende-tourismus.de. **Lage:** Welcome Center im Strandbahnhof. **Bahn/Bus:** RB bis Bhf Lübeck-Travemünde Strand. **Auto:** A226 Ausfahrt 3 Lübeck Siems, B75 bis K28 Moorredder, über Am Fahrenberg rechts in Godewind, Parkplatz Am Fahrenberg nutzen. **Rad:** Ostseeküsten-Radweg. **Zeiten:** Mo – Fr 9.30 – 18, Sa, So, 10 – 17 Uhr.

▶ Lübecks Seebad hat nicht nur einen breiten Strand, sondern gleich zwei davon – links und rechts der Trave. Am »Hausstrand« auf der Leuchtturmseite dominieren im Sommer die Strandkörbe und im Herbst die großen Drachen, die in den Himmel steigen. Auf der neuen Promenade lässt sich herrlich flanieren und die Kinder haben auf dem Piratenspielschiff am Strand ausreichend Gelegenheit, auf Kapernfahrt zu gehen. Wem das zu viel des Trubels ist, setzt mit der Fähre auf die andere Traveseite, den **Priwall,** über. Hier gibt es Natur pur. Unverbaute, ursprüngliche Küste mit breitem Naturstrand. Ideal zum Steine- und Muschelnsammeln. Kleinkinder und größere Nichtschwimmer planschen hier übrigens ganz gefahrlos, denn der Strand fällt nur seicht ab.

Bad Schwartau

Tourist-Information Bad Schwartau, Markt 15, 23611 Bad Schwartau. ✆ 0451/200002334, www.bad-schwartau.de. **Lage:** Im Rathaus. **Bahn/Bus:** RB, RE bis Bhf Bad Schwartau, 10 Min Fußweg. **Auto:** A1 Ausfahrt 21 Bad Schwartau, L309 Eutiner Ring, abbiegen in Rathausgasse, dort kostenfreie Parkplätze. Durch die Fußgängerzone 5 Min Fußweg. **Zeiten:** Mo 9 – 12 und 15 – 17.45, Di – Fr 9 – 12 Uhr.

▶ Bad Schwartau ist ein staatlich anerkanntes Jodsole- und Moorheilbad. Zwei Jodsole-Quellen gibt es

DIE CLEVERE RABATTMARKE: OSTSEECARD *

▶ Die Ostseecard ersetzt in insgesamt 18 Ostseebädern die Kurkarte. Mit dieser elektronischen Chipkarte erhaltet ihr in allen teilnehmenden Bädern freien Strandzugang und eine Reihe von Vergünstigungen, wie z.B. ermäßigte Eintrittsgebühren, kostenlose Nutzung von Bussen oder kostenfreie Ausleihe in Stadtbüchereien. Neben den angeschlossenen Ostseebädern gewähren euch zahlreiche Partnerunternehmen ebenfalls Rabatte. Die Ostseecard bekommt ihr, wenn ihr mindestens eine Übernachtung in einem der teilnehmenden Orte bucht. Sie wird euch dann vom Vermieter, der Kurverwaltung oder dem Tourismus-Service ausgestellt.

Die teilnehmende Ostseebäder sind: Travemünde, Timmendorfer Strand, Scharbeutz, Sierksdorf, Neustadt in Holstein, Grömitz, Kellenhusen, Dahme, Großenbrode, Fehmarn, Heiligenhafen, Weißenhäuser Strand, Blekendorf, Hohwacht, Schönberg, Laboe, Eckernförde und Glücksburg. Der orange pmv-Stern zeigt euch, wo genau es Ermäßigung damit gibt. ◀

in der Stadt. Entdeckt wurde die erste Quelle bei Trinkwasserbohrungen. 1895 stieß man dabei in 300 m Tiefe auf die Sole. Neben einem hohen Jodanteil finden sich in ihr auch Natrium, Magnesium und Calcium. Ihr könnt in der Sole baden, wenn ihr der ↗ *Holstein Therme* in Bad Schwartau einen Besuch abstattet. Angenehme 32 Grad ist sie dann warm. Mit dieser Temperatur kommt sie nicht aus der Erde, sondern sie wird extra erhitzt. Bekannter ist Bad Schwartau jedoch durch seine Marmeladen-Werke. Hier werden Himbeer-, Erdbeer- und alle möglichen anderen Fruchtaufstriche hergestellt. Auch Müsliriegel und Backzutaten werden hier produziert.

Schwartauer Werke Werksverkauf, Am Petroleumhafen 3 – 7, Bad Schwartau. ✆ 0451/204386. www.schwartauer-werke.de. Mo – Do 9 – 13 und 14 – 17.30, Fr 9 – 15 Uhr. Hier gibt es die Produkte der Schwartauer Werke zu Aktionspreisen.

Timmendorfer Strand

Tourismus Service Timmendorf, TSNT Timmendorfer Strand Niendorf Tourismus GmbH, Timmendorfer Platz 10, 23669 Timmendorfer Strand. ✆ 04503/35770, www.niendorf-ostsee.de. **Bahn/Bus:** IC, RB bis Bhf Timmendorfer Strand, Bus 40 bis Timmendorfer Strand

Minigolf Steffenhagen, Kurparkstraße 2, Timmendorfer Strand. ✆ 04503/6211. April – Okt circa 9.30 – 18 Uhr. Ab 2,50 €, auch Verleih von Bollerwagen, Fahrrädern und Tretmobilen.

Hunger & Durst

Café Engels Eck, Timmendorfer Platz 3, Timmendorfer Strand. ✆ 04503/2058. www.cafewichtig.com. Täglich 8.30 – 2.30 Uhr. Frühstück, Mittagskarte, Kuchen, Eis, Kinderkarte.

*An der **Ahlbeek** in der Nähe des Vogelparks gibt es die Räuberkuhle. Dort soll sich der Legende nach der berüchtigte Seeräuber **Klaus Störtebeker** versteckt haben und so seinen Verfolgern entkommen sein. Ob das stimmt?*

ZOB. **Auto:** A1 Ausfahrt 17 Pansdorf, L180, B76 Bäderrandstraße bis Höppnerweg, dann links in Strandallee, öffentliche Parkplätze ausgeschildert. **Rad:** Ostseeküsten-Radweg. **Zeiten:** Mo – Fr 9 – 18 Uhr, Sa, So, Fei 10 – 15 Uhr.

▶ Timmendorfer Strand ist beliebt bei Prominenten. Früher zog es die »Schönen und Reichen« nach Niendorf, doch inzwischen hat Timmendorf der Niendorfer Schwester längst den Rang abgelaufen. *Udo Lindenberg* kommt regelmäßig und hat inzwischen ein eigenes Denkmal an der Promenade. Schauspieler, Bands und Beachvolleyball-Asse geben sich die Klinke in die Hand. Wer sehen und gesehen werden will, schlendert die Promenade entlang oder setzt sich in das **Café Engels Eck,** auch als *Café Wichtig* bekannt, und hat von dort alles und alle im Blick.

Niendorf

Tourismus Service Niendorf, Strandstraße 121a, 23669 Timmendorfer Strand-Niendorf. ✆ 04503/357760, www.niendorf-ostsee.de. **Bahn/Bus:** Bus 5951 ab Lübeck ZOB bis Timmendorferstrand Pamirstraße. **Auto:** B76 Bäderrandstraße bis Pamirstraße, dann links in Strandstraße. **Rad:** Ostseeküsten-Radweg. **Zeiten:** Mo – Fr 9 – 17, Sa, So, Fei 10 – 17 Uhr.

▶ Seit 1855 ist Niendorf Badeort. Damals ließ ein findiger Einwohner die ersten beiden Badekarren aufstellen. Das sind hölzerne Umkleidekabinen, mit zwei oder vier Rädern und langen Stangen, an denen sie ins Meer gezogen wurden. Sie dienten den Frauen zum Umkleiden sowie zum unbeobachteten Einstieg in die Ostsee. Die Frauen trugen zwar damals noch reichlich Bekleidung zum Baden, trotzdem galt es als unschicklich, im offenen Meer zu baden und sich dabei den Blicken von Männern auszusetzen. Die Badekarren fanden schnell Nachahmer und Niendorfs Aufstieg zum Seebad begann. Heute könnt ihr hier bei schlechtem Wetter auch im *Meerwasserhallenbad* schwimmen. Wer keine Lust auf Wasser hat, kann von Niendorf aus am *Brodtner Steilufer* oder durch die **Ahlbeeker** Niederung wandern.

Trutzig: Die Feldsteinkirche von Ratekau
© pmv, Karolin Küntzel

Ratekau

Tourismusbüro der Gemeinde Ratekau, Am Bahnhof 5, 23689 Ratekau-Pansdorf. ✆ 04504/715055, www.ratekau.de. **Bahn/Bus:** RB bis Bhf Pansdorf. **Auto:** A1 Ausfahrt 17, über Luschendorf nach Pansdorf, dort links in Eutiner Straße, dann rechts in Bahnhofstraße. **Zeiten:** Mo – Fr 9 – 12 Uhr.

▶ Ratekau ist eine Großgemeinde mit 13 Ortschaften im Hinterland der Ostsee. Die Nähe zur Küste mit den Seebädern Timmendorfer Strand und Scharbeutz, aber auch die wald- und wasserreiche Landschaft ziehen Touristen an. Die Gemeinde ist staatlich anerkannter Erholungsort und hat sich im Bereich Naturschutz einen Namen gemacht. Im *Schwartautal* lassen sich ebenso seltene Vogelarten beobachten wie am *Ruppersdorfer See,* der unter Naturschutz steht und im Herbst Rastplatz für unzählige Zugvögel ist. In der Feldsteinkirche in Ratekau finden neben den Gottesdiensten regelmäßig Konzerte statt. Wenige Meter weiter sind im *Heimatmuseum* alte landwirtschaftliche Gerätschaften und ein wunderbarer Bauerngarten zu bewundern.

Hunger & Durst

Konditorei Café Köster, Alte Schulstraße 4, Ratekau. ✆ 04504/4414. www.konditorei-cafe-koester-ratekau.de. Täglich 6.30 – 18 Uhr. Kaffee, Kuchen, Torten, Eis, Brot und Brötchen, Frühstück.

Scharbeutz – Neustadt in Holstein

Scharbeutz

Tourist-Information Scharbeutz, Strandallee 134, 23683 Scharbeutz. ✆ 04503/ 770964, www.scharbeutz.de. **Lage:** Am Kurpark. **Bahn/Bus:** RE bis Bhf Scharbeutz, Bus 40, 41, 5803 bis Ocean-Park. **Auto:**

A1 Ausfahrt 16 Scharbeutz. **Rad:** Ostseeküsten-Radweg. **Zeiten:** Mo – Fr 9 – 18, Sa 10 – 17 Uhr.

▶ Scharbeutz hat sich in den letzten Jahren zu einem beliebten Ferienort für die ganze Familie gemausert. Spielstrände, kostenlose Sportangebote in den Sommermonaten, die neu gestaltete Promenade, die zum Spazierengehen einlädt, und das kulinarische Angebot garantieren entspannte Tage an der Ostsee.

Neustadt in Holstein

Tourismus-Information Neustadt, 23730 Neustadt in Holstein. Handy 0172/4096019. www.luebecker-bucht-ostsee.de. **Lage:** Kugelbrunnen am Hafen. **Bahn/Bus:** RB bis Bhf Neustadt in Holstein, 5 Min Fußweg. **Auto:** A1 Ausfahrt 14 Neustadt in Holstein-Mitte, rechts auf L309, Straßenverlauf bis Hafen folgen. **Rad:** Ostseeküsten-Radweg. **Zeiten:** Mai – Okt täglich 11 – 17 Uhr.

▶ Direkt am Hafen und stilecht in einem Strandkorb untergebracht findet ihr die Tourist-Info von Neustadt. Hier zieht sich die Neustädter Bucht wie ein Fjord in den Ort hinein. Insgesamt drei Häfen bieten Seglern und Fischern ein Unterkommen. Direkt vor den Toren der Altstadt liegen die Traditionssegler und machen Lust auf einen Törn hinaus in die Lübecker Bucht. Gegenüber ist das Boot der ↗ *Küstenwache* vertäut, das in der gleichnamigen Vorabendserie auf Verbrecherjagd fährt. Es kommen aber auch noch längere Schiffe in Schleswig-Holsteins größten Binnenhafen. Frachter löschen ihre Ladung und manchmal sieht man das bekannte Kreuzfahrtschiff *MS Deutschland*. Es hat hier seinen Heimathafen, muss allerdings vor den Toren der Stadt auf Reede gehen, weil der Hafen für das Traumschiff dann doch etwas zu klein ist.

Pelzerhaken & Rettin

Tourismus-Service Pelzerhaken, Dünenweg 7, 23730 Neustadt in Holstein-Pelzerhaken. ✆ 04561/7011, www.stadt-neustadt.de. **Bahn/Bus:** Bus 5518 Eutin – Neustadt – Pelzerhaken bis Pelzerhaken Schaarweg.

Bücherei Scharbeutz, Am Bürgerhaus 2, Scharbeutz. ✆ 04503/770935. www.gemeinde-scharbeutz.de. Mo 14 – 18, Di, Mi 9 – 13, Do 15 – 20, Fr 12 – 16 Uhr. Hörbücher, DVDs, Computerspiele, Kinder- und Jugendbücher, Leseausweise für Kinder und Jugendliche bis 18 Jahre kostenlos.

Hunger & Durst

Klüvers Brauhaus, Schiffbrücke 2 – 4, Neustadt i.H. ✆ 04561/714811. www.kluevers-brauhaus.de. 9 – 23 Uhr. Leckeres, selbst gebrautes Bier, Fischgerichte, Terrasse direkt am Hafen.

Tourist-Information Rettin, Strandpromenade, ✆ 04561/7632. www.stadt-neustadt.de. Mai – Sep Fr 11 – 16, Sa 10 – 14, So 10 – 12 Uhr.

Auto: L309 Rettiner Weg, rechts ab in Mastkobener Weg, über Wiesenweg rechts in Strandallee, links in Dünenweg. **Rad:** Ostseeküsten-Radweg. **Zeiten:** Mo – Fr 9 – 12 und 14 – 17, Sa 10 – 14, So 10 – 12 Uhr.

▶ **Pelzerhaken** und **Rettin** sind angesagte Wassersportreviere. Vorgelagerte Sandbänke und flaches Wasser machen die Küste hier zu einem perfekten Stehrevier, in dem Anfänger sicher die Surf-, Segel-, und Kite-Grundlagen erlernen. Und: Der einzige Südstrand der Lübecker Bucht verwöhnt mit Sonne satt.

Sierksdorf

Tourist-Information Sierksdorf, Vogelsang 1, 23730 Sierksdorf. ✆ 04563/7023, www.luebecker-bucht-ostsee.de. **Lage:** Im Haus des Gastes. **Bahn/Bus:** IC, RB bis Bhf Sierksdorf, 5 Min Fußweg. **Auto:** A1 Ausfahrt 15 Eutin, über K45 Bäderstraße rechts in Professor-Haas-Straße, links in Voßberg bis Vogelsang. **Rad:** Ostseeküsten-Radweg. **Zeiten:** Mo – Fr 9 – 12 und 14 – 17, Sa 10 – 14, So 10 – 12 Uhr.

▶ Sierksdorf ist vor allem durch den ↗ **Hansa-Park,** einem der größten Arbeitgeber des Ortes, bekannt. Neben dem Freizeitpark bietet der frühere Fischerort Kulturelles in Form von Künstlern wie *Karl Schmidt-Rottluff,* der hier malte, oder dem Schauspieler *Armin Müller-Stahl,* der sechs Monate im Jahr in Sierksdorf lebt. Kurioses ist im *Bananenmuseum* versammelt und Kulinarisches darf in den Guts-, und Landgasthöfen der Umgebung verkostet werden. Für die Kinder gibt es Naturstrand ohne Ende sowie Spiel- und Tobekameraden im **Strandkinderclub Robbe.**

Das **Hansa-Park-Ticket:** Das Kombiticket der DB gilt für die Hin- und Rückfahrt nach Sierksdorf und dem Eintritt in den Park. 41 € für eine und 17 € für jede weitere Person, max. 5 Pers (zusammen 109), Kinder bis 3 Jahre fahren kostenlos mit. Das Hansa-Park-Ticket gilt Mitte April – 26. Okt in der RB sowie in der S-Bahn ab Hamburg-Altona bzw. HH-Hbf nach Sierksdorf.

Strandkinderclub Robbe, Am Strande, Ecke Bergweg, Sierksdorf. ✆ 04563/478990. www.sierksdorf.de. Ostern, Sommerferien – Ende Aug Di, Do 10 – 13 Uhr. Für Kinder 4 – 12 Jahre, Ausflüge in die Umgebung, Basteln, Spiele am Strand. Kostenfrei.

Grömitz – Heiligenhafen

Lensahn

Tourismusinformation Lensahn, Eutiner Straße 2, 23736 Lensahn. ✆ 04363/50840, www.lensahn.de. **Bahn/Bus:** RE bis Bhf Lensahn, 5 Min Fußweg. **Auto:**

*Beim **Ultratriathlon Lensahn** müssen die Athleten 11,4 km schwimmen, 540 km Rad fahren und 126,6 km laufen.*

Hunger & Durst

Antik Café Altes Doktorhaus, Eutiner Straße 25, Lensahn. ✆ 04363/901109. www.antik-cafe-lensahn.de. Mi – So 14 – 18 Uhr. Neben Selbstgebackenem gibt es hier auch Antiquitäten zu kaufen.

A1 Ausfahrt 12 Lensahn, Richtung Lensahn L58 Bäderstraße, Sundstraße, dann links in Eutiner Straße. **Zeiten:** Mo, Di, Do, Fr 8 – 12, Do auch 15 – 17.30 Uhr.

▶ Lensahn liegt beschaulich im Hinterland der Lübecker Bucht zwischen Dahme und Grömitz. Wald, Felder, sanfte Hügel, Wiesen und Knicks prägen die Landschaft. Der Waldort eignet sich als Ausgangspunkt für Wanderungen und Radtouren. Er ist jedes Jahr Austragungsort eines **Ultratriathlons.**

Grömitz

Tourist-Information Grömitz, Kurpromenade 56, 23743 Grömitz. ✆ 04562/256249, www.groemitz.de. **Lage:** Am Seebrückenvorplatz. **Bahn/Bus:** Bus 5800 ab Neustadt in Holstein bis Grömitz Strand. **Auto:** A1 Ausfahrt 13 Neustadt in Holstein, B501 in Lindenstraße abbiegen, dem Straßenverlauf bis zum Strand folgen. **Rad:** Ostseeküsten-Radweg. **Zeiten:** März Mo – Fr 10 – 16, Sa, So 10 – 14 Uhr, April – Nov Mo – Fr 9.30 – 18, Sa, So 10 – 16 Uhr.

▶ Am 8 km langen Sandstrand findet jeder ein Plätzchen. Der Strand fällt flach ab, sodass sich auch Schwimmanfänger ganz beruhigt ins Wasser wagen können. Grömitz schmückt sich mit dem Attribut *besonders familienfreundlich* und bietet Familien ein großes Angebot an Sport-, Spiel- und Freizeitangeboten wie z.B. Kinderanimation, Segel-, Kletter- und Fußballkurse, Kreativangebote und Piratenfeste. Häufig sind die Ferien viel zu kurz, um alle Angebote wahrzunehmen. Ob deshalb viele Familien immer wiederkommen?

Drachen steigen lassen: Am Strand habt ihr Platz dafür

© pmv, Karolin Küntzel

Kellenhusen

Kurbetrieb Kellenhusen, Strandpromenade 15, 23746 Kellenhusen. ✆ 04364/49750, www.kellenhusen.de. **Bahn/Bus:** Bus 5800 ab Oldenburg in Holstein bis Kellenhusen Alte Schmiede. **Auto:** A1 Ausfahrt 12 Lensahn, B501 Op de Horst abbiegen auf K51 Waldstraße, links in Am Ring, Seestraße. **Rad:** Ostseeküsten-Radweg. **Zeiten:** Mo – Fr 9 – 17, Sa 10 – 16, So 10 – 14 Uhr.

▶ Kellenhusen hat beides: Wald und Wasser. Besucht das *Schwarzwildgehege* und werft einen Blick in die Kronen uralter Eichen. Wie groß kann ein Baum werden? Wie tiefdunkel und ruhig ein Wald? Am Strand erwartet euch das Kontrastprogramm. Flaniert auf der Promenade, schleckt ein Eis oder trinkt einen Kaffee in einem der Restaurants und Cafés mit Blick auf die Ostsee. Ihr könnt auch die Perspektive wechseln und vom Wasser aus an Land schauen. Idealer Platz dafür ist die moderne Seebrücke mit ihren Themeninseln. Hier legen Fahrgastschiffe an, Kinder springen von der Badeplattform ins Grün der Ostsee und mit etwas Glück ergattert ihr dort einen Platz in den Hängematten dicht über dem Wasser.

Dahme

Kurbetrieb in Dahme, Seestraße 50, 23747 Dahme. ✆ 04364/49200, www.dahme.com. **Lage:** Im Haus des Gastes. **Bahn/Bus:** Bus 5800 ab Oldenburg in Holstein bis Dahme Strandhotel. **Auto:** A1 Ausfahrt 12 Lensahn, B501, K50 Gruber Weg, links abbiegen auf Seestraße. **Rad:** Ostseeküsten-Radweg. **Zeiten:** Mo – Fr 9 – 17, Sa, So 10 – 13 Uhr.

▶ Dahme ist ein altes Fischerdorf, das sich mit seinen reetgedeckten Häusern noch einiges an ursprünglichem Charme erhalten hat. Die Dünen und der 1,5 km lange Strand locken im Sommer zahlreiche Badegäste an. Wer mehr als baden will, unternimmt einen ausgedehnten Spaziergang entlang dem Kliff Richtung **Leuchtturm Dahmeshöved.** Er ist

Tourist-Info, Blankwasserweg 122, **Grömitz-Lensterstrand.** ✆ 04562/2665626. www.groemitz.de. Mo – Sa 10 – 17, So 10 – 13 Uhr. Außenstelle Lensterstrand.

*Im **Kellenhusener Forst** erinnert die sogenannte Wasserstandseiche mit ihrem Gedenkstein an die höchste Sturmflut des vorigen Jahrhunderts.*

Dat Radhuus, Strandpromenade 22 (hinter der DLRG), Kellenhusen. ✆ 04364/1876. Öffnungszeiten hängen an der Station aus. Radverleih und -service, 7 € pro Tag, 35 € Woche, Kinderräder 4 € pro Tag, 20 € Woche.

__Knicks__ prägen die Landschaft Schleswig-Holsteins. Die Wallhecken dienen nicht nur zur Abgrenzung von Feldern, sie sind auch Windschutz und wichtiger Lebensraum für Vögel. In regelmäßigen Abständen, etwa alle 10 – 15 Jahre, werden die Gehölze radikal zurückgeschnitten. Man sagt dazu __auf den Stock gesetzt__ oder __geknickt.__

Bevor der Gruber See verlandete und schließlich gänzlich trocken gelegt wurde, gab es im See eine Insel. Dieses Eiland ist der heutige __Paasch-Eyler-Platz.__ Er wurde nach dem in Grube geborenen Kapitän Heinrich Paasch benannt.

das Wahrzeichen des Ortes. Auch eine Tour ins Hinterland lohnt sich, wandert oder radelt entlang den typischen **Knicks** ins Naturschutzgebiet *Oldenburger Bruch* oder durch das angrenzende Waldgebiet. Dahme ist übrigens der erste *Fledermausfreundliche Ort Deutschlands.* Mehr als 100 Häuser sind als fledermausfreundlich ausgezeichnet. Bei so viel Wohnraum für die Fledertiere stehen die Chancen gut, sie in der Dämmerung zu sichten.

Grube & Rosenfelde

Tourismus-Service Grube, Wenddorf 1, 23749 Grube. ✆ 04364/471563, www.gemeinde-grube.de. **Lage:** Im Haus des Gastes. **Bahn/Bus:** Bus 5800 ab Oldenburg in Holstein bis Grube Fährkamp. **Auto:** A1 Ausfahrt 12 Lensahn, B501 zwischen Dahme und Heringsdorf. **Zeiten:** Mo, Do, Fr 9 – 12 Uhr.

▶ Grube liegt circa 3 km von der Ostseeküste entfernt im Achterland. Der zu Grube zählende Ortsteil **Rosenfelde** liegt dagegen an der Küste und hat einen schönen Naturstrand. Das beschauliche Örtchen slawischen Ursprungs wird bereits 1222 erwähnt. Damals gab es eine herrschaftliche Burg, später sogar ein Schloss. Die Siedlung war von Bedeutung und mit Stadtrechten ausgestattet, entwickelte sich aber dann im Laufe der Jahrhunderte zurück zu einem Dorf mit heute 1000 Einwohnern. Zu sehen gibt es ein hübsches *Heimatmuseum,* eine alte Backsteinkirche sowie den historischen **Paasch-Eyler-Platz.**

Oldenburg in Holstein

Tourist-Information im Bildungs- und Kulturzentrum Oldenburg, Göhler Straße 56, 23758 Oldenburg in Holstein. ✆ 04361/5083913, www.oldenburg-holstein.de. **Bahn/Bus:** ICE, IC, RE, RB bis Bhf Oldenburg i.H., Bus 5804 bis Oldenburg Landgericht. **Auto:** A1 Ausfahrt 10 Oldenburg Süd, rechts auf L59 Bahnhofstraße, links ab über Holsteiner Straße bis zum Ziel. **Rad:** Mönchsweg. **Zeiten:** Mo – Mi 9 – 16, Do 9 – 18, Fr 9 – 12 Uhr.

▶ *Starigard, Aldinborg* und *Oldenburg*. Drei Namen, eine Stadt. Zuerst siedelten die Slawen hier. Sie nannten ihren Herrschersitz Starigard – alte Burg. Dieser Name wandelte sich schließlich zu Aldinborg, dem heutigen Oldenburg. Früher war die Siedlung eine bedeutende Hafenstadt. Bis zum Ende des 16. Jahrhunderts war sie durch den Oldenburger Graben mit dem Meer verbunden und spielte eine wichtige Rolle im Ostseehandel. Der Graben verlandete und schnitt Oldenburg vom Meer ab. Verheerende Brände 1370 und 1773 fegten über die Stadt und legten sie zu zwei Dritteln in Schutt und Asche. Heute leben an die 10.000 Einwohner in Oldenburg, deren historisches Wahrzeichen die *Wallburganlagen* sind.

Tourist-Info in der Bücherei, Schauenburger Platz 2, Oldenburg in Holstein. ✆ 04361/5083913. www.oldenburg-holstein.de. Mo 12 – 18.30, Di, Do 10 – 12 und 15 – 18.30, Fr 10 – 17, Sa 10 – 13 Uhr.

Die in Oldenburg ansässige St. Johannis Toten- und Schützengilde von 1192 e.V. ist die älteste deutsche ***Gilde.*** *Sie richtet u.a. das Gildefest im Juni aus.*

Heiligenhafen

Tourist-Information Heiligenhafen, Bergstraße 43, 23774 Heiligenhafen. ✆ 04362/90720, www.heiligenhafen-touristik.de. **Bahn/Bus:** Bus 5811 ab Oldenburg in Holstein bis Heiligenhafen Am Teich. **Auto:** A1 bis Ausfahrt 6 Heiligenhafen-Mitte, ab dort Bergstraße bis Tourist-Info. **Rad:** Ostseeküsten-Radweg, Mönchsweg. **Zeiten:** Mo – Fr 9 – 17, Sa 10 – 15, So 12 – 14 Uhr.

▶ Schnurgerade Seebrücken? Das war einmal. 2012 wurde die *Erlebnisseebrücke* in Heiligenhafen eröffnet. Zackig führt sie auf mehreren Ebenen in die Ostsee hinaus. Während die Kinder dort mit den Wasserinstallationen wie der Archimedischen Schraube und dem Wasserrad spielen, relaxen Mama und Papa auf den körperfreundlich geschwungenen Sonnenliegen. Vom Badedeck ist es nur einen Sprung bis ins Wasser und selbst Toiletten fehlen nicht auf dem 435 m langen Bauwerk. Wer noch ein paar Schritte mehr gehen möchte, findet im Naturschutzgebiet **Graswarder** und an der Steilküste dazu Gelegenheit. Wesentlich trubeliger geht es im Bereich des riesigen **Ferienparks** zu. Dort befinden sich viele Freizeit-Einrichtungen wie Kegelbahn, Kino und ein Hallenbad.

Der ***Graswarder*** *ist eine lang gestreckte schmale Halbinsel, die Heiligenhafen vorgelagert ist. Durch Sandablagerungen wächst sie beständig weiter.*

Wagrien heißt die Halbinsel, weil dort ab dem 8. Jahrhundert der slawische Stamm der Wagrier beheimatet war. Ihre Hauptburg befand sich in Starigard, dem heutigen Oldenburg. Reste der Burgbefestigung sind im ↗ Oldenburger Wallmuseum zu besichtigen.

Im Tourismusbüro Nakskov bekommt ihr ganzjährig Leihfahrräder. Sie kosten pro Tag 100 DKK zzgl. einer Kaution von 200 DKK pro Rad.

Großenbrode

Kurverwaltung Ostseeheilbad Großenbrode, Teichstraße 12, 23775 Großenbrode. ✆ 04367/997113, www.grossenbrode.de. **Bahn/Bus:** RE bis Bhf Großenbrode, Bus 5811 bis Dorfmitte. **Auto:** E47, B207 Ausfahrt 4, von K42 Nordlandstraße links in Teichstraße. **Rad:** Ostseeküsten-Radweg, Mönchsweg. **Zeiten:** Mo – Fr 8.30 – 12, Mo, Di, Do auch 14 – 16 Uhr.

▶ Ganz im Norden der Lübecker Bucht liegt das Ostseeheilbad auf **Wagrien.** Auf drei Seiten Ostsee, 15 km Küste, wenig Regen und viel Sonne, kein Wunder, dass Großenbrode beliebt ist. Insbesondere der 1,5 km lange, feinsandige Südstrand mit Promenade lädt zum Baden, Spielen und Sporttreiben ein. Segler finden in einem der sechs Häfen ein sicheres Plätzchen. Ein Törn nach Fehmarn oder auf die dänischen Inseln ist von hier genauso möglich wie ein Schlag über die Lübecker Bucht Richtung Wismar und Poel.

Fehmarn & Lolland

Nakskov

Nakskov Turistbureau, Axeltorv 3, DK-4900 Nakskov. ✆ 0045/54922172, www.visitdenmark.de. **Auto:** E47, links auf 9 Vestre Landevej, links auf 289 Lojtoftevej bis Nakskov. **Zeiten:** ganzjährig Mo – Fr 10 – 17, Jan – Mai, Sep – Dez auch Sa 10 – 12.30 Uhr, Juni – Aug auch Sa 10 – 14 Uhr.

▶ Nakskov ist ein Städtchen im Westen von Lolland. Trotz seiner Überschaubarkeit ist es mit knapp über 13.000 Einwohnern der größte Ort auf der Insel Lolland. Beim Touristbüro könnt ihr euch über Nakskov und seine Sehenswürdigkeiten, aber natürlich auch über die ganze Insel informieren.

Burg auf Fehmarn

Tourismus-Service Burg auf Fehmarn, Mummendorfer Weg 7, 23769 Fehmarn-Burg. ✆ 04371/8794784, www.fehmarn.de. **Bahn/Bus:** IC, RE bis Bhf Fehmarn-Burg. **Auto:** E47, B207, nach Fehmarnsundbrücke 2. Ausfahrt Richtung Burg. Im 1. Kreisel 1. Ausfahrt; Tourist-Info ausgeschildert. **Rad:** Mönchsweg. **Zeiten:** Mo – Fr 9 – 18, Sa, So, Fei 10 – 15 Uhr.

▶ Burg ist das quirlige Zentrum der Insel. Zahlreiche Museen wie das *Meereszentrum Fehmarn* befinden sich hier. Daneben lohnt auch ein Bummel durch die Burger Innenstadt mit den hübschen Bürgerhäusern, vielen Geschäften und Restaurants. Burg ist übrigens nur ein Stadtteil von Fehmarn, denn seit die ehemals eigenständige Stadt Burg 2003 mit den umliegenden Gemeinden fusionierte, besteht **Fehmarn** nur noch aus einer Stadt, der Stadt Fehmarn.

***Kurtaxe** auf Fehmarn ist für alle ab 18 Jahre fällig. 15. Mai - 14. Sep 1,60 € pro Tag, sonst 0,80 €.*

Windsport Kids, Breite Straße 22, Fehmarn-Burg. ✆ 04371/6326. www.windsportkids.de. März – Nov Mo – Sa 10 – 18, So 11 – 18 Uhr. Surfbekleidung, Mini-Neoprenanzüge, Boards, Mode für Kinder.

Fehmarn

Tourismus-Service Fehmarn, Südstrandpromenade 1, 23769 Fehmarn-Burgtiefe. ✆ 04371/506300, www.fehmarn.de. **Bahn/Bus:** IC, RE bis Bhf Fehmarn-Burg, Bus 5751 bis Burgtiefe Kurzentrum. **Auto:** E47, L209 in Burg auf Mathildenstraße bis Burgtiefe. Kostenfreie Parkmöglichkeiten an der Strandstraße hinter dem IFA-Fehmarn-Hotel. **Zeiten:** Mo – Fr 9 – 18, Sa, So, Fei 10 – 15 Uhr.

▶ Fehmarn ist die drittgrößte Insel Deutschlands und das ideale Urlaubsziel für alle, die Wassersport mögen. Surfer, Kiter und Segler finden an den zahlreichen Stränden beste Bedingungen vor. Die *Sonneninsel* oder das *Hawaii des Nordens,* wie die Insel wegen der vielen Sonnenstunden auch gerne genannt wird, verwöhnt mit Wind, flachen Stränden im Süden, Dünen im Norden und Steilküste im Osten. In den Dörfern finden sich viele gemütliche Hofcafés. Zum Erkunden der Insel eignet sich das Rad, denn das Land ist flach und die Radwege sind gut ausgeschildert. Auch hoch zu Ross lässt sich Fehmarn entdecken. Zahlreiche Ponyhöfe und Gestüte bieten Kurse und Ausritte in die Umgebung und an den Strand an.

*Fehmarn ist über die **Fehmarnsundbrücke** mit dem Festland verbunden. Seit 1999 steht sie unter Denkmalschutz. Im Volksmund wird sie wegen ihres Aussehens auch Kleiderbügel genannt.*

Hohwachter Bucht

Hohwacht

Tourist-Information Hohwacht, Berliner Platz 1, 24321 Hohwacht. ✆ 04381/90550, www.hohwachter-bucht.de. **Bahn/Bus:** Bus 314, 350 ab Oldenburg i.H. bis Hohwacht Berliner Platz. **Auto:** A1 Ausfahrt 11 Oldenburg Süd, B202 Richtung Hohwacht, L164, dann links in Sanddornweg. **Rad:** Ostseeküsten-Radweg. **Zeiten:** Juni – Aug Mo – Fr 9 – 18, Sa, So 10 – 14 Uhr, Sep Mo – Fr 9 – 18 Uhr, Okt – Mai Mo – Fr 9 – 16 Uhr.

▶ Das ehemalige Fischerdorf hat sich viel von seinem Charme bewahrt. Massentourismus wie in **Weißenhäuser Strand** sucht man hier vergebens. Viel Wald, ein schmaler Naturstrand sowie ein Stück Steilküste bilden den Rahmen für einen Urlaubsort, in dem außerhalb der Saison knapp 900 Einwohner leben.

Platt wie 'ne Flunder: Das Wahrzeichen von Hohwacht ist eine Flunder. So wird die Seeplattform am Hauptbadestrand wegen ihrer dem Plattfisch ähnlichen Form genannt

Lütjenburg

Tourist-Information Lütjenburg, Markt 4, 24321 Lütjenburg. ✆ 04381/419941, www.hohwachterbucht.de. **Bahn/Bus:** Bus 4310 ab Oldenburg in Holstein bis Lütjenburg Markt. **Auto:** A1 Ausfahrt 11 Oldenburg in Holstein Süd, B202 über Plöner Straße bis Wehdenstraße, dort links. **Zeiten:** Juni – Sep Mo – Fr 9 – 18, Sa 10 – 13 Uhr, Okt – Mai Mo – Fr 9 – 16, Sa 10 – 13 Uhr.

▶ Das kleine Lütjenburg besitzt bereits seit dem frühen 13. Jahrhundert Stadtrechte. Die Einnahmen kamen zu dieser Zeit aus Handel, Landwirtschaft und Handwerk. Die wirtschaftliche Entwicklung kam jedoch nicht voran, sodass sogar überlegt wurde, die Stadt komplett an die Ostsee zu verlegen und einen Hafen zu errichten. Es blieb bei der Idee und richtig bedeutend wurde die Stadt nie. 50 Jahre lang war die Bundeswehr im Ort stationiert. Die Bevölkerung wuchs ebenso wie die Wirtschaft. Nun ist die Kaserne geschlossen und Lütjenburg versucht, sich bei Touristen einen Namen zu machen. Das könnte gelin-

60- bis 90-minütige Stadtführung jeden Mi um 10.30 Uhr. Treffpunkt Tourist-Info. Pro Person 2,50 €.

gen, denn die Stadt hat einen historischen Kern mit wunderbar erhaltenen Gebäuden, allen voran das schmucke Rathaus. Ein Besuch lohnt sich.

Blekendorf/Sehlendorf

Tourist-Information Sehlendorfer Strand, Strandstraße 24, 24327 Blekendorf-Sehlendorf. ✆ 04382/92234, www.sehlendorfer-strand.de. **Bahn/Bus:** Bus 314 von Oldenburg in Holstein bis Sehlendorf. **Auto:** A1 Ausfahrt 11 Oldenburg i.H. Süd, B202 auf K20 Seestraße, geht in Strandstraße über. **Zeiten:** 1. Mai – 15. Sep Mo – Do 9 – 16, Fr 9 – 13, Sa, So 10 – 13 Uhr, 16. Sep – 30. April Mo, Di, Do 9 – 12 und 13 – 15.30 Uhr, Fr 9 – 12 Uhr.

▶ 1835 Einwohner, verteilt auf acht Dörfer, leben in der Gemeinde **Blekendorf.** Da ist einmal Blekendorf selbst, dann *Friederikenthal, Futterkamp, Kaköhl, Nessendorf, Rathlau, Sechendorf* und schließlich *Sehlendorf* mit der kürzesten Entfernung zum Strand. Zentrum der Gemeinde ist die schöne Feldsteinkirche aus dem 13. Jahrhundert, deren 55 m hoher Turm vielerorts sichtbar ist.

Eutin & Plön

Eutin

Tourist-Information Eutin, Markt 19, 23701 Eutin. ✆ 04521/70970, www.holsteinischeschweiz.de/tourist-info-eutin. **Bahn/Bus:** RB, RE bis Bhf Eutin, 5 Min Fußweg. **Auto:** A1 Ausfahrt 15 Eutin, B76 Ausfahrt Eutin, L57 Lübecker Landstraße bis Lübecker Straße, dort rechts ab. Parkplätze ausgeschildert. **Rad:** Mönchsweg, Holsteinische-Schweiz-Radtour. **Zeiten:** Mo – Fr 9 – 18, Sa, So, Fei 10 – 14 Uhr.

▶ Eutin liegt malerisch in den Hügeln der Holsteinischen Schweiz. Auf dem angrenzenden *Großen Eutiner See* lassen sich wunderbare Bootstouren unternehmen, es kann geangelt und gebadet werden. Ne-

Zweiradhaus Scheibel, Auf dem Hasenkrug 2a, Lütjenburg. ✆ 04381/4690. www.zweirad-scheibel.de. Mo – Fr 9 – 18, Sa 9 – 13 Uhr. Leihrad 6 €, Kinderrad 4,50 €, Kinderanhänger 5,50 €, Bollerwagen 3 €, im Umkreis von 25 km kostenloser Lieferservice.

In Eutin gibt es Altstadtführungen für Kinder. Ihr erfahrt, wie Hütejungen lebten oder Mädchen bei Hofe. Es werden Geschichten erzählt und es gibt Mitmach-Aktionen. Infos bei der Tourist-Info.

Hunger & Durst

Kunst & Kaffee, Stolbergstraße 18, Eutin. ✆ 04521/71319. Mai – Aug Mi – So 14 – 18 Uhr, sonst Do – So 14 – 18 Uhr. Topfkuchen und Käsetorten in historischer Stadthofanlage, Terrasse.

In Malente werden Sommerkurse (Bauernhof-Olympiade, Survival etc.) für Kinder angeboten. Infos und Anmeldung beim Tourismus-Service.

Fielmann Akademie Schloss Plön. ✆ 04522/8010. www.fielmann-akademie.de. Infos und Anmeldung zur kostenlosen Schlossbesichtigung.

ben den Seen bietet Eutin viel Wald zum Wandern, Radfahren oder Walken. Die Routen sind gut ausgeschildert und unterschiedlich lang, sodass Ungeübte wie Profis die ideale Tour für sich finden. Neben den sportlichen Aktivitäten gibt es in Eutin, dem Weimar des Nordens, wie es auch genannt wird, ein vielfältiges kulturelles Angebot. Im Sommer finden auf der Freilichtbühne direkt am See die *Eutiner Festspiele* statt und das *Schloss* mit seinem herrlichen Landschaftspark bildet gleich zu mehreren jährlich stattfindenden Veranstaltungen einen würdigen Rahmen.

Malente

Tourismus-Service Malente, Bahnhofstraße 3, 23714 Malente-Bad Malente-Gremsmühlen. ✆ 04523/98990, 0800/2020080. www.bad-malente.de. **Bahn/Bus:** RE bis Bhf Bad Malente-Gremsmühlen, Pavillon des Tourismus-Service liegt gegenüber. **Auto:** A1 Ausfahrt 15 Eutin, B76 Abzweig Malente, über Westtangente, links in Eutiner Straße, Hindenburgallee rechts bis Bahnhofstraße. **Zeiten:** Nov – März Mo – Fr 9 – 17 Uhr, April, Okt Mo – Fr 9 – 17, Sa 10 – 14 Uhr, Mai – Sep Mo – Fr 9 – 18, Sa 10 -16, So 10 – 14 Uhr.

▶ Malente liegt im Herzen der Holsteinischen Schweiz. Die Großgemeinde umfasst neben dem Zentralort **Bad-Malente-Gremsmühlen** neun weitere Dörfer. Ihnen gemeinsam ist die wunderschöne Lage in wald- und wasserreicher Natur. Insbesondere Naturliebhaber und Sportbegeisterte finden hier ein breites Angebot an Ausflugs- und Sportmöglichkeiten.

Plön

Tourist-Info Großer Plöner See, Bahnhofstraße 5, 24306 Plön. ✆ 04522/50950, www.holsteinische-schweiz.de. **Bahn/Bus:** RE, RB bis Bhf Plön. **Auto:** A1 Ausfahrt 15 Eutin, B76 Plön, über Gänsemarkt in Bahnhofstraße. **Rad:** Mönchsweg, Holsteinische-Schweiz-Radtour. **Zeiten:** Mai – Sep Mo – Fr 8 – 18, Sa 10 – 16

Uhr, Juni – Aug zusätzlich So, Fei 10 – 14 Uhr, Okt – April Mo – Fr 9 – 18 Uhr.

▶ Plön ist Seen-Stadt. Ringsherum ist Wasser. Angefangen beim *Großen* und *Kleinen Plöner See* über *Trammer See, Schöhsee, Behler See* bis *Suhrer* und *Vierer See.* Und das sind noch nicht einmal alle. Neben dem Wasser dominiert das **Schloss** über der Stadt. Es beherbergt die Fielmann-Akademie und kann nach Voranmeldung besichtigt werden. Ein Spaziergang durch das Schlossgebiet mit seinem schönen Park und historischen Gebäuden lohnt sich.

MOBIL MIT BAHN & BUS

Bequem von Ort zu Ort

▶ Schleswig-Holstein ist ein Flächenland. Viele Strecken werden deshalb mit dem Auto erledigt und ein Großteil der Urlauber reist ebenfalls mit eigenem Fahrzeug an. Die Alternative dazu ist die **Bahn.** Bahnverbindungen gibt es in alle größeren Orte und z.T. zu den Ostseebädern. Seit 2014 gibt es nicht nur das ↗ **Hansa-Park-Ticket,** sondern auch den *Schleswig-Holstein-Tarif.* Dieser **SH-Tarif** gilt für Bahn und Bus in Schleswig-Holstein und bis nach Hamburg (HVV-Großbereich) in RE, RB, NOB, NBE, AKN, NEG, Arriva. An Start und Ziel fährt man mit Bus oder S-Bahn weiter. Einzelfahrkarte, Tageskarte, 5er-Gruppen-Karte, online buchbar (Fernverkehr ausschalten!), z.B. HH-Hbf – Oldenburg i.Holst. ab 19,70 €.

Neben der Bahn ist der **Bus** ein wichtiges Verkehrsmittel. In den Städten und an der Küste sind die Verbindungen gut, auf dem Land verkehren Busse oft nur in großen zeitlichen Abständen. Auf www.nah.sh findet ihr Haltestellenpläne, ein Fahrplanheft und den Routenplaner.

Mit dem Länder-Ticket fahren bis 5 Pers einen ganzen Tag (9 – 3 Uhr) beliebig oft durchs Land und nach Hamburg in RB, IRE, RE und S-Bahn. Das **Schleswig-Holstein-Ticket** kostet ab 27 €, je 3 € Aufschlag pro Pers. Eigene Kinder und Enkel unter 15 Jahren kostenlos. www.bahn.de

Bürgerbus Fehmarn ✸

Verein Bürgerbus Fehmarn e.V., Beate Burow, Am Markt 1, 23769 Fehmarn. ✆ 04371/506654, www.buerger-bus-fehmarn.de. **Zeiten:** Ostern – Okt, Mo – Fr 3 x täg-

Hunger & Durst

Café Niederegger, Vorderreihe 56, Mövengasse, Travemünde. ✆ 04502/2031. www.niederegger.de. Stammzeiten Mo – Fr 9 – 18, Sa, So 9 – 18.30 Uhr, in den Sommermonaten oft bis 20.30 Uhr. Gutes Sortiment an Konfekt und Torten, außerdem kleine Speisen. Schöne Plätze auf der Dachterrasse im Strandkorb.

Achtung! Bei Schlechtwetter (Nebel, Sturm, Eisgang) oder bei durchgängigem Schiffsverkehr können sich Fahrten verschieben oder ganz ausfallen.

lich, Nov – März Mo, Mi, Fr als Anrufbus. **Preise:** Route 1 – 5: 2 €, 6er-Karte 10 €, Route 6: 2,50 €; Kinder Route 1 – 5: 1 €, 6er-Karte 5 €, Route 6: 1,50 €; mit Ostseecard kostet der Fahrschein 0,50 €.

▶ 1997 wurde der Bürgerbus ins Leben gerufen. Antrieb dafür waren die unzureichenden öffentlichen Verkehrsanbindungen entlegener Orte. Nun fahren Bürger für Bürger. Es gibt inzwischen verschiedene Linien, die bedient werden. Der Bus kann aber auch direkt unter ✆ 04362/90525 bestellt werden. Folgende Routen werden im Linienverkehr gefahren:

Route 1: Burg – Avendorf – Camping Miramar – Burg.

Route 2: Burg – Campingplatz Wulfen – Burgstaaken – Burg.

Route 3: Burg – Camping Südstrand – Insel-Camp Fehmarn – Burg.

Route 4: Burg – Staberdorf – Katharinenhof – Camping Klausdorf – Burg.

Route 5: Burg – Landkirchen – Albertsdorf – Camping Strukkamphuk – Lemkenhafen – Burg.

Route 6: Burg – Petersdorf – Wallnau – Petersdorf – Burg.

Fährmann hol über! Die Priwallfähre

Stadtverkehr Lübeck GmbH, Vorderreihe 12a, 23570 Lübeck-Travemünde. ✆ 04502/2249, www.stadtverkehr-luebeck.de. **Bahn/Bus:** Bhf Lübeck-Travemünde Hafen. **Auto:** B75 bis Travemünde, Priwall ausgeschildert, nächster öffentlicher Parkplatz Am Baggersand. **Rad:** Ostseeküsten-Radweg. **Zeiten:** April – Okt 6 – 22 Uhr alle 10 Min, Nov – März 6.05 – 21.45 Uhr alle 10 Min. **Preise:** 1,10 €, Pkw 3,40 €, Fahrradkarte 0,70 €; Kinder 6 – 14 Jahre 0,70 €; 6er-Karte 5,50 €, Kinder 3,50 €.

▶ Der Stadtverkehr Lübeck ist für den Fährverkehr über die *Trave* zuständig. Von Travemünde aus geht es rüber zum Priwall. Entweder mit der Autofähre, die auf Priwallseite am Rosenhof anlegt oder mit der Personenfähre, die in Höhe des Leuchtturms übersetzt.

FERIEN-ADRESSEN

LÜBECK: NATUR & SPORT

LÜBECK: WISSEN & KULTUR

TRAVEMÜNDE – TIMMENDORFER STRAND

SCHARBEUTZ – NEUSTADT

GRÖMITZ – HEILIGENHAFEN

FEHMARN & LOLLAND (DK)

HOHWACHTER BUCHT

EUTIN & PLÖN

INFO & VERKEHR

FERIENADRESSEN & KARTEN

Leben im Wildbienenhau

UNTERKÜNFTE FÜR FAMILIEN

Aus der Vielzahl von Unterkünften, die sich für erlebnisreiche Wochenenden und Ferienaufenthalte eignen, wurde eine Auswahl zusammengestellt, bei der die Bedürfnisse von Kindern, Jugendlichen und Familien im Vordergrund stehen.

Die Unterkünfte werden nach Art gegliedert und regional sortiert mit Adresse und Preisen vorgestellt. Ihr findet hier familienfreundliche Hotels, Urlaub auf dem Bauernhof, Jugendherbergen und andere Gruppenunterkünfte sowie Jugendzelt-/Campingplätze.

Hotels und Pensionen

▶ Preislich liegen Hotels und Pensionen höher als die anderen hier aufgeführten Unterkünfte. Dafür bieten sie mehr Komfort und Service. Bei der Auswahl wurde besonders Wert auf eine familienfreundliche Unterbringung gelegt. Spielmöglichkeiten für die Kinder, Familienzimmer oder eine Kleinkinderausstattung spielten bei der Auswahl eine Rolle.

Hotel zur alten Stadtmauer

An der Mauer 57, 23552 Lübeck. ✆ 0451/73702, www.hotelstadtmauer.de. **Bahn/Bus:** Diverse Busse bis Stadthalle oder Fegefeuer. **Auto:** Über K23 Wallstraße, Hüxtertorallee oder Kronsforder Allee über Mühlenbrücke in Mühlenstraße, dann rechts in An der Mauer. **Zeiten:** ganzjährig. **Preise:** ÜF EZ 62 – 67 €, DZ 93 – 114 €, Pkw-Stellplatz 5 € pro Nacht.

▶ Kleines, gemütliches Familienhotel mit 24 Zimmern direkt in der Lübecker Altstadt. Von hier erreicht ihr alle Sehenswürdigkeiten bequem zu Fuß. Alle Zimmer sind Nichtraucherzimmer, mit Du/WC und kostenlosem WLAN. Allergiker-Zimmer auf Wunsch. Großes und leckeres Frühstücksbuffet.

Ostsee-Hotel Vier Linden

Familie Kay Petersen, Lindenstraße 4 – 6, 23746 Kellenhusen. ✆ 04364/4950, www.hotel-vier-linden.de.

Abkürzungen bei Unterkünften

EZ: Einzelzimmer
DZ: Doppelzimmer
MBZ: Mehrbettzimmer
FH: Ferienhaus
FeWo: Ferienwohnung
HP: Halbpension
VP: Vollpension
ÜF: Übernachtung mit Frühstück
Ü: Übernachtung
JH: Jugendherberge
JGH: Jugendgästehaus
NFH: Naturfreundehaus
CP: Campingplatz

Als Unterkunft auch schön, aber nichts für Menschenkinder: Das Insektenhotel vom Museum für Natur und Umwelt in Lübeck

Bahn/Bus: ➚ Kellenhusen. **Auto:** K51 Waldstraße bis Kellenhusen, rechts in Am Ring, gleich wieder rechts bis zum Hotel. **Rad:** Ostseeküsten-Radweg. **Preise:** Familienzimmer ÜF 42,50 – 46,50 € pro Person; Kinder 4 – 9 Jahre im Familienzimmer ÜF 13,50 – 19,50 €, 10 – 12 Jahre ÜF 19,50 – 23,50 €.

▶ Familienzimmer mit zwei Schlafräumen. Tischtennis- und Internetraum, Spielzimmer. Parkplätze am Hotel. Im Restaurant gibt es Hochstühle und eine eigene Kinderkarte.

Hunger & Durst

Ristorante Pizzeria Seaside, Kanalstraße 78, Lübeck. ✆ 0451/3845161. www.ristorante-seaside.de. Täglich 12 – 23 Uhr. Hier könnt ihr auf einem Schiff speisen. Kindergerichte ab 3,50 €.

Strandhotel Hohwacht

Stefanie Tuletzki, Strandstraße 10 – 12, 24321 Hohwacht. ✆ 04381/6091, 6092. www.strandhotel-hohwacht.de. **Bahn/Bus:** Bhf Oldenburg in Holstein, Gäste werden von dort abgeholt. **Auto:** ➚ Hohwacht, im Ort Am Buchholz folgen, mündet in Strandstraße. **Rad:** Ostseeküsten-Radweg. **Preise:** ÜF EZ 45 – 55 €, DZ 40 – 52 €, Familienzimmer mit Pantry-Küche 40 – 77 €, Frühstück kann bei Familienzimmern für 11,50 € hinzugebucht werden; Kinder bis 4 Jahre kostenlos, 5 – 10 Jahre 50 % Rabatt, 11 – 16 Jahre 25 % Rabatt.

▶ 18 DZ, 6 EZ, 8 Familienzimmer für max. 4 Personen. Die Zimmer sind teilweise mit Pantry-Küche ausgestattet. Das Hotel mit Sauna liegt rund 150 m vom Strand entfernt und ist bestens auf kleine Gäste eingestellt. Babyausstattung, Spielzimmer, Spielzeug, Spielplatz, Gesellschaftsspiele und Bollerwagen für den Weg zum Strand bekommt ihr hier. Die Kinder können stundenweise im *Ole der Butt* Kids Club betreut werden. Das Restaurant bietet fangfrischen Ostseefisch, mediterrane und vegetarische Küche. Die Kleinen haben die Wahl zwischen verschiedenen Kindermenüs.

Käpt'n-Kelli-Klub im Kurzentrum, Strandpromenade 15, Kellenhusen. ✆ 04364/49750. www.kellenhusen.de. Ostern – Okt Mo – Fr 9.30 – 12.30 Uhr. Kinderanimation für Kinder ab 3 Jahre, basteln, spielen, Burgen bauen, den Wildschweinen »Hallo« sagen. 2 € pro Kind.

Familien Ferien Hotel Bad Malente

Grebiner Weg 2, 23714 Malente-Neversfelde. ✆ 04523/4090, www.travdo-hotels.de. **Bahn/Bus:** ➚ Malente, Bus 5510 bis Neversfelde. **Auto:** L56 Richtung Neversefelde in Grebiner Weg einbiegen. **Zeiten:** ganzjährig. **Preise:** Familienzimmer ÜF ab 89 €.

▶ Das 3-Sterne-Hotel verfügt über Familienzimmer mit separatem Schlafraum und ist auch sonst gut auf Familien und die Bedürfnisse von Kindern eingestellt. Neben einem Schwimmbad gibt es auch ein Spielzimmer. Gesellschaftsspiele könnt ihr ausleihen.

Ferienwohnungen und -häuser

▶ Es gibt ein sehr breites Angebot an Ferienwohnungen (FeWo) und Ferienhäusern (FHs) in der Region. Deshalb ist hier nur eine kleine Auswahl möglich. Sie berücksichtigt besonders familienfreundliche Unterkünfte. Häufig ist dabei neben der Unterkunft auch das Außengelände nutzbar, zum Beispiel Hof, Garten, Wiese oder ein Spielplatz.

Ferienhof am Steinkamp

Familie Ebert, Steinkamp 7, 24327 Blekendorf-Futterkamp. ✆ 04381/40180, www.ferienhof-ebert.de. **Bahn/Bus:** Bus 4310 bis Blekendorf Futterkamp. **Auto:** ↗ Blekendorf, B202 bis Futterkamp, 1. Abfahrt links, dann wieder rechts. **Zeiten:** ganzjährig. **Preise:** FeWo 68 – 133 € für 1. Übernachtung. Ab der 2. Nacht 40 – 50 % günstiger, Frühstück 6,50 €; Kinderfrühstück 3 €.

▶ 5 FeWo für 2 – 6 Personen. Alle Wohnungen mit kompletter Küchenausstattung inklusive Geschirrspüler. Kinderbetten und Hochstühle werden bereitgestellt. Der Garten ist zur freien Verfügung. Spiel- und Bolzplatz, Trampolin und Streicheltiere. Ferienkinder dürfen kostenlos Ponyreiten

Hunger & Durst

Café am Steinkamp, Steinkamp 7, Blekendorf-Futterkamp. ✆ 04381/40180. www.ferienhof-ebert.de. Di – So 14 – 18 Uhr. Bauernhaus-Café mit Gartenterrasse, behindertengerecht, selbst gebackene Kuchen und Torten.

Ferienhaus am See

Birgit Hamann, Seekoppel 10, 23714 Malente-Timmdorf. ✆ 04523/2387, 880674. www.ferienhaustimmdorf.de. **Bahn/Bus:** Bus 5510 bis Malente Seekoppel. **Auto:** L174 Bahnhofstraße in Malente auf K2 Dorfstraße Richtung Timmdorf abbiegen. Vor dem Ort links in

Im Wohnzimmer der großen Wohnung gibt es einen Flügel. Musiker willkommen!

Brückenweg, von dort links in Seekoppel. **Rad:** Mönchsweg. **Zeiten:** ganzjährig. **Preise:** FH 185 €, kleine FeWo 60 – 140 €, große FeWo 125 – 240 €.

▶ 7 Zimmer mit insgesamt 16 Betten, verteilt auf 2 Wohnungen. 5 DZ, 2 2- bis 3-Bett-Zimmer in traumhafter Lage direkt am *Dieksee* mit Badestelle. Aufenthaltsräume, Esstisch für 12 Personen, 6-Flammen-Herd, Kamin. Für Kinder gibt es eine große Sandkiste, Spielkiste, Kinderbücher zum Selbstlesen und Vorlesen, Brettspiele, Bobbycar und viel Platz im Garten für Fußball, Wikingerschach und Tischtennis. Hochstuhl, Kinderkarre und Kinderbett vor Ort.

Landal Ferienpark

Landal GreenParks GmbH, Meeresrauschen 2, 23570 Lübeck-Travemünde. ✆ 04502/308600, www.landal.de. **Lage:** Auf dem Priwall. **Bahn/Bus:** ➚ Travemünde, Bus 38 bis Campingplatz. **Auto:** B75 bis Travemünde, Ausschilderung Priwall folgen, rechts ab in Travemünder Landstraße, dann links in Baggersand Parkplatz, von dort in Auf dem Baggersand. Mit Fähre übersetzen. Dann Mecklenburger Landstraße entlang. Ferienpark ist ausgeschildert. **Rad:** Ostseeküsten-Radweg. **Zeiten:** ganzjährig. **Preise:** Preisbeispiel: 1 Woche im Juni im 4-Pers-Haus 690 €, in der NS ab 320 €.

▶ Ruhiger Ferienpark mit rund 100 dänischen Häusern für 4 – 10 Personen. Viele Häuser mit Kamin und Sauna, WLAN im gesamten Park. Kinderhochstuhl, Babybett und Laufgitter werden auf Wunsch bereitgestellt. Im Park gibt es keinerlei weitere Einrichtung wie Supermarkt, Spielplätze oder Kinderanimation. Dafür ist die Ostsee mit dem Naturstrand nur wenige Meter entfernt.

Ferien auf dem Bauernhof

▶ Morgens mit dem Hahn aufstehen, im Heu toben, mit dem Bauern aufs Feld fahren, die Kühe auf der Weide besuchen – all das macht Urlaub auf dem Bauernhof für Kinder so schön. Und für Eltern so entspannt. Auf den meisten Höfen gibt es neben viel Platz im Freien oft auch eine Tobescheune für Schlechtwetter und Spielesammlungen.

Übernachten im Schafstall

Landschaftspflegeverein Dummersdorf Ufer e.V., Petra Freistein, Resebergweg 11, 23569 Lübeck. ✆ 0451/ 301705, www.dummersdorfer-ufer.de. **Bahn/Bus:** Bhf Lübeck-Kücknitz, 20 Min Fußweg. **Auto:** B75 Ausfahrt Kücknitz, über Solmitzstraße links in Travemünder Landstraße, rechts in Sandfeld, dort bis Resebergstraße, rechts abbiegen. **Zeiten:** Mai – Sep. **Preise:** 9 €, Frühstück 3 € pro Person; Kinder bis 18 Jahre 7 €.

▶ Wenn die Schafe nach dem Winter wieder auf die Weide gehen und das Gras auf dem *Dummersdorfer Ufer* kurz halten, ist Heuherbergen-Zeit. Bevor ihr einzieht, wird der Schafstall gründlich saubergemacht, in die Boxen kommt eine dicke Lage Stroh und darauf duftendes Heu. Vor dem Schlafen habt ihr sicher noch etwas Zeit, das Gelände zu erkunden und den Grill anzufeuern. Später mummelt ihr euch in den Schlafsack und den Heuduft. So träumt ihr bestimmt was ganz besonders Schönes. Und wer noch viel zu aufgeregt ist und nicht einschlafen kann, zählt Schäfchen. Mal sehen, wie weit ihr kommt.

Evershof

Familie Halske, Kowitzberg 3, 23570 Lübeck-Travemünde. ✆ 04502/77345, Handy 0177/7734500. www.evershof.de. **Bahn/Bus:** ↗ Travemünde, 10 Min Fußweg. **Auto:** B75 bis Travemünde, 1. Ampel links in Howingsbrook, dann rechts in Kowitzberg, nach 100 m links. **Rad:** Ostseeküsten-Radweg. **Zeiten:** ganzjährig. **Preise:** FeWo für 4 – 8 Pers 79 – 138 €, Bettwäsche, Handtücher, Nebenkosten und Endreinigung inklusive.

▶ 5 gemütlich und stilvoll eingerichtete Apartments. Vom Geschirrspüler über Internet bis hin zum Duschzeug ist alles vorhanden. Kinderhochstuhl, Babybett

@ Urlaub auf dem Bauernhof Schleswig-Holstein e.V. bietet auf seiner Internetseite eine gute Übersicht über Ferienmöglichkeiten auf dem Land. www.landsichten.de/schleswig-holstein.

und Wickelkommode werden auf Anfrage bereitgestellt. Alle Wohnungen sind rauchfrei und haben einen Auto-Stellplatz nahebei. Pferdebesitzer können ihr Ross unterstellen. Großes Außengelände mit Spielmöglichkeiten. Trampolin, Sandkasten, Spielhaus und verschiedene Kinderfahrzeuge. Bei schlechtem Wetter wird in der Strohscheune gespielt. Tägliches Ponyreiten, Streicheltiere.

Ferienhof Süselerfeld

Familie Schrörs, Süseler Feld 4, 23701 Süsel. ✆ 04524/297, www.ferienhof-sueselerfeld.de. **Bahn/Bus:** Bus 5816 bis Süsel Neusüsel, Kleinbus oder Linientaxi, die Platzanzahl ist beschränkt. **Auto:** B76 nähe Haffkrug, abbiegen auf Stawedder, weiter über Haffkruger Straße, dann links in Süseler Feld. **Zeiten:** ganzjährig. **Preise:** FeWo 2 – 6 Pers 45 – 75 €, Endreinigung inklusive.

▶ Der Bauernhof liegt im Hinterland von Haffkrug. Bis zur Ostsee sind es 3,5 km, die gut mit dem Fahrrad zurückgelegt werden können. 3 FeWo mit Kinderausstattung, Büchern und Spielen. Großer Garten, Streicheltiere, Kinderspielplatz, viel Fahr- und Spielgeräte für die Kinder, Grillplatz, Fahrräder, Bollerwagen, Brötchenservice. Frisches Brot, selbst gebackene Kuchen und Lebensmittel vom Hof, Reitgelegenheit in der Nähe.

Ausgezeichnete Ferien bei Bauer Martin

Ostsee-Ferienhof Bendfeldt, Familie Bendfeldt, Brodauer Straße 23, 23730 Schashagen-Bliesdorf. ✆ 04562/22770, www.bauer-martin.de. **Bahn/Bus:** Bhf Neustadt, die Gäste werden dort abgeholt. **Auto:** A1 Ausfahrt 13 Neustadt-Pelzenhaken, Richtung Grömitz bis Bliesdorf. Dort an der Ampel rechts ab, der Straße circa 500 m folgen. Der Hof ist auf der linken Seite. **Rad:** Ostseeküsten-Radweg, Mönchsweg. **Zeiten:** ganzjährig. **Preise:** FeWo ab 94 €, FH ab 140 €, je pro Nacht für 2 Erw und max. 3 Kinder, Endreinigung ab 69 €.

Die Kinder dürfen den Hühnern ein Ei für ihr Frühstück mopsen.

Wellnessurlaub auf dem Bauernhof, geht das? Und wie! Die 5-Sterne-Ferienhäuser und -wohnungen sind komfortabel und komplett ausgestattet und sehr gut für Familien mit Kindern geeignet (Steckdosen-Kindersicherung, Kantenschutz, Türstopper). Ihr könnt kostenlos Ponyreiten und bei der Pflege der Tiere helfen. Zusätzlich gibt es Spielplatz, Bolzplatz, Gokart-Bahn und für schlechtes Wetter Spielscheune und Kinderanimation. Zu den Höhepunkten der Woche zählen die Treckerfahrt mit *Bauer Martin,* das Kinderkino und das abendliche Grillen mit Stockbrotbacken. Der Ferienhof hat eine Reihe von Auszeichnungen bekommen, darunter auch die als *Beliebtester Ferienhof* und *Beliebtester Kinderferienhof 2012.*

Luis hat eine neue Freundin, sie frisst ihm sogar schon aus der Hand …

Heuherberge Riepsdorf

Heuherberge Ostsee, Hans-Jürgen Wendt, Am Finkenbusch 1, 23738 Riepsdorf-Quaal. ✆ 04363/1442, www.heuherberge-ostsee.de. **Bahn/Bus:** Bus 5651 bis Riepsdorf Quaal. **Auto:** A1 Ausfahrt 12 Lensahn, über Kabelhorst und Rüting Richtung Riepsdorf, dort von der Hauptstraße in den Finkenbusch abbiegen. **Rad:** Mönchsweg. **Preise:** 17 – 20 €; Kinder 3 – 12 Jahre 15 €.

Die Heuherberge besitzt 6 verschieden große Schlafboxen mit Waschbecken oder eigenem Bad. Allergiker bekommen ein Extrazimmer. Es gibt eine Heizung, sodass ihr es auch an kühleren Tagen kuschelig warm habt. Ein Aufenthaltsraum, Kochmöglichkeiten und ein Grill stehen euch ebenfalls zur Verfügung. Auf dem Hofgelände kann auch gezeltet werden. Die Kinder dürfen die Tiere streicheln und haben Gelegenheit, sich auf dem Spielplatz so richtig auszuto-

Happy Birthday!

Wie wäre es mit einer Schlafparty zum Geburtstag? Ladet eure Gäste zum Übernachten in die Heuherberge ein. Tobt, grillt und erzählt euch eingemummelt in den Schlafsack später noch Geschichten.

ben. Abenteueratmosphäre verbreitet das Feuer, an dem ihr abends Würstchen oder Stockbrot grillt.

Hof Klostersee

Sophie Kraul, Klosterseeweg, 23743 Grömitz-Cismar. ✆ 04366/88074, www.klostersee.org. **Bahn/Bus:** Bhf Neustadt in Holstein, Bus Richtung Dahme bis Grönwohldshorst, Haltestelle Zur Kroneiche, nach 100 m in Fahrtrichtung rechts auf Klosterseeweg abbiegen. **Auto:** A1 Ausfahrt 12 Lensahn, über Cismar bis Grönwohldshorst. Dort in Klosterseeweg. **Preise:** Ü für 4 Pers inkl. Kinder ab 50 € NS, ab 72 € HS, weiterer Erw 10, weiteres Kind 5 €, Endreinigung pro FeWo 40 €.

▶ Der biologisch-dynamisch bewirtschaftete Hof liegt in sehr ruhiger Waldrandlage nahe Cismar. Ihr könnt zwischen 7 verschiedenen FeWo wählen, in denen Platz für 2 – 6 Gäste ist. Alle Wohnungen sind mit Babybett und Hochstühlen ausgestattet. Im Bad findet ihr einen Fön und Bettwärmer. Im Gegensatz zu anderen Unterkünften gibt es hier ganz bewusst keinen Fernseher in den Zimmern. Stattdessen gibt es eine umfangreiche Hofbibliothek mit Lesestoff für Groß und Klein sowie eine Spielesammlung.

Ferienhof Presener Deichkrone

Familie Prange, Presen 21, 23769 Fehmarn. ✆ 04371/9217, presener-deichkrone.de. **Bahn/Bus:** Bhf Fehmarn-Burg, Feriengäste werden dort abgeholt. **Auto:** E47 bis Ausfahrt Burg, dort im Ort Richtung Puttgarden. K49 Niendorfer Weg, rechts Richtung Presen. Am Dorfteich links, dann rechts. **Rad:** Ostseeküsten-Radweg, Mönchsweg. **Zeiten:** ganzjährig. **Preise:** FeWo bis 3 Pers 35 – 60 €, FeWo bis 4 Pers 50 – 80 €, FeWo bis 5 Pers 65 – 129 €, Bettwäsche, Handtücher, Endreinigung inkl.

▶ Vom Hof führt ein Weg zur Ostsee. Nach 300 m steht ihr bereits mit den Füßen im Wasser. Zeit zum Baden, Buddeln und Drachensteigen lassen. Zurück auf dem Hof warten schon die Tiere auf ihre Strei-

Hunger & Durst

Café an der Heuherberge, Am Finkenbusch 1, Riepsdorf-Quaal. ✆ 04363/1442. www.heuherberge-ostsee.de. Sa, So, Fei 14 – 18 Uhr. Selbst gebackene Kuchen und Torten, Terrasse, Spielmöglichkeiten für Kinder.

Hofladen & Café Klostersee, Klosterseeweg, Grömitz-Cismar. ✆ 04366/884061. www.klostersee.org. Mo – Sa 9 – 18 Uhr. Eigene Produkte aus biologisch-dynamischer Landwirtschaft (Käse, Joghurt, Wurst, Brot) sowie Naturkost und -kosmetik. Kaffee und Kuchen direkt zum Genießen auf der Terrasse.

cheleinheiten. Ponyreiten oder doch lieber in der Scheune toben? Ihr dürft helfen oder faulenzen, könnt das Melkdiplom machen oder die Aussicht von den Strohballen genießen. 4-Sterne-Wohnungen für 2 – 8 Personen, komplette Kinderausstattung vorhanden. Allergiker-Bettwäsche auf Wunsch. Prämiert als *Ferienhof des Jahres 2013.*

Bio-Ferienhof Alter Speicher

Familie Albert, Ostermarkelsdorf 2, 23769 Fehmarn. ✆ 04371/8887758, Handy 0162/1672625. www.ferienhof-alterspeicher.de. **Bahn/Bus:** Bhf Fehmarn Burg. **Auto:** A1 Richtung Fehmarn, nach Fehmarnsundbrücke 2. Abfahrt nehmen, links halten, 2. Abfahrt rechts Richtung Ostermarkelsdorf. **Zeiten:** ganzjährig. **Preise:** FeWo 2 Pers 40 – 69 €, FeWo 4 Pers 60 – 95 €, Preise inkl. Endreinigung, Bettwäsche, Handtücher.

▶ 7 FeWo mit jeweils 2 Schlafzimmern für 2 – 5 Personen. Alle Wohnungen sind für Allergiker geeignet, Kleinkindausstattung und Internetanschluss sind vorhanden. Großer Garten mit Spielplatz, Kinderfahrzeugen, Streicheltieren, Spielscheune. Die Kinder können kostenlos Ponyreiten. Außerdem Grillplatz, Strandkörbe, kleiner Bioladen.

Morgens bekommt jeder von euch ein frisches, selbst gebackenes Brötchen an die Tür gehängt.

Zu Gast bei Annabelle und Symphonie

Erdbeerhof Manthey, Kirsten Manthey, Am See 1, 24327 Blekendorf-Futterkamp. ✆ 04381/418805, www.erdbeerhof-manthey.de. **Bahn/Bus:** Bus 314 bis Futterkamp Maschinenschuppen. **Auto:** B202 Richtung Lütjenburg bis Kaköhl. Dort rechts Richtung Hohwacht bis Schild Futterkamp-Siedlung, dort rechts. **Zeiten:** ganzjährig. **Preise:** FeWo 3 Pers 55 – 75 €, 4 Pers 55 – 80 €, 5 Pers 70 – 100 €, alle Preise inkl. Bettwäsche, Handtücher und Endreinigung.

▶ Mitten im *Naturschutzgebiet Sehlendorfer Binnensee* liegt der Obsthof. Viele Zugvögel kommen dort im Frühjahr und im Herbst vorbei. 5 FeWo 50 – 90 qm für 2 – 6 Personen. Jede Wohnung ist nach einer Erd-

Hofladen Erdbeerhof Manthey, Blekendorf-Futterkamp. ✆ 04381/418805. www.erdbeerhof-manthey.de. Mai – Ende Sep, Mo, Mi 9 – 12.30, Fr, Sa 9 – 12.30, 14.30 – 17 Uhr. Obst, Gemüse, Säfte, Wein, Honig, Eier.

beersorte benannt, da sind süße Träume schon fast vorprogrammiert. Hochstuhl und Kinderbett gibt es auf Wunsch. Großer Gemeinschaftsraum mit Kamin, Spielen und Büchern für schlechtes Wetter. Spielwiese mit Fußballtoren, Spielplatz, Trampolin. Kinderfahrzeuge.

Urlaub zwischen Hügeln, Hühnern und Hochseilgarten

Ferienhof Radlandsichten, Kathrin Dehn-Schumacher, Radlandsichten, 23714 Malente-Neversfelde. ✆ 04523/1622, www.radlandsichten.de. **Bahn/Bus:** Bus 5510 bis Neversfelde, Fußweg 25 Min. **Auto:** K57 bei Malente-Neversfelde, Hinweisschildern folgen. **Zeiten:** ganzjährig. **Preise:** FeWo 1 – 4 Schlafzimmer HS 63 – 119 €, NS 55 – 85 €, DZ ÜF HS und NS 35 €.

▶ Auf dem Ferienhof Radlandsichten könnt ihr Vieh- und Landwirtschaft erleben oder einfach nur ausspannen. Wer möchte, kann bei der Ernte, beim Viehtreiben und Füttern mithelfen. Abenteuerspielplatz, Hüpfburg, Kettcars und viel Platz zum Toben für Kinder. Spiele für schlechtes Wetter zum Ausleihen. Alle FeWo mit Balkon oder Terrasse. Kleinkindausrüstung (Hochstuhl, Wickelauflage, Badewanne etc.) wird kostenlos zur Verfügung gestellt.

Naturpark-Heuherberge

Familie Biss, Gut Friedrichshof, 24306 Bösdorf-Dodau. ✆ 04521/72749, www.naturpark-heuherberge.de. **Bahn/Bus:** Bus 353 bis Dodau. **Auto:** B76 zwischen Eutin und Plön, auf Dodau abbiegen. **Zeiten:** Anreise ab 16 Uhr. **Preise:** ÜF 15 €, Selbstversorger 8 €; Kinder 4 – 16 Jahre ÜF 13 €.

▶ 5-Sterne-Heuherberge mit 4 Schlafkojen für circa 30 Personen. Separater Raum für Allergiker. Familien sind hier ebenso willkommen wie Gruppen, Reit- und Radwanderer. Ihr habt die Möglichkeit, euer Gepäck zu verschließen, das Fahrrad zu reparieren oder das Pferd auf die Weide zu stellen. Großer Aufenthalts-

Nehmt ein Fernglas mit. Dann könnt ihr in unmittelbarer Nähe des Hofes Vögel beobachten.

@ Der Ferienhof hat eine eigene Internetseite für Kinder. Ihr erreicht sie über die Hauptseite www.radlandsichten.de.

Hofladen, Radlandsichten, Malente-Neversfelde. ✆ 04523/1622. www.radlandsichten.de. April – Okt Mo – Sa 14 – 18, So ab 12 Uhr. Eigene Fruchtaufstriche und Liköre, Wurstwaren, Gemüse, Mitbringsel.

Hunger & Durst

Hof Café Gut Friedrichshof, Bösdorf-Dodau. ✆ 04521/72749. www.naturpark-heuherberge.de. Ostern – Okt, Sa, So, Fei ab 14 Uhr. Hausgemachte Torten, die Kinder können auf dem Hof spielen.

raum, Küche für Selbstversorger. Viele Spielmöglichkeiten für die Kinder und Tiere zum Streicheln und Füttern.

Taschenlampe und Schlafsack nicht vergessen!

Reiterhöfe und Reiterferien

▶ Urlaub auf dem Reiterhof ist etwas für die ganze Familie. Viele Höfe bieten dabei auch ein Programm für die weniger reitbegeisterten Familienmitglieder an. Kinder ab ungefähr 8 Jahre können hier aber auch eine Woche ohne ihre Eltern Urlaub machen, Reiten lernen oder das bereits erlernte Hobby pflegen. Dabei gehören Striegeln und Stall ausmisten unbedingt dazu.

Reiterferien auf Hof Bast

J. & K. Graage, Hof Bast, 23714 Malente-Bad Malente-Gremsmühlen. ✆ 04523/3336, www.hof-bast.de. **Bahn/Bus:** ↗ Malente, Gäste werden vom Bhf abgeholt. **Auto:** L174 Eutiner Straße, Ausschilderung Hof Bast folgen. **Preise:** FeWo HS 56 – 85 €, NS 44 – 70 € pro Tag, Apartment 55 – 82 € pro Tag. Preise zzgl. Endreinigung. HS: Mitte Juni – Mitte Sep, NS: übrige Zeit. Reitunterricht 10 – 20 €, Ausritt 15 €.

@ Unter www.pferd-aktuell.de informiert die Deutsche Reiterliche Vereinigung e.V./FN über alles rund um Reitsportvereine.

▶ Hof Bast liegt malerisch in den Hügeln der Holsteinischen Schweiz, nicht weit vom *Kellersee.* Ideal für Pferdeliebhaber und Reitbegeisterte. Ihr könnt auf dem Hof mithelfen, Pferde, Kühe, Esel, Schweine und Hühner füttern, im Teich angeln, Tischtennis oder Fußball spielen und natürlich die Gegend erkunden. Zu Fuß, per Rad oder Kutsche geht es an die Seen der Umgebung. Hier lässt sich prima baden, segeln oder Kanu fahren.

Nachmittags gibt es für die Gastkinder kostenloses Ponyreiten.

Reiterferien auf dem Priwall

Reiterhof Travemünde-Priwall GmbH, Christian Matzen, Fliegerweg 11, 23570 Lübeck-Travemünde. ✆ 04502/309698, www.ostseereiterhof.de. **Lage:** Auf dem Priwall. **Bahn/Bus:** Bus 30 bis Travemünde Priwallfähre.

Feriengäste erhalten auf Reitstunden Rabatt.

Auto: B75 bis Travemünde Ausfahrt Skandinavienkai, Ausschilderung Priwall folgen, mit ↗ Priwallfähre übersetzen. **Rad:** Ostseeküsten-Radweg, Westlicher Backstein-Rundweg. **Zeiten:** ganzjährig. **Preise:** Haus Reiterhof Travemünde NS (Okt – Mitte Mai) 79 – 99 €, HS (Mitte Mai – Sep) 89 – 11 €, Haus Landhaus NS 109 – 139 €, HS 129 – 169 €, Haus Strandhalle nur HS 69 – 169 €.

▶ Insgesamt 20 FeWo verteilt auf 3 Häuser. Wohnungen für bis zu 8 Personen mit Du/WC, Küche, TV, Kabel-TV und teilweise eigener Terrasse. Sauna, Solarium, Blockhaus zum Grillen, Reitmöglichkeiten, Streicheltiere. Unterstellmöglichkeiten für ein eigenes Pferd sind vorhanden.

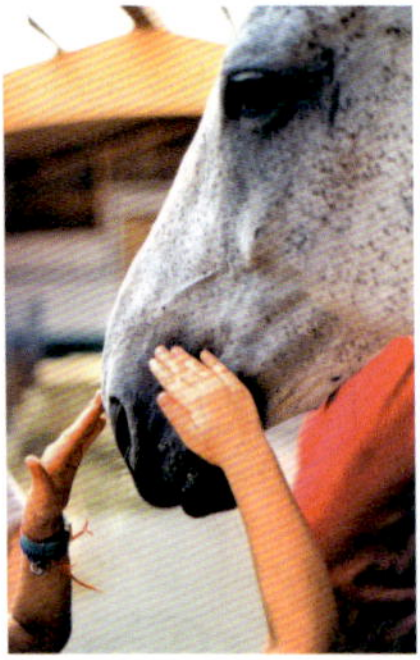

Die Hände reichen gerade bis zu den Nüstern hoch: Vielleicht doch lieber mit 'nem Pony anfangen …

Um hier übernachten zu können, muss man Mitglied im DJH sein, wofür ein Jahresbeitrag von 12,50 € für Junioren bis 26 Jahre oder 21 € für Familien und Pers ab 27 Jahre fällig ist. Mitgliedsausweise bekommt ihr online oder direkt in der JH.

Achtung! In der Altstadt ist Parkraum sehr knapp. Parkt deshalb auf der anderen Seite der Trave bei der MUK.

Jugendherbergen (JH)

▶ Viele Jugendherbergen sind auf Familien eingerichtet. Sie bieten Familienzimmer mit DU/WC an, verfügen über Spielecken für Kinder und stellen ihr Speiseangebot auf die kleinen Gäste ein. Oft besitzen sie ein großes Außengelände mit vielen Spielmöglichkeiten und einem großen Freizeitangebot. JH, die als besonders familienfreundlich zertifiziert sind, verfügen über Hochstühle, Fläschchenwärmer, Wickelauflagen und Kindersicherungen in den Zimmern.

Jugendherberge Lübeck Altstadt

Familie Berger, Mengstraße 33, 23552 Lübeck. ✆ 0451/7020399, www.jugendherberge.de/jugendherbergen/luebeck altstadt535. **Bahn/Bus:** Bus 3, 12, 30, 40 bis Beckergrube. **Auto:** ↗ Lübeck, Fackenburger Allee, Holstentorplatz links in An der Untertrave, Mengstraße rechts. **Zeiten:** ganzjährig. **Preise:** ÜF 21 €; Kinder 3 – 5 Jahre ÜF 18,05 €.

▶ 84 Betten in 33 Zimmern. Alle Zimmer haben ein Waschbecken. Die JH liegt zentral auf der Altstadtinsel. Alle Sehenswürdigkeiten sind in kurzer Zeit zu

Fuß zu erreichen. Alle Übernachtungen werden nur mit Frühstück angeboten. Mittag- oder Abendessen könnt ihr bei Bedarf in der zweiten Lübecker Jugendherberge ↗ *Vor dem Burgtor* einnehmen.

Jugendherberge Scharbeutz-Strandallee

Familie Hasse, Strandallee 98, 23683 Scharbeutz. ✆ 04503/72090, www.jugendherberge.de. **Bahn/Bus:** Bhf Scharbeutz, 20 Min Fußweg oder Bus bis Kreisjugendheim. **Auto:** ↗ Scharbeutz, Richtung Strand, JH ist ausgeschildert. Kostenlose Parkplätze. **Rad:** Ostseeküsten-Radweg. **Zeiten:** ganzjährig, Zeltplatz Mai – Sep. **Preise:** ÜF ab 22,70 €, VP ab 28,30 €; Kinder 3 – 5 Jahre ÜF ab 19,90, VP ab 21,50 €, Jugendzeltplatz (bis 18 Jahre) VP ab 19,50 €.

▶ Die JH liegt gegenüber dem Strand. Mit einem Katzensprung befindet ihr euch am hauseigenen Strandabschnitt mit Beachvolleyballfeld, DLRG-Station und Katamaranschule. Ein weiterer Höhepunkt ist die eigene Sporthalle. Neben der Unterbringung im Haupthaus können Gruppen auf dem angeschlossenen Zeltplatz in Zelten mit Holzboden und Betten übernachten. Fahrrad- und familienfreundliche Unterkunft.

Jugendherberge Dahme: Übernachten direkt am Strand

Familie Sandmann, Dahmeshöved 1, 23747 Dahme. ✆ 04364/470173, www.jugendherberge.de/jh/dahme. **Bahn/Bus:** Bhf Neustadt in Holstein oder Bhf Oldenburg, Bus bis Dahme-Strandhotel, 1300 m Fußweg. **Auto:** A1 Ausfahrt 12 Lensahn, von dort über Cismar und Gruberhagen bis Dahme-Süd. Ab dort Jugendherberge ausgeschildert. **Rad:** Ostseeküsten-Radweg. **Zeiten:** ganzjährig. **Preise:** ÜF 21,50 €, VP ab 28,50 €; Kinder 3 – 5 Jahre ÜF 18,70 €, VP ab 26,50 €.

▶ Die modern eingerichtete Jugendherberge Dahme liegt direkt an der Ostsee. Über eine Treppe erreicht ihr nach wenigen Metern den Strand. Das flache

Hunger & Durst

Fisch-Hütte Lübeck, An der Untertrave 54b, Lübeck. ✆ 0451/73378. www.fischhuette-luebeck.de. Mai – Okt täglich 11 – 21 Uhr, Nov – April 11 – 20 Uhr. Fisch-Imbiss mit Tradition, günstig und gut.

In der JH könnt ihr euer Fahrrad reparieren, im Fahrradkeller sicher unterstellen und nasse Kleidung trocknen. Tipps für Routen und Kartenmaterial gibt es hier ebenfalls.

Wasser ist ideal für Kinder, die noch nicht schwimmen können. Wander- und Radwege führen direkt am Haus vorbei. Dahme ist als Familienjugendherberge ausgezeichnet: Babybetten, Hochstühle, Flaschenwärmer, Babyphone und kindgerechte Kost bekommt ihr vor Ort. 144 Betten in 2-, 3- und 6-Bett-Zimmern, Spielzimmer für Kleinkinder, Tischtennis, Basketball, Kicker, Spielesammlung, Sandspielzeug zum Ausleihen.

Jugendherberge Fehmarn

Familie Herwig, Mathildenstraße 34, 23769 Fehmarn-Burg. ✆ 04371/2150, www.jugendherberge.de/Jugendherbergen/Fehmarn513. **Bahn/Bus:** ➚ Burg auf Fehmarn, Bus 57515 bis Jugendherberge/Strandallee. **Auto:** E47 Ausfahrt Burg, von dort Richtung Südstrand, JH ausgeschildert. **Rad:** Ostseeküsten-Radweg. **Zeiten:** ganzjährig, März – Okt auch im Blockhaus. **Preise:** ÜF 18,90 €, VP 26,40 €, Blockhaus 61,20 € für Familien; Kinder 3 – 5 Jahre ÜF 16,10 €, VP 19,60 €.

▶ 43 Zimmer mit 182 Betten. Familien und Gruppen können auch eines der hübschen Blockhäuser mieten. Für Sport, Spiel und Spaß ist gesorgt, denn die JH verfügt über einen Bolzplatz, eine Spielwiese und für die Kleinen gibt es einen Spielplatz mit Buddelkiste. Spielt Tischtennis und Volleyball oder genießt am 2,5 km entfernten Strand ein Bad im Meer. Spiele und Bücher gibt es zur Ausleihe. Vom ADFC zertifizierte fahrradfreundliche Unterkunft.

Jugendherberge Bad Malente

Ulrike Weißmann, Kellerseestraße 48, 23714 Malente-Bad Malente-Gremsmühlen. ✆ 04523/1723, www.jugendherberge.de/jh/malente. **Bahn/Bus:** ➚ Malente, 2 km Fußweg. **Auto:** L174 auf Kellerseestraße abbiegen. **Rad:** Mönchsweg. **Zeiten:** ganzjährig, Dez – Feb Voranmeldung erforderlich. **Preise:** ÜF 18,60 €, VP ab 25,10 €; Kinder 3 – 5 Jahre ÜF 15,80 €, VP ab 18,30 €.

▶ Die familienfreundliche JH liegt malerisch am *Kellersee.* Auf dem Gelände mit Wald und Apfelwiese ist viel Platz zum Toben und Spielen. Neben einem Bolz- und einem Volleyballplatz stehen euch Tischtennisplatten, Kicker und ein Spielzimmer für die Kleinen zur Verfügung. Ihr könnt am Wasser planschen und nach einem erlebnisreichen Tag grillen. Die JH verfügt über 189 Betten in vier Gebäuden und ist vom ADFC als besonders fahrradfreundlich ausgezeichnet worden.

Verwaist: Wenn die Saison vorbei ist, kehrt Stille am Strand ein

Jugendherberge Plön

Familie Görg, Ascheberger Straße 67, 24306 Plön. ✆ 04522/2576, www.jugendherberge.de. **Bahn/Bus:** ↗ Plön, von dort Bus 360 bis Spitzenort, anschließend 2 km Fußweg. **Auto:** B430 bis Ascherberger Straße. Die JH befindet sich ein kleines Stück außerhalb des Ortes. Kostenlose Parkplätze. **Rad:** Holsteinische-Schweiz-Radtour. **Zeiten:** im Winter mit Voranmeldung, da zeitweilig geschlossen. **Preise:** ÜF ab 19,40 €, VP ab 25,40 €; Kinder 3 – 5 Jahre ÜF ab 16,60 €, VP ab 18,60 €.

▶ Die JH befindet sich in traumhafter Lage direkt am *Großen Plöner See.* Ein großes Außengelände mit Fußballplatz, Tischtennis und Volleyballfeld, Badestelle und Grillplatz lädt zum Toben und Spielen ein. Die JH ist besonders für Familien, Radfahrer und Sportbegeisterte geeignet. Geboten werden helle Familienzimmer mit Du/WC, Fahrradkeller und Reparaturmöglichkeiten sowie ein breites Sportangebot. 201 Betten in insgesamt 47 Zimmern stehen zur Verfügung.

Direkt neben der Jugendherberge ist die ↗ *Segelschule Plön.* Hier könnt ihr Boote leihen, Kurse machen oder an geführten Kanutouren teilnehmen.

Hunger & Durst

Café Strandgut, Straße des Friedens 14, Rosenhagen. ✆ 038826/86274. April – Juni, Sep, Okt Mi – Mo 9.30 – 18 Uhr, Juli, Aug, Mi – Mo 9.30 – 19 Uhr, Nov – März Fr – So 9.30 – 18 Uhr. Hübsches, kleines Café mit leckerem selbst gebackenem Kuchen. Im Winter ist der Kamin an.

Hunger & Durst

Aalkate, Königstraße 20 – 22, Fehmarn-Lemkenhafen. ✆ 04372/532. www.aalkate-original-fehmarn.de. Nov – Jan 10 – 18 Uhr, März 9 – 18 Uhr, April und Okt 9 – 19 Uhr, Mai – Aug 9 – 21 Uhr, Sep 9 – 20 Uhr. Frisch geräucherter Fisch, Fischspezialitäten in uriger Atmosphäre, im Sommer Plätze auf der Terrasse.

Andere Gruppenunterkünfte

Naturfreundehaus Priwall

Naturfreunde Ortsgruppe Lübeck e.V., Mecklenburger Landstraße 128, 23570 Lübeck. ✆ 04502/2838, www.naturfreundehaus-priwall.de. **Bahn/Bus:** Bus 38 bis Priwall Wellenschlag, Gruppen müssen sich unter ✆ 04502/861644 anmelden. **Auto:** B75 bis Travemünde, Ausschilderung Priwall folgen, mit ↗ Priwall-Personenfähre übersetzen und auf Mecklenburger Landstraße. **Rad:** Ostseeküsten-Radweg, Westlicher Backstein Rundweg. **Zeiten:** ganzjährig. **Preise:** ÜF 32,70 €, HP 37,20 €, Einzelzimmerzuschlag 8 €; Kinder 3 – 6 Jahre ÜF 20,90 €, HP 22,40 €, 7 – 10 Jahre ÜF 22,50 €, HP 24,50 €, 11 – 17 Jahre ÜF 26,80 €, HP 28,80 €; Mitglieder bekommen Rabatt auf die genannten Preise, Familien (2 Erw, 2 Kinder bis 17 Jahre) HP 94 €.

▶ 58 Betten in 20 Zimmern. 2 Einzel-, 7 Doppel- und 11 3- bis 4-Bett-Zimmer. Das NFH liegt 200 m vom wunderbaren Priwallstrand entfernt. Vom hinteren Teil des Grundstücks habt ihr einen klasse Blick auf die *Pötenitzer Wiek*. Tischtennisplatten, Spielplatz und natürlich der kilometerlange Naturstrand sorgen dafür, dass Langeweile gar nicht erst aufkommt.

Jugendlandheim Lemkenhafen

Harksheider Jugendlandheim e.V, Königstraße 10, 23769 Fehmarn-Lemkenhafen. ✆ 04372/1801, www.jugendlandheim-fehmarn.de. **Bahn/Bus:** Bus 5754, 5756 bis Lemkenhafen. **Auto:** L209 bis Lemkendorf, dort nach Lemkenhafen abbiegen, über Neuhof und Am Hafen in Königstraße. Gebührenfreie Parkplätze am Hafen und an der Mühle. **Rad:** Ostseeküsten-Radweg. **Preise:** Familie mit Kindern pro Person ÜF 16 €, VP 26 €.

▶ Das JLH liegt direkt am Wasser, sodass ihr mit einem Katzensprung schon beim Baden oder Surfen seid. Die Unterbringung erfolgt in 1- bis 8-Bett-Zimmern, die teilweise mit eigener Dusche und WC ausgestattet sind. 3 Aufenthaltsräume stehen euch für gemütliche Spieleabende zur Verfügung. Draußen gibt es Grill- und Spielplätze, einen Fußballplatz, ein Volleyballfeld, Tischtennisplatten und Kicker. Am hauseigenen Steg liegen die Tretboote, die ihr kostenfrei nutzen dürft. Oder ihr liefert euch ein Wettschwimmen zur Badeplattform.

Der ➚ *Surfspot Lemkenhafen* befindet sich mit auf dem Gelände des JLH und bietet dessen Gästen Sonderkonditionen.

Zelt- & Campingplätze

▶ Die Übernachtungspreise bei Campingplätzen variieren genauso wie die Ausstattung. Manche Plätze bieten außer einfachen sanitären Anlagen gar nichts. Auf Komfortplätzen dagegen existieren nicht nur hervorragende sanitäre Einrichtungen, sondern sogar Schwimmbäder, Restaurants, Lebensmittelläden, Kinderspielplätze etc. Auf einigen Plätzen besteht außerdem die Möglichkeit, ein Mobilheim oder einen Wohnwagen zu mieten.
Jugendzeltplätze sind eher einfach ausgestattet und auf große Gruppen ausgelegt.

Jugendcamp Grömitz

Perlick und Perlick GBR, Blankwasserweg 135, 23743 Grömitz-Lensterstrand. ✆ 04562/4400, www.ostsee-jugendcamp.de. **Bahn/Bus:** Bhf Neustadt, Bus 5800 bis Ferienpark Camaro, 800 m Fußweg, Gepäcktransfer kann organisiert werden. **Auto:** A1 Ausfahrt 13 Neustadt-Pelzerhaken, B501 Richtung Grömitz, nach Ortsdurchfahrt Richtung Lensterstrand. Blankwasserweg bis Camp. **Rad:** Ostseeküsten-Radweg. **Zeiten:** Zelte: Mai – Sep, Campinghütten: April – Okt, Zimmer im Haus: März – Okt. **Preise:** Zimmer: ÜF ab 19,90 €, HP ab 21,90 €, VP ab 22,90 €, Campinghütte: ÜF ab 18,50 €, HP ab 20, 50 €, VP ab 21,50 €, Zelt: ÜF ab 14,50 €, HP ab 16,50 €, VP ab 17,50 €.

▶ Das Jugendcamp befindet sich direkt hinter den Dünen und damit nur wenige Schritte vom Strand entfernt. Ihr schlaft wahlweise im Zelt, in einer Camping-

Wassersport Grömitz, Kurpromenade 100, Grömitz. ✆ 04562/2665015. www.wassersport-groemitz.de. Kindersurfkurs 115 €, Schnupperstunde Segeln 29 €, Schupperstunde Surfen 10 €.

Hunger & Durst

Bellavista, Kaiserallee 1, Lübeck-Travemünde. ✆ 04502/71323. www.bellavista-travemuende.de. Dez – März Mo – Fr 12 – 15 und 17.30 – 22.30, Sa, So 12 – 23 Uhr, April – Nov täglich 12 – 24 Uhr. Gute italienische Küche, Pizza ab 6,40 €, Pasta ab 7,20 €, Kindergerichte 3,30 – 5,50 €, Kinderkochkurse.

hütte oder in einem Zimmer im Haus. Die Zelte haben einen festen Holzfußboden und sind mit Betten ausgestattet. Wer Wert auf feste Wände legt, bucht sich einen Schlafplatz in einer der 13 Campinghütten oder in einem der beiden festen Häuser. Bolzplatz, Tischtennisplatten, Beachvolleyballfelder, Basketballfeld. In unmittelbarer Nähe könnt ihr außerdem surfen, reiten, Inliner oder Rad fahren oder klettern.

Strandcamping Priwall

Heinz Katt, Dünenweg 3, 23570 Lübeck-Travemünde. ✆ 04502/2835, www.strandcamping-priwall.de. **Lage:** Am Priwallhafen. **Bahn/Bus:** ↗ Travemünde, über Strandpromenade und Travepromenade bis zur ↗ Priwallfähre, dort übersetzen und rechts in Dünenweg. **Auto:** B75 bis Travemünde Ausfahrt Skandinavienkai, Ausschilderung Priwall folgen, mit ↗ Priwallfähre übersetzen, dann geradeaus bis zur 3. Querstrasse, dort links. **Rad:** Ostseeküsten-Radweg, Westlicher Backstein-Rundweg. **Zeiten:** April – Sep. **Preise:** 6 €, Stellplatz für Zelte, WoWa, WoMo 9 €, Auto 3,50 €; Kinder 2 – 14 Jahre 2,50 €; ab 3 Ü im April oder Sep 25 % Rabatt, ab 3 Übernachtungen Mai – 20. Juni 10 % Rabatt.

▶ 3-Sterne-Campingplatz mit 200 Stellplätzen, davon 70 Touristenplätze. Der Naturstrand am Priwall ist in wenigen Minuten zu Fuß zu erreichen. Moderne Sanitäranlagen, Waschmaschine, Trockner, Spielplatz, Mietwohnwagen.

Camping Am Strande

Arend Kripke, Sandberger Weg 94, 23730 Neustadt in Holstein. ✆ 04561/4188, www.amstrande.de. **Bahn/Bus:** Bus 5518 bis Neustadt Butzhorn. **Auto:** A1 Ausfahrt 14 Neustadt-Mitte. Richtung Neustadt Ausschilderung Schön-Klinikum folgen. An der Ampelkreuzung rechts in Sandberger Weg. **Rad:** Ostseeküsten-Radweg. **Zeiten:** April – Sep. **Preise:** 5 – 6 €, Stellplatz 7 – 10 €, Hund 3 – 6 €, Mietfahrrad 3 – 6 €, Mietwohnwagen 40 – 55 €; Kinder bis 13 Jahre 2 €, 14 – 17 Jahre 5 €.

▶ Der Campingplatz ist nur wenige Meter vom Strand entfernt, lediglich die Promenade trennt euch vom Wasser. Beheizte Waschhäuser mit baby- und kindergerechten Bädern, schöner Spielplatz auf dem Gelände, Imbiss, Küche mit Koch- und Abwaschgelegenheit, Fahrradverleih, Mietwohnwagen.

Camping Strandparadies Großenbrode

U. Berger, Südstrand 3, 23775 Großenbrode. ✆ 04367/8697, www.camping-strandparadies-grossenbrode.de. **Bahn/Bus:** Bhf Großenbrode, 15 Min Fußweg. **Auto:** E47 Ausfahrt Großenbrode, dort Richtung Südstrand, hinter dem Bootslager Reise links, ausgeschildert. **Rad:** Mönchsweg, Ostseeküsten-Radweg. **Zeiten:** April – Okt. **Preise:** HS (1. Juli – 24. Aug) 5 €, Stellplatz 11 €, NS (April – Juni, 24. Aug – 31. Okt) 3,50 €, Stellplatz 7 €; Kinder 2 – 14 Jahre HS 3 €, ab 14 Jahre 4 €, NS: bis 14 Jahre 1 €, über 14 Jahre 2 €.

▶ 300 m zum sonnigen Südstrand. Feinsandig und bewacht. Fahrradfreundliche Unterkunft, gesicherte Abstellmöglichkeiten, keine zusätzliche Gebühr für Fahrräder. Babywickelraum, Kindertoilette und -waschbecken, WLAN.

Miramar Camping

Heinrich Klahn, Fehmarnsund 70, 23769 Fehmarn. ✆ 04371/3220, www.camping-miramar.de. **Bahn/Bus:** Bus 5811 bis Fehmarnsund Bootswerft. **Auto:** B207, E47 1. Ausfahrt nach der Fehmarnsundbrücke Richtung Avendorf, dort rechts Richtung Fehmarnsund. Platz ist ausgeschildert. **Rad:** Ostseeküsten-Radweg. **Zeiten:** ganzjährig. **Preise:** ab 5 €, Standplatzmiete ab 6 €; Kinder 3 – 13 Jahre 3 €; Familienpauschale ab 19 €.

▶ Der Platz befindet sich im Süden Fehmarns mit Blick auf die Fehmarnsundbrücke. Zum langen Sandstrand sind es nur wenige Schritte. Hier ist viel Platz zum Buddeln, Angeln, Surfen und Sporttreiben. Im

Buchstabe, Am Markt 13, Neustadt in Holstein. ✆ 04561/8883. www.buchstabe-neu.de. Mo – Fr 9 – 18, Sa 9 – 14 Uhr. Kinder- und Jugendbücher, Unterrichtsmaterial, Lernhilfen.

Sommer gibt es ein Animationsprogramm für die Kinder. Minigolf, Spielplätze, Bolzplatz, Volleyballfeld, Restaurant, Imbiss sowie ein Supermarkt sind vorhanden. Wellnessangebote, WLAN kostenpflichtig.

Campingplatz Klausdorfer Strand

Familie Kohlhoff, Klausdorfer Strandweg 100, 23769 Klausdorf auf Fehmarn. ✆ 04371/2549, www.camping-klausdorferstrand.de. **Bahn/Bus:** ↗ Burg auf Fehmarn. **Auto:** E47 2. Ausfahrt nach Fehmarnsundbrücke Richtung Burg. Im Kreisel am Ortseingang weiter Richtung Bannesdorf. Der Ortsumgehung folgen und am Ende der Vorfahrtsstrasse links. Über Niendorf nach Klausdorf. Campingplatz ausgeschildert. **Rad:** Mönchsweg. **Zeiten:** ganzjährig. **Preise:** 6 €, Stellplatz ab 11 €; Kinder 3 – 12 Jahre 3 €.

▶ 450 Stellplätze für Wohnmobile, große Zeltwiese mit Meerblick, flach abfallender Naturstrand. Moderne Sanitäranlagen, Babywickelraum, Babywanne, Spielplätze, Drachenwiese, Fußballplatz, Volleyballfeld, Tischtennis, Kicker. Verleih von Fahrrädern und Kettcars. In der Hauptsaison Kinderanimation. WLAN, Supermarkt, Restaurant.

Ferien- & Campinganlage Schuldt

Familie Schuldt, Neuland 3, 24321 Behrensdorf. ✆ 04381/416545, www.schuldt-behrensdorf.de. **Bahn/Bus:** Bus 312 bis Behrensdorf Brücke. **Auto:** Von Lütjenburg über K26 Neversfelder Straße nach Behrensdorf, dort rechts in Strandstraße. **Zeiten:** ganzjährig. **Preise:** Campingplatz: Erw 5 €, Zelt 8 – 25 €, WoMo 15 – 20 €, WoWa 18 – 25 €, Pkw 2 €, FeWo und FHs: Preise variieren stark je nach Saison und Aufenthaltsdauer, z.B. FeWo 4 Pers HS 1. Nacht 125 €, jede weitere Ü 65 €, FH 4 Pers 1. Nacht 190 €, danach 105 €, Frühstück 7,50 €, HP 18 €; Kinder 4 – 14 Jahre Campingplatz: 3 €, FeWo: Frühstück 4,50 €, HP 13 €.

▶ Campingplatz, Ferienwohnung oder Ferienhaus? Hier findet jeder die Unterkunft, die zu ihm passt. Die

Minigolf Miramar Camping, Fehmarnsund 70, Fehmarn. ✆ 04371/3220. www.camping-miramar.de. 1. April – 31. Okt, Mai – Aug 8 – 22 Uhr, übrige Zeit 9 – 12 und 15 – 18 Uhr. Eine Runde kostet auf dem Campingplatz für Kinder bis 14 Jahre 1 €, Erw 2 €.

Wohnwagen Mietservice, Klausdorfer Strandweg 100, Klausdorf auf Fehmarn. ✆ 040/5249651. www.wo-mis.de. Mietwohnwagen auf dem Campingplatz Klausdorfer Strand, Mietpreise: Tag ab 39 €, Woche ab 220 €.

FeWos und FHs für 2 – 6 Personen sind komplett ausgestattet. Babyausstattung gibt es auf Wunsch. Spiele für drinnen und draußen sind auch vorhanden. Campingplatz mit kinder- und behindertenfreundlichen Sanitäranlagen. Außerdem: Restaurant, Imbiss, Laden, Kinderspielplatz, Gokarts, Spielhaus, Reitmöglichkeiten, Fußballfeld, Beachvolleyball, Tischtennis.

Naturpark-Camping Prinzenholz

Gerlinde Jaensch, Prinzenholzweg 20, 23701 Eutin. ✆ 04521/5281, www.naturpark-camping-prinzenholz.de. **Bahn/Bus:** Bus 5503 bis Eutin Kaiser-Wilhelm-Berg. **Auto:** B76 Ausfahrt Eutin auf L174 Malenter Landstraße, rechts in Prinzenholzweg. **Rad:** Mönchsweg, Holsteinische-Schweiz-Radtour. **Zeiten:** April – Okt. **Preise:** 6,50 €, Zelt ab 5,50 €, WoMo-Stellplatz 14 €, Mietwohnwagen ab 55 €; Kinder 2 – 14 Jahre 3 €.

▶ Vom ADAC seit Jahren als einer der besten Campingplätze Europas ausgezeichnet. 140 Plätze direkt am *Kellersee,* ökologisch verträglich gestaltet. Badestelle, Bootshafen, Beachvolleyball, Beachbadminton, Fußball, Tischtennis, geführte Radtouren, Grillplatz, Kinderanimation. Sanitärbereich mit Familien- und Babyduschen. Sauna und Shop.

Kleingolfanlage Am Seeschaarwald, Bebensundweg 2, Eutin-Fissau. ✆ 04521/409510. Juli – Aug täglich, Mai – Juni, Sep – Okt Mo – Do 10 – 19, Sa 11 – 20, So, Fei 11 – 19 Uhr. 18 Bahnen, idyllische Waldlage. 3,80 €, Kinder 4 – 12 Jahre 2,80 €.

Legende

- Wandern & Spazieren
- Lehrpfad
- Tierpark
- Reiten, Kutschen, Planwagen
- Natur & Umwelt
- Picknick
- Schutzhütte
- Klettern, Hochseilpark
- Erlebniswelt, Abenteuerspielplatz
- Radeln & Skaten
- Hallenbad
- Freibad
- Badestelle
- Boot & Wassersport
- Schifffahrt
- Surfen
- Personenboot
- Fähre
- Wintersport
- Sternwarte

- Disco & Kulturzentrum
- Kino
- Theater
- Museum
- Betriebsbesichtigung
- Buch & Medien
- Schloss
- Kloster
- Kirche
- Turm
- Museumsbahn
- Windmühle
- Gruppenunterkunft
- Hotel
- Pension
- Apartement
- Bed & Breakfast
- Jugendherberge
- Touristinformation

Kieler Bucht
Ostsee
Hohwachter Buch
NSG
Wisch
Barsbek
502
Krokau
Schönberg
Stakendorf
Prasdorf
Fief-
bergen
Krummbek
Bendfeld
Hohenfelde
Sperrgebiet
Passade
Höhndorf
Passader See
Fahren
Köhn
Schwartbuck
Behrensdorf
Stoltenberg
Panker
Tröndel
133
Pilsberg
Großer Binnensee
Hohwacht
Pratjau
Dobersdorfer See
Steilküste
Weißenhaus
Fargau-
Giekau
Jasdorf
Selenter See
Klamp
Lütjenburg
M
Sehlendorf
202
Futterkamp
Helmstorf
Selent
Wangels
Martensrade
Lammershagen
Bleken-
dorf
Nessen-
dorf
Rastorf
Engelau
Rantzau
430
Högsdorf
Mucheln
Kletkamp
Dannau
PREETZ
Tresdorfer See
Holsteinische
Lehmkuhlen
Lebrader Teich
Sievers-
dorf
Bungsberg
168
Lanker See
Lebrade
Kirchnüchel
Grebin
Schönw
am Bu
Theresienhof
Neversfelde
Bergfeld
Wielen
76
Rathjensdorf
MALENTE
Uklei
Wittmoldt
Timmdorf
Sagau
PLÖN
Kellersee
Kasseedorf
Wahlstorf
Behler See
Jagdschloss Plön
Dieksee
Dörnick
Niederkleveez
Bad Malente-
Gremsmühlen
Sibbersdorf
Koppels-
berg
Großer Eutiner See
Schweiz
Fegetasche
Ascheberg
Oberkleveez
EUTIN
Hasse
Bösdorf
Plunkau
Altenk
Großer Plöner See
Gamel
Gnebel
Sierhagen
Sepel
Kleinmeinsdorf
Kalübbe
Vinzier
Börnsdorf
Röbel
Dersau
Godau
Großmeinsdorf
430
Bosau
Bockholt
JH
H
A
K
Te

Fehmarnbelt
Lolland (DK)
Nördlicher Binnensee
NSG
FEHMARN
Todendorf
Wallnau
Petersdorf
Bio-Ferienhof Alter Speicher
Prasen
Bannesdorf
Klausdorfer Strand
Landkirchen
Orth
Burg auf Fehmarn
Katharinenhof
Gollendorfer Wiek
Lemkenhafen
Steilküste
Orther Reede
Burgstaaken
Wulfen
Burger Binnensee
Burgtiefe
Fehmarnsund
207
E47
Steilküste
NSG Graswarder
Heiligenhafen
Großenbrode
Gremersdorf
Neukirchen
Kröß
Seegalendorf
Wessek
Oldenburg i. Holstein
Heringsdorf
Göhl
Quals
Oldenburger Graben
Augustenhof
1
501
Harmsdorf
Damlos
Koselau
Riepsdorf
Grube
Dahme
Kabelhorst
Gruberhagen
Lensahn
Steilküste
Manhagen
Cismar
Kellenhusen
N
1 cm
3 km
© pmv PETER MEYER VERLAG
Beschendorf
Nienhagen
Lenste
Bentfeld
Lensterstrand
Deichhaus
Brenkenhagen
Grömitzerhagen
Woldmorgen
Grömitz
Schashagen
Albertsdorf
Bliesdorf
Merkendorf
Brodau
Mecklenburger Bucht
NEUSTADT HOLSTEIN
Rettin

PREETZ
Lehmkuhlen
Lebrade
Theresienhof
Rathjensdorf
Wielen
Wittmoldt
Wahlstorf
PLÖN
Jagdschloss Plön
Dörnick
Koppelsberg
Fegetasche
Ascheberg
Großer Plöner See
Sepel
Kalübbe
Dersau
Godau
Börnsdorf
Bosau
Nehmten
Stocksee
Stadtbek
Schmalensee
Bredenbek
Kembs
Damsdorf
Seedorf
Tarbek
Tensfeld
Nehms
Kamp
Travenhorst
Blunk
Brandsmühle
Müssen
Garbek
Krems II
Wensin
Warder
Groß Rönnau
Klein Rönnau
Rohlstorf
Quaal
Pronstorf
Schieren
Goldenbek
Karl-May-Bühne
BAD SEGEBERG
Weede
Westerrade
Geschendorf
Strukdorf
Schwissel
Neuengörs
Bühnsdorf
Pöhls
Dreggers
Bahrenhof
Heilshoop
Mönkhagen
Reinfeld
BAD OLDESLOE
Trave
Grebin
Neversfelde
MALENTE
Timmdorf
Behler See
Dieksee
Niederkleveez
Oberkleveez
Bösdorf
Kleinmeinsdorf
Kellersee
Bad Malente-Gremsmühlen
EUTIN
Großer Eutiner See
Sieversdorf
Kirchnüchel
Uklei
Sagau
Kasseedorf
Sibbersdorf
Bergfeld
Bungsberg 168
Holsteinische
Schweiz
Gamel
Gnebel
Plunkau
Sierhagen
Vinzier
Röbel
Großmeinsdorf
Bockholt
Fassensdorf
Süsel
Klenzau
Gothendorf
Barkauer See
Hassendorf
Ottendorf (Holstein)
Ekelsdorf
Glasau
Schwienkuhlen
Holstendorf
Großer Pönitzer See
Blomnath
Barghorst
Ahrensbök
Havekost
Wulfsdorf
Schürsdorf
Schulendorf
Steindamm
Schwochel
Alt Techau
Dakendorf
Wulfsfelde
RATEKAU
Rensfeld
Obernwohlde
BAD SCHWARTAU
Krumbeck
Arfrade
Eckhorst
Stockelsdorf
St. Gertrud
LÜBECK
NSG
Lanker See
Lebrader Teich
Tresdorfer See
Stocksee
Wardersee
Großer Segeberger See
430
76
432
21
20
75
1
E47

Dahme
Kabelhorst
Gruberhagen
Lensahn
E47
Manhagen
Cismar
Steilküste
Kellenhusen
N
3 km
© pmv PETER MEYER VERLAG
Beschendorf
Nienhagen
Lenste
Bentfeld
Lensterstrand
Deichhaus
Brenkenhagen
Grömitzerhagen
Woldmorgen
Grömitz
Schashagen
Albertsdorf
Bliesdorf
Mecklenburger Bucht
Merkendorf
Brodau
NEUSTADT i. HOLSTEIN
Rettin
Pelzerhaken
Hansa-Park
Lübecker Bucht
Timmendorfer Strand
Steilküste
Brodten
Warnsdorf
Travemünde
Priwall
Pötenitzer Wiek
Pöppendorf
75
Dümmersdorf
Kücknitz
Teschow
Dassower See
NSG
Sülsdorf
Lauen
Selmsdorf
104
Schönberg
Lüdersdorf
Grönau
Steinbeck
Elmenhorst
Boltenhagen
Grundshagen
Hohen Schönberg
Kalkhorst
Klütz
Klützer Winkel
Damshagen
Wohlenberg Wiek
Wohlenberg
Rosenhagen
Harkensee
Pötenitz
Wilmstorf
Grevenstein
Tankenhagen
Kaltenhof
Dassow
Roggenstorf
Parin
Niendorf
Rolofshagen
Moor
Groß Walmstorf
105
Prieschendorf
Tramm
Mallentin
Gostorf
Warnow
Stepenitz
Malzow
Kirch Mummendorf
GREVESMÜHLEN
Radegast
Rehna

Liniennetz Region Lübeck

Schleswig-Holstein-Tarif

Stadtverkehr Lübeck

nah.sh

Lübeck-Travemünder Verkehrsgesellschaft

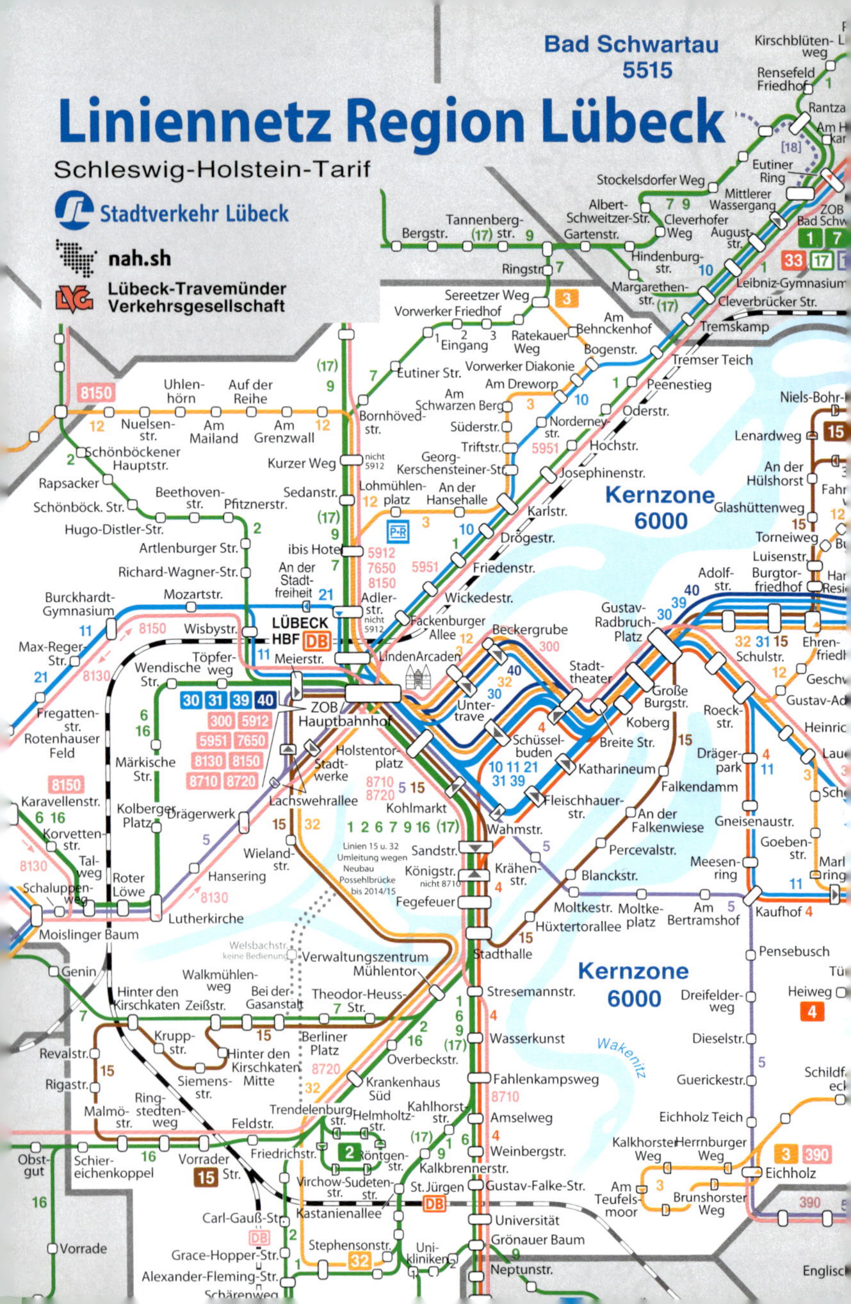

Preisstufen

Preisstufe 1: Für Fahrten in einer der 12 Tarifzonen außerhalb der Kernzone 6000.

Preisstufe 2: Für Fahrten in der Kernzone 6000 oder in 2 der 12 Tarifzonen außerhalb der Kernzone 6000.

Preisstufe 3: Für Fahrten in der Kernzone 6000 und weiteren Tarifzonen oder 3 und mehr Tarifzonen außerhalb der Kernzone.

Fahrkarte zur Weiterfahrt: Mit einer Zeitkarte (Wochen- oder Monatskarte), die die Zone 6000 oder den Überweg "Region Lübeck" enthält, kostet die Anschlussfahrt eine Preisstufe weniger.

Register

H

I – J

K

L

IMPRESSUM

© 2. Auflage 2015 | pmv Peter Meyer Verlag, Schopenhauerstraße 11, 60316 Frankfurt a.M., www.PeterMeyerVerlag.de, info@PeterMeyerVerlag.de
Unsere Inhalte werden ständig gepflegt, aktualisiert und erweitert.
Für die Richtigkeit der Angaben kann der Verlag jedoch keine Haftung übernehmen. | **Umschlag- und Reihenkonzept,** insbesondere die Kombination von Griffmarken und Schlagwort-System auf dem Umschlag, sowie Text, Gliederung und Layout, Karten, Tabellen, Piktogramme und Illustrationen sind urheberrechtlich geschützt. Abdruck und Einspeisung in elektronische Medien, auch auszugsweise, nur mit Genehmigung des Verlags. | Die Aufnahme und Beschreibung in diesem Buch unterliegt der Auswahl durch die Autorin und kann nicht erkauft werden. Anzeigenschaltung ist unabhängig davon möglich. | **Druck & Bindung:** AZ Druck und Datentechnik GmbH, Kempten, www.az-druck.de **Umschlaggestaltung:** pmv, Agentur 42, Mainz, www.agentur42.de, Annette Sievers, Foto Monika Diepstraten | **Fotos:** Wenn nicht anders angegeben, alle Rechte beim Verlag, siehe Nachweis beim jeweiligen Bild | **Zeichnungen:** Silke Schmidt für pmv | **Karten:** pmv; Verkehrslinienplan: id-verkehr, Leverkusen **Bezug:** über Prolit, Fernwald-Annerod, oder über den Verlag, vertrieb@PeterMeyerVerlag.de, ✆ 069/40562570, www.petermeyerverlag.de/ostseekueste_luebeck_mit_kindern.0.html.
ISBN 978-3-89859-445-5

Unser Beitrag zum Umweltschutz:

Klimaneutral und auf umweltfreundlichem PEFC® -Papier in Deutschland gedruckt.
Unsere Verlagsphilosophie und Nachhaltigkeitserklärung finden Sie auf unserer Internetseite, wo Sie sich auch für den Infobrief »Lesen & Ausfliegen« anmelden oder uns auf Facebook folgen können.

PEFC zertifiziert
Dieses Produkt stammt aus nachhaltig bewirtschafteten Wäldern und kontrollierten Quellen.
www.pefc.de